INTERPRÉTATION
biblique

INTERPRÉTATION *biblique*

CRAIG KEENER

230, rue Lupien, Trois-Rivières (Québec)
G8T 6W4 Canada

Édition originale en anglais sous le titre :
Biblical Interpretation
© 2005 par Craig Keener. Tous droits réservés.

Pour l'édition française :
Interprétation biblique
© 2016 Publications Chrétiennes, Inc.
230, rue Lupien, Trois-Rivières (Québec)
G8T 6W4 – Canada
Site Web : www.publicationschretiennes.com

Traduction : Médine Moussounga Keener, Pascal Folly, Sandra Berkley

ISBN : 978-2-924743-03-4
Dépôt légal – 4e trimestre 2016
Bibliothèque et Archives nationales du Québec
Bibliothèque et Archives Canada

Ce livre est une réimpression de l'édition française publiée par l'auteur en 2011.

« Impact Académia » est une marque déposée de Publications Chrétiennes, Inc.

La table des matières

Introduction 7

Chapitre 1
CONTEXTE, CONTEXTE, CONTEXTE ! 13

Chapitre 2
TENIR COMPTE DU CONTEXTE 33

Chapitre 3
LE CONTEXTE DU LIVRE TOUT ENTIER 75

Chapitre 4
D'AUTRES PRINCIPES DE CONTEXTE 107

Chapitre 5
L'ARRIÈRE-PLAN DE LA BIBLE 121

Chapitre 6
UTILISER L'ARRIÈRE-PLAN CULTUREL 133

Chapitre 7
LE CONTEXTE DU GENRE 173

Conclusion du chapitre 1 à 7 261

Chapitre 8
LA « SITUATION SOCIALE » DU LECTEUR 263

Bibliographie 281

Introduction

Le livre de la loi fut découvert dans le temple au temps de Josias, et l'humble réponse de ce dernier face aux exigences de la loi a transformé sa génération. Plus tard, Jésus a confronté les dirigeants religieux de son époque qui, fascinés par la loi, ont souvent enfoui celle-ci sous leurs traditions religieuses. Plusieurs ordres monastiques du Moyen-Âge considéraient l'Église (ou les ordres antérieurs) comme corrompue et éloignée du message apostolique, et l'ont encouragée à y revenir. John Wycliffe, professeur de la Bible à Oxford, a encouragé le leadership de l'église de son époque. Après avoir perdu sa position, il a commencé à envoyer ses élèves prêcher dans les campagnes avec des traductions de la Bible. Quoique l'Angleterre ait réprimé son œuvre, ce dernier demeure latent, prêt à s'épanouir un siècle plus tard lors de la Réforme anglaise. Luther, quant à lui, était un professeur de la Bible qui dénonçait l'exploitation des indigents par la hiérarchie de l'Église, appelant cette dernière à revenir aux Écritures (d'autres réformateurs ont eu la même audace au point que certains essayaient de mener l'affaire plus loin que Luther). Lorsque plusieurs luthériens sont devenus complaisants dans leur foi, Philip Jakob Spener, qui était professeur d'université, a contribué au développement du mouvement piétiste à l'aide de l'enseignement de la Bible, incitant les gens à revenir à un mode de vie conforme aux Écritures.

Au fil de l'histoire, plusieurs grands mouvements de réveil ont vu le jour lorsque les gens sont revenus à la Bible, acceptant qu'elle les encourage à être attentifs au message de Dieu pour leur génération. Dans la plupart du monde aujourd'hui, l'Église a besoin de revenir à la Bible, aspirant à ce que Dieu renouvelle en elle son Esprit afin de pouvoir remettre en cause plusieurs des revendications faites au nom de Dieu, de sa Parole ou de son Esprit. Puissions-nous prier pour un tel réveil, puissions-nous étudier nous-mêmes les Écritures afin de devenir les agents de Dieu dans la propagation de son message.

Ce cours est organisé de façon à étudier les principes les plus fondamentaux en premier avant de passer aux principes les plus complexes. Pour certains étudiants, les principes tels que le *contexte* peuvent s'avérer trop élémentaires ; dans ce cas-là, peut-être voudront-ils passer au thème suivant. Avant d'agir de la sorte, je les encourage à sonder les exemples de contexte ; beaucoup s'étonneront de voir combien de chansons, de prédications et de dictons populaires s'inspirent de textes hors contexte. En d'autres termes, c'est une chose d'affirmer que noüs croyons au contexte mais c'en est une autre de s'y appliquer de façon régulière. J'ai donné des exemples concrets pour nous aider à saisir cette réalité et nous encourager à pratiquer de manière plus rigoureuse notre *croyance*. Le contexte s'avère essentiel parce que c'est de cette façon que Dieu a inspiré la Bible—et pas par des versets isolés et aléatoires, mais grâce à un flux continu de pensée auquel contribuent ces versets.

Certains problèmes d'interprétation sont peut-être trop évidents pour être traités, mais je tiens à les passer brièvement en revue dans l'introduction étant donné que certains chrétiens ne les mettent pas en pratique. L'objectif principal de l'étude de la Parole de Dieu est de mieux connaître Dieu. Plus on le connaît, mieux on peut comprendre sa Parole. Parce que Dieu nous a donné la Bible sous forme écrite et qu'elle renferme une portion historique importante, il s'attend à ce que nous utilisions des principes littéraires et historiques lorsque nous l'étudions. Elle communique également le message émanant du cœur de Dieu pour son peuple ; nous ne devons donc pas l'approcher simplement par intérêt ou par curiosité intellectuelle. Ceux qui deviennent des experts d'un point de vue purement intellectuel ou même religieux peuvent devenir comme les scribes qui s'opposaient à notre Seigneur Jésus-Christ. N'oublions pas que ce livre, contrairement aux autres livres, a le droit d'imposer des demandes morales à notre vie. Nous ne devenons pas des *experts* qui se vantent de leur connaissance. Nous devons nous humilier devant le Dieu des Écritures.

La crainte de l'Éternel est le commencement de la sagesse (Proverbes 1:7 ; 9:10). Notre tendance humaine est de trouver, dans les Écritures, tout ce que nous voulons y trouver, soit pour justifier notre conduite soit pour confirmer ce que l'église, notre tradition ou d'autres enseignants que nous respectons nous ont déjà enseignés. Les esclavagistes essayaient de justifier leur comportement en s'appuyant sur la Bible ; beaucoup de sectes justifient leurs doctrines en s'appuyant sur la Bible ; parfois nous, qui sommes chrétiens, faisons de même. Si nous craignons Dieu, alors nous souhaiterons seulement écouter ce que sa Parole nous enseigne et l'écouter du mieux possible.

Nous devons également désirer obéir à Dieu une fois que nous avons reçu son message. Jacques nous dit que si nous voulons recevoir de la sagesse (comme Salomon), nous devons la demander à Dieu (1:5). Mais il insiste sur le fait que nous devons la demander avec foi (1:6) et, plus tard, il explique que la foi *réelle* est celle qui est prête à vivre conformément aux exigences divines (2:14-26). Si nous prions sincèrement pour que Dieu nous enseigne la Bible (et nous devons le faire, voir Ps 119 !), nous devons prier avec une foi prête à accepter ce que nous découvrons dans la Bible. Nous devons accepter ce que nous y trouvons même si cela déplaît aux autres, même si cela nous cause des problèmes et même si cela remet en cause notre style de vie. Ceci est cher payé, certes, mais des avantages s'ensuivent, à savoir que nous faisons constamment de nouvelles découvertes au lieu de simplement entendre ce que nous souhaiterions entendre.

Étudier la Parole de Dieu avec un cœur ouvert est l'un des moyens par lesquels nous exprimons notre amour pour Dieu. Le commandement principal de Dieu pour Israël était sa déclaration selon laquelle Il est un (Deutéronome 6:4) ; par conséquent, il n'y avait aucune place pour les idoles. Il exhorte ainsi son peuple à l'aimer lui seul de tout leur cœur et de tout leur être (Deutéronome 6:5). Ceux qui aiment Dieu de cette façon proclameront sa Parole en tout temps, partout et avec tout le monde (Deutéronome 6:6-9). Si Dieu occupe réellement la première place dans notre vie alors sa Parole sera au cœur de notre vie et nous consumera.

Il arrive parfois que nous passions à côté de l'essentiel de la Parole de Dieu. Les Pharisiens chipotaient sur les détails mais ne tenaient aucun compte de l'essentiel : le cœur rempli de justice, de miséricorde et de fidélité de Dieu (ce que Jésus appelle, « le plus important dans la loi », Mt 23:23). Toute l'Écriture est la Parole de Dieu, mais certaines parties nous enseignent plus directement la nature de Dieu que d'autres (par exemple : nous apprenons plus directement de la révélation de Dieu à Moïse dans Ex. 33-34 que des rituels consignés dans le Lévitique). Il nous arrive parfois de mal interpréter ce que Dieu désire nous communiquer lorsque nous lisons la Bible, et ce, tout simplement parce que notre milieu nous prédispose à toujours croire que Dieu est soit dur soit indulgent.

Où devons-nous chercher la révélation centrale du caractère de Dieu *(le plus important dans la loi)* qui nous aide à bien appliquer le reste de la Parole de Dieu ? Dieu a révélé Sa loi à Israël, mais les prophètes de l'Ancien Testament et ceux du Nouveau Testament ont montré que certaines parties de cette loi ne portaient que sur l'ancien Israël, et ce, pour un temps limité (bien que nous puissions tous tirer un enseignement de ses principes éternels). Les prophètes ont offert des applications dynamiques de la loi basées sur leur connaissance du cœur de Dieu. Aussi Dieu a-t-il pleinement révélé son cœur et sa Parole en nous envoyant Jésus ; Dieu nous a révélé son cœur lorsque sa Parole a été faite chair (Jean 1:1-18). Lorsque Moïse a reçu la loi sur le Mont Sinaï, il a expérimenté une partie de la gloire de Dieu et de son caractère de grâce et de vérité ; cependant nul ne peut voir Dieu et vivre (Exode 33:18-20 ; 34:6). Quoi qu'il en soit, Dieu a pleinement révélé sa grâce et sa vérité glorieuses au travers de la Parole faite chair (Jean 1:14, 17) ; à présent, le Dieu invisible est pleinement manifesté en Jésus-Christ (Jean 1:18 ; 14:9).

Dans cette étude, nous nous pencherons davantage sur le contexte ; le contexte du livre tout entier, le contexte culturel de la Bible et des principes spécifiques en vue de comprendre les divers genres littéraires contenus dans la Bible (à savoir les psaumes, les proverbes, les lois et les prophéties). Ces principes sont essentiels pour apprendre ce que Dieu voulait communiquer aux premiers lecteurs, une étape nécessaire lorsque l'on veut savoir comment appliquer le message de Dieu aujourd'hui. Mais nous devons encore nous laisser guider par l'Esprit de Dieu concernant la manière de mettre en pratique le message de Dieu pour notre propre vie, pour l'Église aujourd'hui et pour le monde entier. Il existe plusieurs façons d'entendre sa voix (par exemple, au travers de la prière), mais c'est en étudiant les Écritures que nous apprenons à reconnaître distinctement sa voix lorsqu'Il nous parle de différentes façons. Paul nous avertit que nous « connaissons en partie, et nous prophétisons en partie » (1 Co 13:9). C'est pourquoi il est bon pour nous de nous appuyer à la fois sur les Écritures et sur l'Esprit qui nous aident à l'entendre de façon distincte. Mais l'Esprit ne contredira jamais la Parole qu'il a lui-même inspirée (la façon dont il nous l'a donnée, c'est-à-dire dans son contexte).

CHAPITRE 1

CONTEXTE, CONTEXTE, CONTEXTE !

Est-ce qu'on a une fois rapporté des paroles que vous aviez dites sans tenir compte du contexte dans lequel vous les aviez prononcées ? Parfois certaines personnes vous citent sans tenir compte du contexte de vos dires et par conséquent vous attribuent des paroles bien différentes de ce que vous avez réellement dit, parfois même l'opposé du message que vous cherchiez à véhiculer ! Nous commettons souvent la même erreur avec la Bible. C'est ainsi que des groupes tels que les Témoins de Jéhovah ou les Mormons ont recours à la Bible pour défendre leurs enseignements anti-bibliques.

L'une des ressources les plus importantes pour comprendre la Bible se trouve dans la Bible elle-même : le contexte. Certains lecteurs veulent sauter certains versets bibliques pour en privilégier d'autres. (Ils le font parfois avec l'aide des références qui se trouvent dans les marges de leur Bible, cependant il faut savoir que ces références ont été ajoutées par les éditeurs et ne font pas partie de la Bible elle-même.) Malheureusement, nous pouvons faire dire presque tout à la Bible en reliant différents versets entre eux ; pourtant même les versets qui se ressemblent peuvent traiter de sujets différents dans leur contexte. En utilisant cette méthode, on pourrait penser que Romains 3:28 (« l'homme est justifié par la foi, sans les œuvres de la loi ») et Jacques 2:24 (« l'homme est justifié par les œuvres, et non par la foi seulement ») se contredisent. Par contraste, chaque passage a un sens particulier lorsqu'on le lit dans son contexte, c'est-à-dire le flux des idées qui défilent avant et après le passage qui est étudié. Dans le contexte ci-dessus, par le mot 'foi' Jacques et Paul renvoient à quelque chose de tout à fait différent, et les deux affirment qu'une personne n'est justifiée devant Dieu qu'au travers d'une sorte de foi authentique exprimée par une vie d'obéissance constante (voir notre discussion ci-dessous).

Si nous ne tenons aucun compte du contexte, nous allons presque toujours mal interpréter ce que nous lisons dans la Bible. Les étudiants (ou personnes) de niveau supérieur peuvent sauter les premiers chapitres du livre mais, parce que beaucoup d'étudiants pensent avoir mieux compris le contexte qu'ils ne l'ont réellement fait, nous encourageons les lecteurs à parcourir le prochain chapitre avant d'aller plus loin.

L'importance du contexte

Le contexte se rapporte à la façon dont Dieu nous a donné la Bible, c'est-à-dire un livre après l'autre. Les premiers lecteurs de l'évangile de Marc ne pouvaient pas se tourner vers le livre de l'Apocalypse pour les aider à comprendre l'évangile de Marc car le livre de l'Apocalypse n'avait pas encore été écrit à ce moment là. Les premiers lecteurs de l'épître aux Galates n'avaient pas une copie de la lettre que Paul avait écrite à Rome pour les aider à en comprendre la signification. Ces premiers lecteurs partageaient effectivement certaines informations en commun avec l'auteur. Dans ce livre, nous qualifierons ces informations partagées d'« arrière-plan » : une certaine connaissance de la culture, de l'histoire biblique ancienne, etc.

Mais, plus important encore, le livre individuel de la Bible se trouvait devant eux. Par conséquent, nous pouvons être assurés que les auteurs de la Bible ont inclus suffisamment d'informations dans chaque livre de la Bible pour pouvoir aider les lecteurs à comprendre le livre qu'ils avaient sous les yeux sans avoir à rechercher les informations manquantes.

C'est pour cette raison que le contexte est la clé la plus importante de l'interprétation biblique. (L'arrière-plan, ce que l'auteur pouvait considérer comme allant de soi, est essentiel. Nous reviendrons plus loin sur ce sujet dans un autre chapitre.)

Les prédicateurs populaires d'aujourd'hui citent souvent certains versets isolés qu'ils ont mémorisés et négligent par conséquent d'aborder le reste des versets de la Bible. Un jour, une personne apparemment bien éduquée est allée voir un professeur de théologie pour lui dire qu'elle pensait que le but d'avoir une Bible était de chercher les versets que le prédicateur citait à l'église ! Mais la Bible n'est pas une collection des versets préférés de telle ou telle personne. En utilisant les versets hors contexte, on peut « prouver » presque n'importe quoi au sujet de Dieu ou justifier presque toute sorte de comportement – comme l'atteste l'histoire. Mais, dans la Bible, Dieu S'est révélé au travers de Ses actes dans l'histoire, et ce, par l'intermédiaire de l'attestation inspirée de ces actes et de la sagesse inspirée de Ses serviteurs traitant de situations spécifiques.

Dans ma culture, les gens aiment tout ce qui est « instantané » : purée de pomme de terre, restauration rapide, etc. De même, nous prenons souvent des raccourcis pour comprendre la Bible en citant des versets pris au hasard ou en présumant que ceux qui nous ont enseignés les ont correctement compris. Lorsque nous agissons de la sorte, nous ne sommes pas diligents dans la recherche de la Parole de Dieu (Proverbes 2:2-5 ; 4:7 ; 8:17 ; 2 Ti 2:15).

Jim Baker, prédicateur américain célèbre, s'est tellement laissé absorber par son ministère qu'il n'a pas pris le temps d'étudier soigneusement la Bible dans son contexte. Il se fiait au fait que ses amis, dont il propageait les enseignements, l'avaient fait. Plus tard, lorsque son ministère s'est effondré, il a commencé à étudier les Écritures et c'est avec horreur qu'il a enfin compris que, sur certains points, les enseignements de Jésus étaient exactement l'opposé de ce que lui et ses amis avaient enseigné ! Il n'est jamais prudent de dépendre simplement de ce que quelqu'un d'autre affirme que Dieu dit (1 Rois 13:15-26).

J'ai découvert ceci par moi-même lorsque, au début de ma conversion, j'ai commencé à lire 40 chapitres de la Bible par jour (soit tout le Nouveau Testament en une semaine, soit toute la Bible en un mois). J'ai été choqué de découvrir qu'outre les versets mémorisés, j'avais essentiellement ignoré une bonne partie des Écritures ; j'ai également constaté à quel point le texte intermédiaire servait à relier ces versets. Je passais à côté de beaucoup de choses en utilisant la Bible simplement pour défendre ce en quoi je croyais déjà !

Lorsque l'on commence à lire la Bible, un livre après l'autre, on reconnaît rapidement que les versets isolés de leur contexte veulent presque toujours dire quelque chose de différent lorsqu'on les replace dans leur contexte. En fait, nous ne pouvons même pas prétendre donner un sens à la plupart des versets sans lire leur contexte. La méthode qui consiste à isoler les versets de leur contexte manque d'égards envers l'autorité des Saintes Écritures parce que cette méthode d'interprétation ne peut pas être appliquée de façon cohérente à l'ensemble des Écritures. En l'appliquant, on met plusieurs versets de côté. Prêcher et enseigner la Bible telle qu'elle nous invite à l'interpréter, c'est-à-dire dans son contexte original, nous permet à la

CONTEXTE, CONTEXTE, CONTEXTE !

fois de l'expliquer avec justesse et fournit à nos auditeurs un bon exemple de la façon dont ils peuvent mieux la saisir eux-mêmes.

Lorsque nous lisons un livre, quel qu'il soit, nous ne prenons pas simplement une affirmation isolée tirée du milieu du livre et ignorons les affirmations qui l'entourent et qui nous aident à la comprendre. Lorsque nous donnons un livre de contes à un enfant qui apprend à lire, l'enfant commence probablement à lire au début du livre. Le fait que les gens lisent si souvent la Bible hors de son contexte (je donnerai des exemples par la suite) n'est pas naturel ; ils ont tout simplement mal *appris* en prenant exemple sur d'autres personnes qui, elles-mêmes, avaient mal appris, etc. Mon objectif n'est pas de causer du tort à ceux qui ont fait du mieux qu'ils pouvaient sans pour autant comprendre le principe du contexte ; au contraire, nous devons saisir dès maintenant l'occasion de commencer à enseigner la bonne façon d'interpréter la Bible à la nouvelle génération.

Plusieurs contradictions que certains lecteurs affirment avoir trouvées dans la Bible viennent simplement du fait qu'ils ignorent le contexte des passages qu'ils citent, passant d'un texte à l'autre sans prendre le temps de comprendre chaque texte selon ses propres termes. Par exemple, lorsque Paul dit qu'une personne est justifiée par la foi sans les œuvres (Romains 3:28), son contexte clarifie le fait qu'il définit la foi comme quelque chose de plus qu'une acceptation passive d'un point de vue. Il la définit plutôt comme une conviction que Christ est notre salut ; une conviction pour laquelle on est prêt à risquer sa vie (Romains 1:5). Jacques déclare qu'on ne peut être justifié par la foi sans les œuvres (Jacques 2:14) – parce que le terme « foi » qu'il utilise renvoie à une simple acceptation du fait que quelque chose est vrai (2:19), il demande à ce qu'une telle acceptation soit activement démontrée au travers de l'obéissance pour prouver son authenticité (2:18). En d'autres termes, Jacques et Paul ont utilisé le mot « foi » différemment mais ils ne se contredisent pas quant à sa signification. Si nous ignorons le contexte et plaçons simplement différents versets les uns à côté des autres sur la base d'une consonance similaire, nous finirons par avoir des contradictions que les auteurs originaux de la Bible n'auraient même pas imaginées.

Les niveaux de contexte

La plupart d'entre nous sont d'accord sur le fait que la Bible doit être lue dans son contexte, mais jusqu'à quel point ? Suffit-il simplement de lire les versets qui viennent avant et après le passage cité ? Ou devrions-nous également nous familiariser avec les paragraphes avant et après, ou encore avec l'intégralité du livre de la Bible dans lequel se trouve le passage ? Bien que, dans la pratique, la réponse à cette question dépende dans une certaine mesure de la partie de la Bible que nous étudions (le contexte est plus restreint dans les Proverbes que dans la Genèse ou dans 2 Corinthiens), nous devrions, en règle générale, considérer avant tout chaque passage dans son contexte immédiat, mais aussi dans le contexte du livre entier de la Bible dans lequel il apparaît.

Certains professeurs de la Bible ont parlé des différents niveaux de contexte pour chaque texte. Premièrement, la plupart des textes ont un contexte immédiat dans le paragraphe ou les paragraphes qui les entourent. Deuxièmement, nous pouvons considérer le contexte du livre entier de la Bible dans lequel les textes apparaissent ; nous sommes convaincus que c'est la seule partie du texte que les premiers auteurs voulaient que les premiers lecteurs aient en face d'eux. Troisièmement, nous avons parfois besoin de considérer l'ensemble du contexte de l'enseignement de l'auteur. Par exemple, bien que les Corinthiens ne puissent pas consulter la lettre de Paul aux Galates, ils étaient familiers avec une partie plus large de son enseignement que ce que nous trouvons dans la première épître aux Co-

CONTEXTE, CONTEXTE, CONTEXTE !

rinthiens étant donné que Paul avait passé dix-huit mois à les enseigner (Actes 18:11). Tout ce que nous pouvons apprendre au sujet de l'enseignement de Paul dans son ensemble peut nous aider à condition que nous donnions avant tout la priorité à ce qu'il dit à ses auditeurs dans la lettre que nous essayons de comprendre.

Quatrièmement, nous avons également le contexte des informations partagées, c'est-à-dire l'arrière-plan que partageaient à la fois l'auteur original et ses lecteurs. Une partie de cet arrière-plan peut nous être communiquée dans la Bible. (Par exemple, Paul pouvait s'attendre à ce que plusieurs de ses lecteurs connaissent l'Ancien Testament.) Mais découvrir l'arrière-plan peut également nécessiter des recherches supplémentaires (même si les premiers lecteurs, qui le connaissaient déjà, pouvaient le considérer comme un fait établi.) Enfin, nous pouvons regarder au contexte de l'ensemble de la révélation de Dieu dans la Bible. Ceci devrait être notre étape finale, et non la première. Trop souvent, nous voulons expliquer un verset à la lumière d'un autre avant d'avoir vraiment compris l'un ou l'autre à la lumière du contexte immédiat dans lequel il se trouve. Comme dans l'exemple ci-dessus tiré de l'épître aux Romains et de celle de Jacques, un mot (ou une expression) particulier n'a pas toujours le même sens dans chaque passage.

Dans 2 Timothée 3:16-17, il est dit que « Toute Écriture est inspirée de Dieu, et utile pour enseigner, pour convaincre, pour corriger, pour instruire dans la justice. » Toute Écriture communique une signification qui est essentielle pour l'Église ; comme nous l'avons fait remarquer précédemment, il ne doit pas y avoir d'« espaces vides » entre nos versets préférés.

Cependant, pour appliquer correctement ce principe, nous devons déterminer quelle est l'unité de la Bible dont parle Paul (ce qu'il veut dire par « Écriture »). En effet, Paul ne parle pas simplement des mots individuels dans la Bible, bien que les mots individuels soient importants puisqu'ils contribuent à la compréhension du texte. Un mot individuel, isolé par lui-même, ne peut pas communiquer la signification voulue. (La conjonction et est très importante, certes, mais ce mot tout seul ne communique aucune signification spécifiquement et universellement chrétienne.) Nous devons nous assurer de prêcher à partir de la Bible et non d'un dictionnaire, sinon nous risquons d'insister sur les mots seulement plutôt que sur leur fonction dans les phrases et les passages.

Aussi évident que ce principe puisse paraître, à savoir que les mots individuels ne sont pas l'unité première de la signification, les lecteurs de la Bible l'ignorent souvent. Un jour, j'ai lu une méditation sur Ézéchiel 28 qui insistait sur le mot « sagesse » et qui expliquait combien la sagesse était merveilleuse (en s'appuyant sur sa signification dans un dictionnaire hébreu). L'auteur qui expliquait en détail le besoin de la sagesse n'avait pas pris le temps de faire remarquer que le passage d'Ézéchiel 28 se réfère en réalité au méchant prince de Tyr dont les vantardises et la sagesse représentent une sagesse purement mondaine. En d'autres termes, cette personne ne prêchait pas vraiment à partir d'Ézéchiel 28, mais à partir d'un dictionnaire hébreu ! J'encourage ceux qui étudient la signification d'un mot à travers les Saintes Écritures à exposer les résultats de leur analyse lors d'une prédication du moment qu'ils ne manquent pas de reconnaître les différentes façons dont le mot peut être utilisé dans différents passages. Parfois, nous devons vraiment étudier la signification des mots de cette manière. Mais ceux qui prêchent à partir d'une liste de versets dans lequel se trouve un mot particulier courent toujours le risque de prêcher à partir d'une concordance et non à partir de la Bible. Dieu n'a pas inspiré la Bible par ordre de concordance ; il l'a inspirée un livre après l'autre.

Même le fait d'insister sur un verset lu dans son contexte immédiat peut s'avérer problématique (de façon bien moindre cependant) parce que ce verset peut ne pas représenter une unité entière de pensée. Les références du verset n'ont pas été ajoutées à la Bible lorsqu'elle a été écrite, mais seulement après qu'elle ait été terminée. L'unité de la pensée est souvent plus large qu'un verset, et elle ne peut avoir de sens propre indépendamment de son contexte.

Par exemple, le fait que Jésus ait pleuré serait une instruction utile pour ceux qui pensent que les larmes sont un signe de faiblesse. Mais se souvenir du contexte nous donne un principe généralement plus utile. « Jésus pleura » tout simplement parce qu'il partageait la peine qui accablait ses amis. Cet exemple nous enseigne qu'il est important de pleurer avec ceux qui pleurent et que Jésus Lui-même se soucie suffisamment de nous au point de partager notre chagrin.

Nous pouvons généralement prendre un paragraphe comme une unité entière de pensée ; mais souvent même les paragraphes ne représentent pas l'élément total de la pensée du texte. Les paragraphes varient en longueur, mais nous les identifions comme des paragraphes distincts précisément parce qu'ils représentent des pensées entières en elles-mêmes. Cependant, ces éléments de pensée sont souvent liés à d'autres éléments similaires de telle sorte qu'il est difficile de les séparer des idées qui les entourent. Quoique la plupart des paragraphes contiennent au moins un principe, ce principe est parfois trop court pour être utilisé par lui-même comme la base d'une prédication tout entière. S'il est vrai que je préfère la prédication par exposition (prêcher à partir d'un paragraphe ou d'un passage), certains textes ne se prêtent pas aisément à cette approche. Par exemple, lorsque Paul dit au revoir à ses amis dans Actes 20:36-38, leur amour évident les uns pour les autres (démontré par leur triste séparation) nous enseigne quelque chose de bien spécifique, à savoir que nous devrions aujourd'hui faire preuve du même amour et de la même consécration les uns envers les autres au sein du corps de Christ.

En outre, nous pouvons bien mieux articuler ce principe si nous lisons ces versets à la lumière du précédent discours d'adieu de Paul (Actes 20:18-35). Nous pourrons trouver suffisamment d'éléments sur ce passage pour une longue prédication ou étude biblique seulement si nous retraçons le thème de ce passage sur l'amour fraternel chrétien dans tout le livre dans lequel il apparaît (exemples : Actes 2:44-45 ; 4:32-35 ; 14:28 ; 28:14-15). La plupart des congrégations souhaiteraient que l'enseignement dispensé soit basé sur plusieurs points et non pas sur un seul ou bien que plusieurs illustrations viennent étayer le point en question ! Il peut être très difficile de commenter le thème de l'unité dans Jean 17:23 à moins de tenir compte non seulement de la façon dont Jean insiste sur l'unité lorsqu'il nous dit de nous aimer les uns les autres (Jean 13:34-35) mais aussi des obstacles que l'unité doit surmonter (Jésus a surmonté un obstacle ethnique important lorsqu'il s'est entretenu avec la Samaritaine dans Jean 4). En lisant ce verset sur l'unité dans le contexte de l'intégralité de l'évangile de Jean, nous sommes encouragés à aller au-delà des obstacles tribaux et culturels et à aimer nos frères et sœurs en Christ.

Un collègue enseignant aux États-Unis m'a dit un jour qu'il doutait que toute la Bible ait été inspirée de Dieu ; il n'arrivait pas à croire que quelqu'un puisse prêcher à partir d'un passage comme celui où les serviteurs du roi David lui ont amené une concubine pour l'aider à se réchauffer (1 Rois 1:2-4). Je lui ai répondu que ces versets faisaient partie d'un contexte plus élargi. Après que David ait péché, Dieu lui a annoncé que le jugement allait s'abattre sur sa maison, un jugement que certains ses proches allaient eux-mêmes lui infliger (2 Samuel 12:11).

Ceci s'est accompli lors de la révolte d'Absalom qui était probablement le fils aîné de David après la mort d'Amnon. Mais à présent un autre fils de David, celui qui venait après Absalom, voulait accéder au trône (1 Rois 1:5). Les versets concernant David qui avait du mal à se réchauffer montrent combien il était faible et sensible à cette nouvelle révolte. La mention de la concubine aide à expliquer pourquoi Adonija a mérité la mort en demandant à l'épouser (1 Rois 2:21). Épouser la concubine d'un ancien roi revenait à postuler au poste de roi

CONTEXTE, CONTEXTE, CONTEXTE !

(1 Rois 2:22 ; cf. 2 Samuel 16:21-22) – Adonija voulait toujours renverser le royaume de Salomon ! Sans avoir lu l'histoire dans son intégralité, on peut passer à côté de l'objectif des versets individuels. Cependant ils servent à quelque chose ; sans eux, l'histoire n'aurait aucun sens.

En définitive, le contexte s'étend au-delà des mots, des versets et des paragraphes, à la structure entière de chaque livre de la Bible. C'est probablement ce que veut dire Paul lorsqu'il dit que « toute Écriture est inspirée. » Dans ce passage, le mot grec pour « Écriture» est graphë, qui signifie « écrit ». Dans la plupart des cas, chaque livre de la Bible était écrit sur un rouleau de parchemin individuel sous la forme d'un texte individuel. Des livres différents de la Bible étaient écrits comme des livres entiers pour aborder des situations différentes dans l'ancien Israël ou dans l'Église. Bien que ces livres consistent souvent en des documentations anciennes (par exemple des histoires au sujet de Jésus qui ont circulé avant que les auteurs des évangiles ne les mettent par écrit), nous les avons comme des unités entières dans nos Bibles, et nous devrions les lire en tant que telles. Par exemple, Dieu nous a donné quatre évangiles au lieu d'un parce qu'il voulait que nous considérions Jésus sous plusieurs angles. (Jésus était trop important pour qu'un seul évangile, avec son accent distinctif, puisse nous le présenter de façon convenable.) Si nous mélangeons simplement certaines bribes des différents évangiles sans reconnaître les caractéristiques de chaque évangile, nous risquons de rater les perspectives que Dieu désire nous communiquer dans chaque évangile. Si nous pouvons prêcher à partir d'un récit individuel dans les évangiles et expliquer fidèlement le texte, il serait cependant préférable que nous comprenions comment cette histoire particulière de la Bible s'adapte au contexte global de l'évangile dans lequel il apparaît.

Dans d'autres cas, le contexte du livre est absolument nécessaire ; il n'est pas simplement un ajout utile. La lettre de Paul aux Romains, par exemple, est un argument bien ficelé. Lire un

INTERPRÉTATION BIBLIQUE

passage dans Romains sans comprendre le déroulement de sa logique limite ce que nous pourrons en retirer. Nous devons reconnaître que beaucoup de personnes lisent l'épître aux Romains de cette façon-là, mais parce que l'épître aux Romains est si étroitement ficelée, une étude biblique passage par passage de l'épître aux Romains n'est pas aussi édifiante qu'une étude biblique de l'évangile de Marc. Nous devons savoir que tous les hommes ont péché (Romains 1-3), mais on peut passer des semaines à analyser cette partie de l'épître aux Romains avant d'arriver à la justification par la foi ou à la puissance de mener une vie juste. En revanche, dans l'évangile de Marc, on trouve de nouveaux sujets d'étude dans presque chaque paragraphe. Un groupe d'étude biblique peut facilement se pencher sur un passage ou un chapitre chaque semaine sans avoir l'impression de ne pas encore comprendre la pensée de l'auteur. Paul a écrit l'épître aux Romains sous la forme d'une lettre qui devait être lue d'un seul coup comme un argument bien ficelé ! Même les premiers lecteurs de l'évangile de Marc l'ont probablement lu de la même façon, c'est-à-dire d'une seule traite. Il fonctionne comme un récit uni annonçant d'un bout à l'autre la mort imminente de Jésus et sa résurrection. Jusqu'à ce que nous comprenions la fonction d'un passage à la lumière de l'argumentation générale du livre dans lequel il apparaît, nous ne respectons pas pleinement la manière dont Dieu l'a inspiré.

Si Dieu a inspiré chaque Écriture, c'est-à-dire au moins chaque « écrit » ou livre de la Bible, pour qu'elle puisse porter des fruits, nous devons aborder chaque livre de la Bible comme un tout pour bien le comprendre. (Dans certains cas, lorsque des unités indépendantes de pensée ont été réunies au hasard dans un livre comme, par exemple, les psaumes, la plupart des proverbes et plusieurs lois dans les sections légales de l'Exode et de Deutéronome, ce principe est moins important. En revanche, il l'est beaucoup plus lorsqu'il s'agit de lire la plupart de l'Écriture, notamment en ce qui concerne les arguments étroitement ficelés des livres tels que l'épître aux Romains ou les livres de symboles interdépendants comme l'Apocalypse.)

CONTEXTE, CONTEXTE, CONTEXTE !

Ce principe a de sérieuses implications pour notre étude biblique personnelle. Au lieu de lire les versets dans notre Bible en ayant recours en premier lieu à une concordance ou à la chaîne de références de notre Bible, nous devons apprendre à lire les livres de la Bible d'un bout à l'autre. Il est préférable de lire les plus petits livres, comme l'évangile de Marc, d'une traite. Nous devrions nous pencher sur un livre particulier de la Bible pendant une période donnée. Sauter simplement d'un livre à l'autre sans prendre le temps d'étudier un livre particulier ne sert à rien.

Objections au contexte

Je voudrais traiter ici d'une objection au contexte que l'on rencontre dans certains milieux. Certaines personnes citent les Écritures hors contexte et affirment ensuite avoir raison parce qu'elles ont reçu une autorité ou une révélation toute particulière de la part de Dieu. Cependant, ces personnes devraient reconnaître qu'il s'agit d'une révélation qui leur est propre et non pas d'une parole d'Évangile. Toute révélation doit être examinée (1 Co 14:29 ; 1 Th 5:20-21), et Dieu nous a donné une Bible en partie afin que nous puissions éprouver d'autres révélations. Personne n'a le droit de court-circuiter les droits des auditeurs à évaluer ses dires à l'aune des Écritures en donnant une révélation au sujet de la signification de la Parole de Dieu que les auditeurs ne peuvent pas évaluer eux-mêmes. Sans quoi, n'importe qui peut faire dire n'importe quoi à l'Écriture. Tout point de vue peut être soutenu lorsqu'on le fonde sur des textes-preuves pris hors contexte ; toute théologie peut rendre son raisonnement logique. C'est une méthode que les Témoins de Jéhovah utilisent constamment. Nous ne devons pas baser notre foi sur les études bibliques d'autres personnes mais plutôt sur la Bible elle-même.

Nous devrions être prudents quant à ce que nous disons que la Bible enseigne. Déclarer que « la Bible dit » revient à déclarer « Voici ce que dit le Seigneur ». Au temps de Jérémie, certains faux prophètes affirmaient à tort parler de la part de Dieu mais, en fait, leurs paroles étaient le fruit de leur propre imagination (Jérémie 23:16) ; en outre, ils se dérobaient les messages les uns aux autres (Jé 23:30) au lieu d'écouter les paroles que Dieu leur adressait (Jé 23.22). S'il le désire, Dieu peut parler aux gens au travers des Écritures hors contexte, tout comme il peut parler au travers d'un oiseau, d'un poème ou d'un âne. Si Dieu est tout-puissant (Apocalypse 1:8), il peut parler comme il le veut. Mais, en général, on ne fait pas appel aux ânes pour nous enseigner la vérité. En outre, la façon dont Dieu parle à une personne au travers d'un verset pris hors contexte ne détermine en rien la signification de ce verset pour les auditeurs de tous les temps. La signification universelle d'un texte est celle à laquelle tous les lecteurs ont accès, à savoir ce qu'il veut dire dans son contexte original.

En tant que jeune chrétien récemment converti, j'ai suivi un cours de latin lors duquel mon professeur m'a donné un passage de *La guerre des Gaules* de César à traduire à la maison. Tout ce qui m'intéressait c'était de lire ma Bible et non pas de faire mes devoirs. J'ai donc ouvert ma Bible au hasard et j'ai mis mon doigt sur un passage, espérant trouver un texte du genre : « Renonce à tout et suis-moi ». Au lieu de cela, j'ai lu : « Rendez donc à César ce qui est à César, et à Dieu ce qui est à Dieu » (Luc 20:25). Dieu avait décidé de répondre à mon approche naïve des Écritures comme il se devait. Rassurez-vous : cela ne veut pas dire que ce texte invite tous les chrétiens à traduire une partie de *La guerre des Gaules* !

À chaque fois qu'une personne prétend entendre la voix de Dieu, ses dires doivent être évalués (1 Corinthiens 14:29 ; 1 Thessaloniciens 5:20-21). Écouter les déclarations d'une autre personne peut nous causer des problèmes si nous ne les éprouvons pas soigneusement (1 Rois 13:18-22). Paul nous avertit que « si quelqu'un croit être prophète ou spirituel, qu'il reconnaisse que ce que je vous écris est un commandement du

CONTEXTE, CONTEXTE, CONTEXTE !

Seigneur. Et si quelqu'un l'ignore, qu'il l'ignore » (1 Corinthiens 14:37-38). La seule révélation que tous les chrétiens peuvent considérer avec assurance est la Bible. Nous pouvons être sûrs qu'elle communique ce que Dieu voulait communiquer lorsqu'il a inspiré les auteurs originaux. Elle est la seule révélation que tous les chrétiens reconnaissent comme le « canon » ou l'étalon à l'aune duquel toutes les autres prétendues révélations seront mesurées. Nous devons ainsi faire de notre mieux pour la comprendre correctement, la prêcher et l'enseigner de la manière dont Dieu nous l'a donnée dans le contexte.

Certains affirment que, dans le Nouveau Testament, les apôtres ont utilisé l'Écriture hors contexte et que, par conséquent, nous pouvons faire de même. Certains critiques juifs non croyants utilisent le même argument pour affirmer que les auteurs du Nouveau Testament n'étaient pas vraiment inspirés par le Saint-Esprit. À cela nous pouvons répondre que, quelle que soit la manière dont nous sommes conduits par l'Esprit, nos écrits ne sont pas paroles d'évangile. Le fait est que les déclarations au sujet des auteurs du Nouveau Testament utilisant l'Ancien Testament hors contexte sont souvent exagérées. Les exemples que les critiques avancent font souvent partie d'une des trois catégories suivantes ; il convient de noter qu'aucune de ces catégories ne nous autorise à découvrir la signification d'un texte en ignorant son contexte. Premièrement, pour faire face aux adversaires qui avaient recours à des textes-preuves, les auteurs bibliques répondaient parfois en conséquence (« répondre à l'insensé selon sa folie », comme le dit Proverbes).

Deuxièmement, et beaucoup plus souvent, ils tiraient simplement leurs analogies de l'Ancien Testament, les utilisant pour illustrer un principe trouvé dans les textes ou les vies qu'ils présentent.

Troisièmement, et peut-être très souvent, les textes qui, selon nous, sont hors contexte reflètent notre propre échec à reconnaître la manière complexe de l'auteur d'utiliser le contexte. Certains érudits non chrétiens ont accusé Matthieu de citer Osée 11:1 (« Et j'ai appelé mon fils hors d'Égypte ») hors contexte. Ils présentent souvent ce texte comme l'un des cas les plus flagrants où les auteurs du Nouveau Testament ont mal compris le contexte. Ils font une telle déclaration parce qu'Osée parle de Dieu délivrant Israël d'Égypte, alors que Matthieu applique le texte à Jésus. Mais Matthieu connaît très bien le texte. Au lieu de dépendre ici de la traduction grecque d'Osée, il introduit sa propre traduction de l'hébreu qui est plus correcte. Si nous lisons le contexte de Matthieu, nous voyons que ce n'est pas le seul endroit où il compare Jésus avec Israël : comme Israël a été tenté dans le désert pendant 40 ans, Jésus y a été tenté pendant 40 jours (Mt 4:1-2). Matthieu connaît aussi le contexte d'Osée : comme Dieu avait appelé Israël hors d'Égypte (Osée 11:1), il allait susciter un nouvel exode et un nouveau salut pour son peuple (Osée 11:10-11) ; Jésus est le précurseur, le pionnier de cette nouvelle ère du salut pour son peuple.

Dans le même contexte, Matthieu applique Jérémie 31:15 (ou Rachel pleure sur l'exil d'Israël) au massacre des enfants de Bethléhem (Mt 2:17-18) près duquel Rachel est enterrée (Genèse 35:19). Mais Matthieu connaît le contexte de Jérémie : après avoir annoncé la tragédie d'Israël, Dieu promet le rétablissement (Jérémie 31:16-17) et une nouvelle alliance (Jérémie 31:31-34). Matthieu compare la tragédie qui avait frappé au moment de l'enfance de Jésus à celle qui avait eu lieu au cours de l'histoire d'Israël parce qu'il s'attend à ce que ses premiers lecteurs, des experts en matière de connaissances bibliques, reconnaissent qu'une telle tragédie constituait le prélude au salut messianique. Matthieu connaît également très bien le contexte du passage d'Ésaïe 7:14 qu'il cite dans Mt 1:23 (voir la discussion au chapitre 2). Le contexte reste frais dans l'esprit de Matthieu lorsqu'il cite Ésaïe 9:1-2 dans Mt 4:15-16. Matthieu n'ignore pas le contexte ; il compare le ministère de Jésus à l'histoire d'Israël et aux promesses évoquées dans ces contextes. Il interprète le contexte mieux que ses critiques !

Comparaître devant Dieu

Différentes parties du corps de Christ enseignent différentes choses ; tout ce que nous avons en commun est le fait que nous nous basons tous sur les Écritures. Mais si nous pouvons faire dire aux Écritures ce que nous voulons en les isolant de leur contexte, nous ne serons plus capables de nous retrouver autour d'une base commune.

L'interprétation est d'une importance vitale. Par exemple, dans le passé, certaines personnes ont justifié les indulgences (le fait de payer de l'argent à l'Église pour obtenir le pardon des péchés) ou l'esclavage. Cette étude traite des méthodes d'interprétation, et non des doctrines. Cependant, observons, par exemple, certains points de vue généralement acceptés aujourd'hui. Je ne demande pas si nous avons raison ou tort sur de tels enseignements, mais quelles pourraient être les conséquences si nous avions tort. Si mes enseignements (et pas seulement la mauvaise interprétation des auditeurs) poussent les gens à croire qu'une fois qu'ils ont prié, il sont sauvés, quelle que soit la façon dont ils vivent ou la religion qu'ils adoptent plus tard, j'ai intérêt à avoir raison sinon je serai responsable de beaucoup de choses devant le Seigneur.

À l'inverse, si mes enseignements (et pas seulement la mauvaise interprétation des auditeurs) poussent les gens à s'inquiéter de leur relation avec Dieu au point où certains abandonnent par désespoir, je serai responsable de beaucoup de choses devant Dieu si j'ai tort. Si mes enseignements au sujet de la guérison les poussent à hésiter à faire confiance à Dieu, et que, par conséquent, les gens qui auraient pu être rétablis souffrent ou meurent, je devrai comparaître devant Dieu. Si j'enseigne que tous ceux qui ont la foi seront guéris, et si quelques-uns ne le sont pas et perdent leur foi, je devrai également comparaître devant Dieu.

La question n'est pas de savoir si je comparaîtrai devant Dieu, puisque nous passerons tous en jugement, mais la question est de savoir s'il nous trouvera fidèles ou infidèles à ce qu'Il nous a enseigné. Ce que nous enseignons peut avoir des conséquences éternelles dans la vie des gens. Si nous enseignons ce que la Bible dit véritablement, alors la responsabilité repose sur la Bible et sur le Dieu qui nous l'a donnée ; si notre enseignement est criblé d'erreurs d'interprétation, alors c'est nous qui sommes responsables devant Dieu. Je peux imaginer qu'au jour du jugement beaucoup de personnes protesteront en disant : « mais j'ai juste prêché ce qu'un tel prêchait ». Cependant, de nombreux « méga-prédicateurs » passent plus de temps à faire leur propre publicité et à devenir « grand » qu'à s'investir dans l'étude de la Bible. (Si vous vous plongez dans l'étude de la Bible, vous arriverez à faire la différence entre les deux.) Lorsque nous comparaîtrons devant Dieu, nous ne pourrons pas rejeter la responsabilité sur les méga-prédicateurs pour ce que nous aurons enseigné. Dieu ne nous a pas donné la Bible pour que nous allions mémoriser les textes-preuves d'autres prédicateurs mais afin que nous puissions découvrir ce que Dieu tient à nous enseigner véritablement.

Dans le chapitre suivant, nous examinerons des exemples de versets utilisés dans leur contexte, et ce, en partie pour illustrer à quel point il est important pour nous de tenir compte du contexte. J'ai sciemment choisi des textes qui sont souvent pris hors contexte dans les églises que je connais le mieux. J'enseigne des étudiants venant de différentes dénominations, et j'ai constaté que la plupart de ces textes pris hors contexte leur sont généralement familiers. Cependant, en classe, nous examinons les textes dans leur contexte et nous arrivons souvent à un consensus presque unanime sur leur signification.

Après avoir examiné le « contexte immédiat » dans le chapitre suivant, nous étudierons d'autres thèmes. Pour commencer, nous nous pencherons sur le contexte du livre tout entier ; nous apprendrons à reconnaître la structure de

CONTEXTE, CONTEXTE, CONTEXTE!

l'argumentation (dans les livres étroitement ficelés comme l'épître aux Romains) et à développer des thèmes (dans des livres comme l'évangile de Marc). Ensuite nous aborderons le contexte historique ou situationnel : l'« arrière-plan » ; cela nous permettra de nous assurer que nous traitons le même genre de questions que les auteurs bibliques traitaient. Nous examinerons également les différentes sortes d'écriture dans la Bible (les styles, les genres littéraires et les formes telles que les paraboles).

CHAPITRE

2

TENIR COMPTE DU CONTEXTE

Bien que tout le monde reconnaisse l'importance du contexte en théorie, la plupart des lecteurs de la Bible l'ignorent encore dans la pratique. Peut-être faites-vous exception à la règle mais, quoi qu'il en soit, ne paniquez pas si vous êtes l'un de ces lecteurs pour qui le contexte des passages que nous aborderons dans ce chapitre semble obscur. J'ai choisi ces passages exprès parce qu'ils sont souvent pris hors contexte ; mes élèves en théologie sont généralement surpris lorsqu'ils les lisent dans leur contexte. Quoique nous pensions lire la Bible dans son contexte, trop souvent nous la lisons à la lumière de l'interprétation par d'autres personnes de ces mêmes textes de l'Écriture. Que ces interprétations soient récentes ou plus anciennes, elles ne peuvent pas avoir la priorité sur la signification du texte dans son contexte.

Rien ne vous oblige à être d'accord avec notre interprétation de chaque exemple ; tout ce qui compte, c'est que vous les examiniez et que vous vous assuriez que votre interprétation du texte est basée sur son contexte et non pas sur ce que d'autres personnes en disent. Ces exemples illustreront aussi l'importance du contexte dans notre interprétation. Nous ne cherchons en aucun cas à contester les doctrines spécifiques que certains ont fondées sur ces versets ; seules les méthodes d'interprétation sont remises en cause. (Si, lorsqu'ils sont remis dans leur contexte, certains textes ne peuvent dès lors plus soutenir une doctrine, cette dernière peut peut-être être défendue si tant est qu'elle soit soutenue par d'autres textes.) Vous arriverez à mieux saisir les principes du contexte si, avant de lire notre interprétation, vous analysez vous-même les passages. Ainsi, à l'instar de mes élèves, vous pourrez constater qu'en arrivant indépendamment aux mêmes conclusions, le but du texte est mis en évidence.

Nous commencerons avec quelques brefs exemples de contexte à l'intérieur des versets mais, dans ce chapitre, l'accent sera mis sur des niveaux plus larges de contexte.

Les versets et leur contexte

Parfois les lecteurs ignorent le contexte même d'un verset. La poésie traditionnelle crée une correspondance entre les sons et les rimes ; la poésie hébraïque ancienne, quant à elle, cherche plutôt à faire correspondre les idées. La plupart des traditions agencent la poésie des psaumes et une grande partie des écrits des prophètes de la Bible sous forme de versets. (La version Louis Second ne le fait pas pour la simple raison qu'en 1611 les traducteurs n'avaient pas encore découvert le système de correspondance des idées.) Il existe différentes façons de

TENIR COMPTE DU CONTEXTE

faire correspondre les idées (ou parallélisme) dans un texte. Nous mentionnons ici seulement deux des plus courantes. Dans le premier type de parallélisme, la deuxième ligne répète l'idée de base de la première ligne (parfois en y ajoutant ou en remplaçant certains détails). Par exemple : « Heureux l'homme qui ne marche pas selon le conseil des méchants, qui ne s'arrête pas sur la voie des pécheurs, et qui ne s'assied pas en compagnie des moqueurs » (Psaume 1:1). Il ne conviendrait pas de baser une prédication sur ces trois lignes uniquement ; il ne s'agit que de trois illustrations d'un même point. Dans un autre type de parallélisme, la deuxième ligne est un contraste explicite de la première ; par exemple : « Les trésors de la méchanceté ne profitent pas, mais la justice délivre de la mort » (Proverbes 10:2).

Les chrétiens utilisent souvent le verset : « Quand il n'y a pas de révélation, le peuple est sans frein » (Proverbes 29:18) pour parler de l'importance de faire des projets d'avenir. Mais quelle est la signification du mot « révélation » dans ce passage des Proverbes ? Cela veut-il simplement dire avoir un bon plan pour l'avenir ? Cela veut-il dire qu'un chauffeur qui doit porter des lunettes peut renverser une personne s'il ne les porte pas en conduisant ? Sachant que la plupart du livre des Proverbes est une collection de principes généraux plutôt qu'une argumentation solide, les versets autour de Proverbes 29:18 ne nous aident pas à bien interpréter le verset. Cependant l'autre moitié du verset nous fournit un peu de contexte : « Quand il n'y a pas de révélation, le peuple est sans frein ; Heureux s'il observe la loi » (Proverbes 29:18). La deuxième moitié du verset est comparable à l'idée de base de la première partie : les visions et la loi sont toutes deux des sources de la révélation de Dieu. En d'autres termes, la « révélation » ne se réfère pas à une vue purement naturelle. Elle ne se réfère pas non plus au simple fait d'avoir un projet d'avenir. Elle renvoie à la façon dont nous devons écouter Dieu. En fait, le terme hébreu traduit par « révélation » ici est lié aux rêves, aux révélations ou aux oracles ; ceci confirme le point suivant : le peuple de Dieu avait besoin de la

Bible et des prophètes authentiques qui avaient reçu un message de la part de Dieu pour le conduire sur le droit chemin.

Proverbes 11:1 avertit que Dieu hait la « balance fausse ». Malheureusement certaines personnes citent ce verset pour insinuer que Dieu veut que nous soyons un peuple « équilibré », c'est-à-dire pas trop engagé dans un programme particulier. Cependant, ce que ce passage cherche à enseigner c'est qu'il faut éviter de tromper notre voisin, car le reste du verset dit : « mais le poids juste lui est agréable. » Dans les marchés de l'Israël ancien, les gens pesaient le grain ou d'autres articles en échange d'un poids particulier d'argent ; il arrivait cependant que certains marchands escroquent leurs clients en changeant le plateau de balance. L'enseignement est donc le suivant : Dieu hait l'injustice ; il hait les tricheurs. Ce genre de parallélisme est fréquent dans la poésie hébraïque (par exemple, Marie veut dire fondamentalement la même chose lorsqu'elle dit que son âme exalte le Seigneur que lorsqu'elle déclare que son esprit se réjouit en Dieu - Luc 1:46-47).

Nous pouvons également citer Osée 4:6 comme exemple de contexte à l'intérieur d'un verset : « Mon peuple est détruit, parce qu'il lui manque la connaissance. » Souvent nous arrivons à bien comprendre la signification de ce verset sans même en connaître le contexte. Après tout, nous pourrions tout aussi bien être détruits par notre manque de connaissance non seulement lorsque nous conduisons ou lorsque nous échouons à des examens, mais aussi dans des domaines comme la politique étrangère, la prévention criminelle, la maladie, et ainsi de suite. Mais, dans ce verset particulier, le terme « connaissance » ne renvoie pas à tout type de connaissances. Le verset se réfère spécifiquement au rejet de la loi de Dieu par Israël : « Puisque tu as rejeté la connaissance (la loi) » (Osée 4:6). En d'autres termes, le peuple de Dieu est détruit parce qu'il ne fait aucun cas de sa Parole ; il ne le connaît pas parce qu'il ne la connaît pas.

TENIR COMPTE DU CONTEXTE

Bien qu'il soit utile d'examiner le contexte à l'intérieur d'un verset particulier, dans la plupart des cas nous avons besoin d'une sphère de contexte plus large que celle que donne un verset dans son contenu.

Contexte du paragraphe : Formez-vous

Le contexte du paragraphe est généralement ce à quoi les gens font référence lorsqu'ils parlent de « lire dans le contexte ». Cependant, nous ne pouvons pas nous arrêter au contexte du paragraphe seulement—une œuvre peut accentuer un élément dans une phrase qui fonctionne comme une partie plus large d'un plus grand argument à l'intérieur d'un paragraphe qui, à son tour, fonctionne comme une partie d'un argument plus important au sein d'un livre de la Bible. Néanmoins, le contexte du paragraphe—les idées immédiatement associées à un verset particulier—est essentiel pour remettre les versets dans leur contexte. Si vous assistez à un culte lors duquel quelqu'un débite un verset après l'autre, vous devriez pouvoir vérifier ces versets dans leur contexte. Avec le temps, vous apprendrez à bien connaître la Bible au point que vous reconnaîtrez immédiatement le contexte dès que quelqu'un citera un verset ; mais avant d'en arriver là, vous avez besoin de rechercher les versets et de retrouver leur contexte. Cependant, dans le cadre de votre étude biblique, ne commencez pas avec des versets isolés ; lisez des paragraphes entiers (et préférablement des livres). Ainsi vous apprendrez correctement ces textes dans leur contexte.

À ce stade, au lieu de continuer simplement à lire jusqu'à la fin de ce chapitre, je vous encourage à consulter les versets suivants dans leur contexte et à décider vous-même de ce qu'ils veulent dire. Posez-vous la question que nous avons attachée à chacun de ces textes. Après avoir terminé, vous pourrez vérifier vos propres conclusions en les comparant à nos observations sur ces textes et sur d'autres textes mentionnés. Si nos observations attirent votre attention sur certaines questions que vous n'avez pas considérées, nous vous encourageons à les considérer et à relire le texte (bien qu'à la fin vous ne soyez pas tenu d'accepter toutes nos conclusions). Si nos observations ne font que confirmer votre propre interprétation, vous pouvez supposer que vos capacités de lecture en contexte sont assez bien développées. Le but n'est pas simplement d'avoir des points de vue particuliers sur les exemples de textes mentionnés ci-dessous, mais d'apprendre à lire toute l'Écriture dans son contexte. (Lorsque j'étais jeune chrétien, j'utilisais la plupart des versets suivants hors de leur contexte jusqu'à ce que je commence à étudier la Bible livre par livre, et ce, de façon systématique ; à ce moment-là, leur contexte m'est devenu progressivement évident.)

La signification de certains passages les plus difficiles (vers la fin de la liste) est davantage discutable que celle de passages plus évidents (vers le début). Dans certains cas, vous comprendrez pourquoi ils sont si souvent cités. Mais le but de l'exercice est de déterminer la signification spécifique du texte de manière à ce que nous puissions non pas nous limiter à l'interprétation habituelle mais que nous puissions trouver toutes les façons appropriées d'appliquer les principes.

1 - Jean 10:10 : qui est le voleur ? (Commencez à lire au moins à partir de 10:1 ou 10:5.)

2 - Lorsque Jésus dit : « quand j'aurai été élevé de la terre, j'attirerai tous les hommes à moi » (Jean 12:32), que signifie le terme « élevé » ?

3 - À quel jour correspond « la journée que l'Éternel a faite » (Psaume 118:24) ? Le texte se réfère-t-il à chaque jour (la façon dont nous l'utilisons d'habitude) ou à un jour spécifique ? (Voir Psaume 118:22-23 ; plus généralement 118:15-29.)

4 - Peut-on dire que la déclaration de Dieu selon laquelle « toutes les bêtes des montagnes par mil-

liers » lui appartiennent est la promesse qu'il pourvoira à tous nos besoins ? Ou cela veut-il dire autre chose dans le contexte ? (Gardez à l'esprit que d'autres passages enseignent que Dieu pourvoit à nos besoins. La question ici n'est pas de savoir si Dieu pourvoira, mais si c'est ce que ce passage enseigne.)

5 - À quoi fait référence le « baptême de feu » dans Matthieu 3:11 ? Est-ce simplement une purification ou une puissance pour les croyants, ou autre chose ? (Gardez à l'esprit que le « feu » peut symboliser différentes choses dans différents passages. La question est donc de savoir ce à quoi se réfère le terme feu dans ce contexte immédiat.)

6 - En nous appelant à « imiter » Dieu (Éphésiens 5:1), Paul nous encourage-t-il à créer des planètes d'un simple commandement ? Cela signifie-t-il que nous pouvons être à plusieurs endroits en même temps ? Vérifiez le contexte (4:32 à 5:2).

7 - Que veut dire résister au diable dans Jacques 4:7 ? dans 1 Pierre 5:8 ? dans Éphésiens 4:27 ? Certains utilisent ces versets pour soutenir le fait que nous devons reprendre le diable à chaque fois que quelque chose ne va pas bien. Est-ce vraiment la signification de ce verset ici ?

8 - Certains citent Joël 2:9 pour dire que nous sommes l'armée puissante de Dieu (dans un sens spirituel). D'autres textes sont explicites à ce sujet, mais est-ce vraiment la signification de ce passage ?

9 - D'autres encore citent Joël 3:10 pour dire que nous devrions revendiquer la force de Dieu lorsque nous sommes faibles. Ceci est bien un principe biblique (2 Corinthiens 12:10), mais est-ce bien la signification de ce verset ?

10 - Pour aller plus loin, lisez Ésaïe 14:12-14 selon le contexte du chapitre tout entier. À qui ce texte se réfère-t-il ? (Souvenez-vous que le nom « Lucifer », que l'on ne trouve que dans la Bible Ostervald, n'est qu'une traduction latine de l'expression « astre brillant » totalement absente du texte hébreu. Parce que certains interprètes pensent que le texte se réfère à Satan, ils lui attribuent ce titre. Mais la Bible n'utilise pas le terme ailleurs. Donc, qu'il s'agisse ou non de Satan, cela dépend de la signification dudit passage.)

11 - Plusieurs personnes appliquent Ézéchiel 28:12-14 au diable, tout comme elles lui appliquent Ésaïe 14. Est-ce vraiment la signification de ce passage en contexte ? (Là encore, nous ne remettons pas en question l'existence du diable ou sa chute. Nous voulons juste nous assurer que c'est bien ce qu'enseigne le passage.)

12 - Lorsque Paul dit : « je puis tout par celui qui me fortifie » (Philippiens 4:13), veut-il parler de quelque chose en particulier ? (C'est-à-dire est-ce que « tout » veut dire qu'il peut réellement voler, passer à travers les murs, cracher du feu, et ainsi de suite ; ou fait-il allusion à quelque chose de plus spécifique ?)

13 - Qu'est-ce que la « parole de Dieu » (ou « parole de Christ » dans la plupart des traductions) dans Romains 10:17 ? Est-ce que cela se réfère spécifiquement à la Bible ou à quelque chose d'autre ?

14 - 1 Corinthiens 13:8-10. Certains citent ce passage pour dire que les dons spirituels ont cessé. Selon le contexte, à quel moment les dons de l'Esprit disparaîtront-ils ? À quoi sert ce chapitre dans le contexte de la lettre aux Corinthiens ? (cf. 12:31 ;

14:1) À quoi sert 13:4-6 dans le contexte de la lettre aux Corinthiens ? (Vous pouvez garder cette question jusqu'à notre étude du contexte du livre si vous le désirez.)

15 - Certains insistent sur l'expression « Or la foi » dans Hébreux 11:1 comme si la foi renvoyait à ce que nous recevons dans le présent. Dans le contexte, peut-on dire que la foi dont il est question dans Hébreux 11:1 est orientée vers le fait de recevoir quelque chose dans le présent ou dans le futur ? (Commencez à partir de 10:25 et lisez jusqu'à 12:4.)

16 - Apocalypse 3:20. Lorsque Jésus frappe à la porte, essaie-t-il de convertir quelqu'un ? (À qui ce verset est-il adressé ?)

17 - Lorsqu'il est dit que Dieu a « donné » son fils (Jean 3:16), cela renvoie-t-il au fait de donner Jésus en le faisant naître à Bethléhem ou en le ressuscitant des morts ? Que veut dire « donner » Jésus dans ce contexte ?

18 - Lorsque quelqu'un cherche d'abord le royaume, quelles sont les choses qui lui seront données par-dessus (Matthieu 6:33) ?

19 - Qui sont les ambassadeurs de Christ dans 2 Corinthiens 5:20 ? Qui supplient-ils de se réconcilier avec Dieu ?

20 - Certains disent que les « témoins » dont il est question dans Hébreux 12:1 sont les morts qui nous regardent du ciel. Mais dans le contexte d'Hébreux, chapitre 11, est-ce que le terme « témoins » fait allusion à ceux qui nous regardent ou à ceux qui rendent témoignage à la vérité des proclamations de Dieu ? (Celui-ci peut être difficile à reconnaître ;

cela dépend de la traduction biblique que vous utilisez. Certaines traductions ne montrent pas le lien qui existe entre les mots dans ce contexte.)

21 - Certaines personnes proclament la promesse selon laquelle aucune arme forgée contre elles n'aura d'effet (Ésaïe 54:17). Est-ce une garantie personnelle pour chaque chrétien, quelles que soient les circonstances, ou alors une protection pour le peuple de Dieu dans son plan pour lui ?

22 - Est-ce que Proverbes 23:7 signifie que tout ce que nous pensons en ce qui nous concerne se réalisera ? (« car il est tel que sont les pensées dans son âme »), ou cela veut-il dire autre chose ? (Lisez Proverbes 23:6-8.)

23 - Est-ce que le Psaume 18:7-15 renvoie à la seconde venue de Jésus ? Lire Psaume 18:4-6, 16-19.

24 - Qui est le narcisse de Saron et le lis des vallées dans Cantiques des cantiques 2:1-2 ?

25 - Dans Matthieu 18:18, que veut dire Jésus par lier et délier ? Se réfère-t-il ici à la façon de traiter les démons ou parle-t-il d'autre chose ? (Lire surtout Matthieu 18:15-20.)

26 - Quelle est la « venue » dont Jésus parle dans Jean 14:1-3 ? Se réfère-t-il ici à sa seconde venue ou à autre chose ? (Lire Jean 14:4-23 et peut-être Jean 13:36-38.)

27 - Cette dernière question est peut-être la plus difficile. Lire Ésaïe 7:14 dans son contexte (surtout 7:10-16; 8:1-4). Dans le contexte immédiat, qui est le nouveau-né ? (Si vos conclusions vous posent des problèmes, ne vous en faites pas, nous les éclaircirons plus tard. Mais il est important pour vous d'aborder le sujet intelligemment dans son

contexte, et de ne pas seulement interpréter le passage en s'appuyant sur une interprétation toute faite.)

Contexte du paragraphe : Évaluez-vous

Le voleur (Jean 10)

Plusieurs personnes présument que le voleur dont il est question dans Jean 10:10 est le diable, mais elles supposent ceci parce qu'elles ont entendu ce point de vue plusieurs fois et non parce qu'elles ont soigneusement examiné le texte dans son contexte. Le diable vient, bien sûr, pour voler, tuer et détruire, mais nous citons souvent ce verset de cette façon et nous passons à côté des applications directes du texte parce que nous ne prenons pas le temps de lire le verset dans son contexte.

Lorsque Jésus parle du « voleur », il se réfère à un contexte plus large, à savoir aux voleurs, aux brigands, aux loups et aux étrangers qui viennent pour faire du mal aux brebis (Jean 10:1, 5, 8, 10, 12). Dans ce contexte, ceux qui sont venus avant Jésus pour revendiquer son autorité étaient des voleurs et des brigands (10:8) ; ils ont essayé de s'approcher des brebis sans passer par le berger (10:1). Cela était dû au fait qu'ils voulaient exploiter les brebis, alors que Jésus, lui, était prêt à mourir en défendant ses brebis des voleurs, des brigands et des loups.

Ce point est plus facile à comprendre si nous revenons en arrière dans le contexte. Dans Jean 9, Jésus guérit un aveugle, et les chefs religieux le chassent de la communauté religieuse parce qu'il se met à suivre Jésus. Jésus défend celui qui était aveugle et traite les chefs religieux d'aveugles spirituels (Jean 9:35-41). Sachant qu'à l'origine, il n'y avait pas de division entre les chapitres dans la Bible, les paroles de Jésus qui continuent au chapitre 10 sont toujours adressées aux chefs religieux. Il déclare qu'il est le véritable berger et que les vraies brebis suivent sa voix, non celle des étrangers (Jean 10:1-5). Ceux qui sont venus avant lui étaient des voleurs et des brigands, mais Jésus était le véritable salut des brebis (Jean 10:8-9). Le voleur vient seulement pour détruire ; Jésus, lui, est venu pour donner la vie (Jean 10:10).

En d'autres termes, le voleur représente les faux chefs religieux, comme les pharisiens qui ont chassé de la synagogue l'homme qui avait été guéri. L'arrière-plan du texte clarifie encore ce point. Dans Jérémie 23 et Ézéchiel 34, Dieu était le Berger de son peuple dispersé, ses brebis. Ces passages de l'Ancien Testament parlent aussi des faux chefs religieux qui abusaient de leur autorité sur les brebis, comme le faisaient plusieurs chefs religieux de l'époque de Jésus, et aussi ceux de notre époque.

La crucifixion de Jésus (Jean 12:32)

Dans mon pays, les chrétiens chantent souvent un cantique basé sur Jean 12:32 qui dit : « élever Jésus plus haut... Il dit : 'quand je serai élevé de la terre, j'attirerai tous les hommes à moi' ». La Bible parle effectivement d'« exalter » Dieu et de « l'élever » dans la louange, mais cela n'est pas le but de ce texte. Si on lit le verset suivant (qui dit clairement que Jésus faisait référence à sa mort), il est clair que le fait d'« élever Jésus » fait allusion à sa mort sur la croix. (Le jeu des mots avec « élever » était déjà utilisé par les Grecs et les Hébreux pour parler de formes de pendaison, telle que la crucifixion.) Par conséquent, si la signification du cantique correspond à celle du verset, nous chantons alors : « crucifie-le ! », « crucifie-le ! » Bien entendu, Dieu connaît nos cœurs, mais on se demande pourquoi un musicien utilise un verset que des millions de personnes vont chanter sans prendre le temps d'en vérifier le contexte.

Par trois fois, Jean dit que Jésus a été « élevé » : dans l'un des cas, il compare cet événement au serpent qui a été élevé dans le désert (Jean 3:14) de manière à ce que tous puissent avoir accès à la vie éternelle (Jean 3:15). Dans un autre, Jésus déclare que ses adversaires vont l'élever (Jean 8:28). En d'autres termes, ce que Jean veut dire par « élever » renvoie aux propos d'Ésaïe qui affirme que Jésus serait crucifié (Ésaïe 52:13 et Ésaïe 52:14 à 53:12). Dans son évangile, Jean joue avec les mots et peut ainsi indiquer que nous « exaltons » Jésus en prêchant la croix ; cependant, il ne laisse aucun doute en ce qui concerne le sens premier du terme dans ce contexte : la crucifixion. Le lire autrement reviendrait à ignorer l'explication inspiré et explicite du terme « élever ».

Le jour de l'exaltation de Christ (Psaume 118:24)

Plusieurs églises chantent ou entament leur culte en citant souvent : « Oui, c'est le jour que le Seigneur a fait ». Lorsque nous chantons cela, nous voulons dire (pour la plupart d'entre nous) que Dieu a fait chaque jour et ce qu'il contient, et que nous devrions donc nous réjouir de son évolution. Il s'agit d'un principe vrai, certes, mais il serait préférable de citer un texte différent pour le prouver (peut-être Éphésiens 5:20). Le texte que nous chantons et citons (et il n'y a rien de mal à cela) nous offre en réalité une raison différente et remarquable d'entrer dans la louange.

Dans le contexte, le Psaume 118:24 ne se réfère pas à chaque jour, mais à un jour particulier : le jour où le Seigneur a fait de la pierre rejetée la principale de l'angle (Psaume 118:22-23), probablement celle du temple (Psaume 118:19-20, 27). Il parle d'un jour spécifique, un jour de triomphe, applicable en principe à plusieurs grands triomphes de Dieu mais souvent appliqué d'une façon spéciale dans le Nouveau Testament. Si le Psaume 118:22-23 s'est accompli au travers du ministère de Jésus, comme il le déclare (Marc 12:10-11), c'est aussi le cas du Psaume 118:24 : le grand jour, un jour important que Dieu a fait et que le psalmiste appelle ses auditeurs à célébrer, n'est autre que le jour prophétique où Dieu a exalté Jésus, rejeté par les chefs religieux, comme la pierre angulaire de son nouveau temple (cf. Éphésiens 2:20). Le verset démontre une vérité beaucoup plus significative qu'une simple vérité biblique qui dit que Dieu est avec nous chaque jour. Il démontre le plus grand acte de Dieu en notre faveur, à savoir lorsque Jésus, notre Seigneur, est mort et ressuscité pour nous.

Le troupeau (Psaume 50:10)

Certaines personnes maintiennent que Dieu peut pourvoir à tous nos besoins parce qu'après tout, « toutes les bêtes des montagnes par milliers » lui appartiennent (Psaume 50:10). Certains vont jusqu'à dire que Dieu nous donnera tout ce que nous demandons. Encore une fois, il est vrai que Dieu peut pourvoir à tous nos besoins, mais il y a beaucoup de textes plus appropriés pour démontrer ce point. Le Psaume 50:10 ne traite pas de la question de Dieu qui subvient à nos besoins (et certainement pas à tous nos désirs) ; au contraire, il déclare que Dieu n'a pas besoin de nos sacrifices.

L'emplacement figuratif du Psaume 50 est un palais de justice où Dieu a convoqué son peuple pour répondre à ses accusations. Il convoque le ciel et la terre comme ses témoins (Psaume 50:1-6) – comme témoins de l'alliance (Deutéronome 32:1 ; cf. Psaume 50:5) ; ils seront ses témoins de la violation de l'alliance par Israël. Israël a de bonnes raisons d'être nerveux. Dieu n'est pas seulement la partie offensée dans ce cas-là ; il est aussi le juge et le témoin qui accuse (Psaume 50:4, 6). Témoignant contre eux, Dieu déclare : « Je suis Dieu, ton Dieu » (Psaume 50:7) - leur rappelant l'alliance qu'il a faite avec eux. Ce n'est pas parce qu'ils n'ont pas offert de sacrifice qu'ils n'ont pas été fidèles envers lui (Psaume 50:8) ; en fait Dieu ne s'en soucie pas. « Je ne prendrai pas de taureau dans ta maison, ni de bouc dans tes bergeries. Car tous les animaux des forêts sont à moi, toutes les bêtes des montagnes par milliers ; je connais tous les oiseaux des montagnes, et tout ce qui se meut dans les champs m'appartient. Si j'avais faim, je ne te le dirais pas, car le monde est à moi et tout ce qu'il renferme. Est-ce que je mange la chair des taureaux ? Est-ce que je bois le sang des boucs ? » (Psaume 50:9-13). Les sacrifices qu'il exige réellement sont les actions de grâce et l'obéissance (Psaume 50:14-15 ; cf. Psaume 50:23). Mais il va traduire en justice (Psaume 50:21) les méchants qui brisent son alliance.

La plupart des peuples anciens du Proche-Orient croyaient que leurs dieux dépendaient d'eux pour les sacrifices, et si leurs dieux étaient vaincus, leurs nations seraient vaincues, elles aussi. Le Dieu d'Israël leur rappelle qu'il n'est pas comme les dieux des païens. Contrairement à Baal, dieu des Cananéens (dont les temples comprenaient un lit), à Zeus, dieu des Grecs (qu'Héra faisait dormir afin que ses Grecs puissent gagner une bataille), et à d'autres divinités, le Dieu d'Israël ne sommeille ni ne dort (Psaume 121:3-4). Dieu ne mentionne pas les bêtes des montagnes pour nous promettre tout ce que nous désirons (comme le disait un chant il y a quelques années ; plusieurs d'entre nous n'ont pas besoin de vaches pour le moment de toutes les façons). Il mentionne le bétail pour nous rappeler qu'il ne dépend pas de nous et que nous ne lui faisons pas une faveur en le servant.

Baptême de feu (Matthieu 3:11)

Aux États-Unis, il existe une dénomination moderne du nom de *Fire Baptized Holiness Church* (littéralement : Église de la Sainteté Baptisée de Feu). Beaucoup de chrétiens déclarent joyeusement qu'ils sont baptisés du Saint-Esprit et de feu. Bien entendu nous savons et apprécions ce qu'ils veulent dire. Ils veulent parler de la sainteté, et la sainteté est essentielle. Mais est-ce ce à quoi Jean Baptiste fait référence lorsqu'il parle du « baptême de feu » dans ce passage ? Le feu est parfois utilisé dans la Bible comme un symbole de l'ardente sainteté de Dieu ou celui des épreuves purificatrices. Mais lorsque le feu est associé à l'image du baptême dans le Nouveau Testament, il ne renvoie pas seulement à la purification de l'individu, mais à celle du monde entier par le jugement. (Le jugement est l'application symbolique du feu que l'on retrouve le plus souvent dans la Bible.) Au lieu de consulter les différentes références des autres passages à l'image du feu, nous devons examiner ce que le texte sur le « baptême de feu » veut dire dans son contexte. Nous devons utiliser le passage lui-même avant de regarder dans une concordance.

Le contexte de ce passage est un appel à la repentance, et la plupart des personnes à qui ce baptême de feu est promis sont peu disposées à se repentir. Jean Baptiste immergeait les gens comme un signe de leur repentance et appartenance au royaume de Dieu à venir (Matthieu 3:2, 6). (Les Juifs utilisaient le baptême lorsque les non Juifs se convertissaient au judaïsme, mais Jean demande que même les Juifs religieux puissent s'approcher de Dieu de la même façon que les gentils ; cf. Matthieu 3:9.) Jean avertit les pharisiens au sujet de la colère de Dieu à venir (Matthieu 3:7). Il leur dit qu'à moins qu'ils ne portent du fruit (Matthieu 3:8), la cognée du jugement de Dieu les jetterait au feu (Matthieu 3:10 ; cf. Matthieu 12:33). Les arbres sans fruit ne servaient à rien sauf à être utilisés comme combustible. Mais la paille, elle, ne pouvait même pas servir de combustible (elle brûle très vite). Cependant la paille dont parlait Jean serait brûlée dans le feu qui ne s'éteint pas, un feu « éternel » (Matthieu 3:12).

Dans ce contexte, « le feu » dont il est parlé est le feu de la géhenne (Matthieu 3:10, 12). Lorsque Jean Baptiste parle du baptême de feu, il utilise une image du jugement qui se poursuit tout au long du paragraphe. Souvenez-vous qu'ici les auditeurs de Jean ne sont pas des personnes repentantes (Matthieu 3:7). Le Messie vient donner à ses auditeurs un double baptême, et différents auditeurs allaient expérimenter différentes parties de ce baptême. Certains pourront se repentir, seront accueillis dans l'étable et recevront l'Esprit ; ceux qui ne se repentiront pas seront semblables à la paille et aux arbres coupés, et seront détruits par le feu !

Imiter Dieu (Éphésiens 5:1)

Ce passage nous invite à imiter Dieu comme des enfants imitent leur père. Cependant, il convient d'ajouter que le texte est précis lorsqu'il énonce les façons dont nous devons imiter

Dieu : nous devons pardonner comme Dieu nous a pardonné en Christ (Éphésiens 4:32) ; nous devons nous aimer les uns les autres à l'image de Christ qui nous a tellement aimés qu'il s'est livré lui-même (Éphésiens 5:2). Heureusement le texte ne nous demande pas d'imiter Dieu en étant tout-puissants ou omniprésents !

Résister au diable (Jacques 4:7 ; 1 Pierre 5:8-9 ; Éphésiens 4:27)

Jacques présente un contraste entre la sagesse paisible qui vient de Dieu (3:13, 17-18 ; « d'en haut » était une façon typiquement juive de dire « de Dieu ») et la sagesse agressive qui vient du diable (3:14-15). Ensuite, il avertit ses auditeurs de ne pas soutenir les deux perspectives comme si elles étaient compatibles. Ceux qui essaient de suivre à la fois la sagesse de Dieu et la sagesse du monde sont des adultères spirituels (4:4).

Se soumettre à Dieu et résister au diable (4:7) signifie donc rejeter la façon impie dont le monde traite les autres et préférer l'approche douce qui vient de Dieu. Pour pouvoir agir ainsi, nous devons d'abord nous repentir (4:8-10).

1 Pierre renvoie à une situation lors de laquelle les chrétiens sont persécutés (1 Pierre 4:12-16). Dans 1 Pierre 5:8-9, le diable cherche apparemment à anéantir les croyants en cherchant à les détourner de la foi. Lui résister signifie donc endurer la persécution. Dans le contexte d'Éphésiens 4:27, on résiste au diable en refusant de tromper un frère croyant ou de se mettre en colère contre lui (4:25-26). Dans le contexte de l'épître aux Éphésiens, ceci fait partie de la « lutte spirituelle » (6:11-14, 18).

L'armée des sauterelles de Dieu (Joël 2:9)

Bien que le troisième chapitre de Joël semble décrire une guerre future, les chapitres un et deux décrivent un fléau dévastateur de sauterelles, ressemblant à une armée envahissante (Joël 1:4 ; 2:25). Ce texte ne décrit pas l'église comme une armée spirituelle d'évangélistes (une vérité qui est offerte par plusieurs autres passages dans la Bible). Il décrit plutôt les sauterelles comme un jugement agricole contre les péchés du peuple de Dieu.

La force des faibles (Joël 3:10)

Ce passage n'est pas censé encourager ceux qui sont fatigués à se fortifier. Il ne parle pas non plus de la puissance de Dieu qui s'accomplit dans nos faiblesses (même si ce principe est au cœur du message biblique). Dieu juge les nations qui se sont assemblées contre son peuple pour lui faire la guerre (Joël 3:9). D'un ton railleur, Dieu invite les ennemis de son peuple à se rassembler contre lui, à forger leurs armes et à se dire qu'ils sont forts alors qu'en réalité ils sont désespérément faibles devant lui. Ensuite, il promet de les détruire ! En fait, Dieu se moque des ennemis de son peuple et les invite à se rendre dans la vallée du jugement où ils sont seront jugés (3:12-14).

Le roi de Babylone (Ésaïe 14)

Le contexte général de ce passage nous apprend qu'Ésaïe dénonce un dirigeant, même s'il ne le dit pas de façon explicite. Comme beaucoup d'autres prophètes d'Israël, Ésaïe fait des oracles à l'encontre de différentes nations : Babylone (Ésaïe 13-14), Moab (Ésaïe 15-16), Damas (Ésaïe 17), les empires nubien et égyptien (Ésaïe 18-20), Babylone encore (Ésaïe 21:1-10), Édom (Ésaïe 21:11-12), l'Arabie (Ésaïe 21:13-17), Jérusalem (Ésaïe 22) et Tyr (Ésaïe 23). Ésaïe 14:3-4 nous dit clairement que l'oracle suivant est dirigé contre le roi de Babylone : un oppresseur (14:4), un dominateur (14:5) qui a conquis d'autres nations (14:6). Lorsqu'il est vaincu, les nations se réjouissent (14:7). En parlant au sens figuré, même les cèdres du Liban se réjouissent car il ne pourra plus les couper pour ses projets de construction (14:8). Comment le Seigneur a-t-il abaissé ce roi en brisant son bâton et sa verge (14:5) ?

TENIR COMPTE DU CONTEXTE

Le texte dit clairement qu'il est mort : il est descendu dans le séjour des morts (14:9), et d'autres rois se sont réjouis parce que le roi qui les a vaincus est mort comme eux (14:9-10). Son ostentation et sa dignité sont ruinées, le son des harpes s'est tu ; il pourrit maintenant avec des asticots, et les vers consument sa chair (14:11) – c'est-à-dire que son corps est sans vie. Cette description ne s'applique pas au diable mais à un tyran humain qui s'est exalté et par conséquent a été abaissé à cause de son arrogance.

Comme Israël dont la magnificence a été précipitée du ciel sur la terre (Lamentations 2:1), ce roi a, lui aussi, été précipité du ciel sur la terre. À ce moment-là, certains lecteurs pensent que le sujet doit changer et insistent pour dire que le texte se réfère à une chute littérale du ciel. Dans ce cas, disent-ils, elle ne peut s'appliquer qu'à un ange déchu, comme le diable. Cependant il est difficile de prendre les clameurs joyeuses des cèdres du Liban (14:8) au sens littéral. L'image des rois morts montant sur leurs trônes dans le séjour des morts n'est pas non plus littérale dans Ésaïe 14:9 (peuvent-ils encore prétendre au trône ?).

La poésie hébraïque peint les images avec des mots, tout comme la poésie le fait aujourd'hui. Contrairement aux parties non poétiques du livre d'Ésaïe, les parties poétiques sont régulièrement remplies de discours figurés. D'autres textes parlent également des chutes figuratives du ciel (Amos 9:2 ; Matthieu 11:23 ; Luc 10:15).

Les rois de Babylone, comme certains autres rois du Proche-Orient, prétendaient être des dieux (comparer, par exemple, Daniel 3:5 ; 6:7). Proclamer sa divinité en se présentant comme l'étoile du matin, le rejeton du dieu soleil ou le rejeton de la divinité de l'aube ne serait pas contre-nature pour un ancien roi du Proche-Orient, mais il s'agit d'un titre qu'Ésaïe utilise uniquement comme une moquerie dédaigneuse : « Pauvre roi de Babylone ! Tu as atteint le ciel, mais tu as été précipité sur la terre ! Tu as essayé de t'élever au-dessus de Dieu, mais à présent tu es mort comme un homme ! » (Comparer les invectives semblables dans Psaumes 82:6-8.) Les versets 12 à 14 d'Ésaïe 14 se réfèrent au roi de Babylone, tout comme les versets précédents : jadis il avait conquis les nations (14:12) ; il voulait être couronné sur la montagne sacrée (peut-être se référant à la conquête future de Sion à Jérusalem par Babylone) (14:13) et il a été conduit dans le Scheol, le séjour des morts (14:15).

Le contexte suivant insiste encore plus sur ce point : voici « l'homme » qui ébranlait les royaumes (14:16), « l'homme » dont les conquêtes réduisaient le monde en désert, ravageaient les villes, emmenaient les peuples en captivité (14:17). Contrairement aux rois des autres nations qui étaient au moins enterrés en toute dignité dans les tombes royales (un dernier honneur très important pour les peuples anciens), le corps de ce roi a été jeté sur des pierres à l'air libre afin d'y pourrir. Son corps a été foulé aux pieds comme pour le châtier à cause de la violente destruction qu'il avait fait subir à son propre peuple (14:18-20). Ses descendants et ceux de son peuple, Babylone, seraient anéantis (14:21-22). Le texte ne pouvait pas être plus explicite dans son contexte ; cet oracle clair contre le roi de Babylone (14:3-23) s'accomplirait en son temps, et le peuple opprimé de Dieu obtiendrait justice.

Malgré la clarté de ce texte, certaines personnes restent tellement attachées à leur propre interprétation qu'elles se moquent bien de passer à côté du contexte. « Eh bien, peut-être qu'il se réfère au roi de Babylone, mais il doit aussi se référer au diable », protestent-elles. Mais pourquoi ce texte doit-il se référer au diable ? Y a-t-il quelque chose dans ce texte qui ne puisse s'appliquer à un tyran orgueilleux ? Est-ce que les oracles contre les autres nations (les chapitres 13 à 23) contiennent des prophéties cachées contre le diable ? Le diable était-il un simple conquérant terrestre qui a été jeté dans le séjour des morts après avoir été précipité du ciel (14:12, 15) ?

TENIR COMPTE DU CONTEXTE

Un jour, un étudiant protesta en ces termes : « Mais nous savons tous que Lucifer se réfère au diable et que le diable a dit qu'il irait au ciel. » Ce à quoi j'ai répondu : « Comment le savons-nous » ? Je fis remarquer que le point de vue selon lequel « Lucifer » se réfère au diable qui avait promis de monter au ciel, est basé sur une interprétation de la traduction anglaise King James de ce texte. Si « Lucifer » apparaît ici, ce serait le seul endroit dans la Bible où il apparaît, mais en fait il n'apparaît pas ici non plus. Le texte hébreu ne parle pas de « Lucifer » ici. « Lucifer » est un nom latin traduit par « étoile du matin ». Si nous admettons que ce texte se réfère aussi au diable, alors pourquoi beaucoup de lecteurs le citent-ils comme s'appliquant au diable, mais pas à celui qui est explicitement annoncé dans ce passage, à savoir un être humain pécheur ? Peut-être que si nous appliquions ce texte plus comme un avertissement contre l'orgueil humain, plusieurs ne voudraient pas prêcher à partir de ce texte pas plus qu'ils ne prêchent à partir des chapitres environnants.

Incapables de présenter des arguments en faveur de leur hypothèse autour d'Ésaïe 14, certains étudiants ont alors déclaré qu'Ésaïe 14 doit se référer au diable parce que c'est ce que fait Ézéchiel 28. Cet argument comporte deux erreurs. Tout d'abord Ézéchiel 28 et d'autres passages peuvent se référer à la chute du diable sans qu'Ésaïe 14 n'en parle. Personne ne nie le fait que certains textes dans la Bible se réfèrent aux anges déchus. J'ai seulement dit que cela n'était pas le cas pour Ésaïe 14. La deuxième erreur dans cet argument est qu'Ézéchiel 28 ne renvoie pas non plus aux anges déchus.

Le roi de Tyr (Ézéchiel 28)

Comme Ésaïe, Ézéchiel prononce, lui aussi, des oracles contre les nations : Ammon (25:1-7), Moab (25:8-11), Édom (25:12-14), le pays des Philistins (25:15-17), Tyr (26:1-28:29), Sidon (28:20-26) et l'Égypte (29:1 à 32:32). Le passage s'applique quelquefois au diable, mais 28:12b-19 est au cœur d'un oracle contre le roi de Tyr. En fait le verset 12 commence ainsi : « Fils de l'homme, prononce une complainte sur le roi de Tyr ! » Personne ne discute le fait que le contexte se réfère au roi de Tyr, mais ceux qui appliquent le texte au diable déclarent qu'il s'applique aussi au roi de Tyr parce que (disent-ils) certains traits caractéristiques du texte ne peuvent s'appliquer à personne d'autre qu'au diable.

Cet argument, comme nous le verrons, n'est pas vraiment correct. La complainte qualifie ce roi de roi arrogant quant à sa sagesse et à sa perfection de la beauté (28:12, 17) – à ce moment-là, Tyr se disait parfait en beauté (27:3-4, 11) et plein de sagesse ; une sagesse qui lui permettait d'acquérir la richesse (28:3-4), une sagesse autoproclamée qui conduisait le roi à penser qu'il était un dieu (28:6) bien qu'il ne soit qu'un être humain (28:8-10). Ce roi était dans le jardin d'Éden, le jardin de Dieu (28:13), ce qui fait penser aux avocats de l'interprétation impliquant le diable que ce texte doit être pris littéralement car, disent-ils, seul le diable était dans le jardin d'Éden. Mais cette déclaration n'est pas vraie : Adam et Ève, qui ont, eux aussi, recherché à devenir les égaux de Dieu (Genèse 3:5), vivaient dans le jardin d'Éden. Ézéchiel compare souvent l'arrogance du roi de Tyr à celui des premiers êtres humains.

Toutefois il existe une meilleure explication que l'interprétation impliquant le diable ou Adam : Ézéchiel compare le roi de Babylone à un chérubin. Ni Adam, ni le serpent ne sont qualifiés de chérubin dans la Genèse. Mais la Genèse fait explicitement allusion aux chérubins dans le jardin : les anges de Dieu qui étaient placés là pour empêcher Adam et Ève de revenir dans le jardin après leur chute (Genèse 3:24 ; cf. Ézéchiel 28:14-15 où il est parlé du « chérubin protecteur »). En d'autres termes, il s'agit d'une image représentant le fait qu'il y avait un certain prestige à vivre dans le jardin de Dieu. (La « montagne de Dieu » (28:14) pourrait faire allusion au Mont Sinaï, comme c'est souvent le cas dans les Saintes Écritures. Dans ce cas-là cependant, l'image des chérubins fait également penser aux chérubins sculptés sur l'arche dans le Temple.) L'intégrité jusqu'au jour où l'iniquité a été trouvée chez lui (28:15) peut aussi faire partie de l'image du chérubin.

Certains ont protesté en disant que le roi ne peut simplement pas être comparé à un chérubin glorieux dans le jardin d'Éden. Cependant, le texte le qualifie de chérubin, et ceci doit être interprété au sens littéral. Ceux qui insistent sur le fait que chaque détail de ces prophéties doit être pris littéralement, démontrent simplement qu'ils ne sont pas logiques dans la manière dont ils interprètent d'autres références au jardin d'Éden dans les chapitres environnants. Le livre d'Ézéchiel est rempli d'images poétiques et graphiques, de métaphores (des comparaisons dans lesquelles une chose est simplement appelée par une autre sans utiliser le mot « comme ») parmi lesquelles une déclaration selon laquelle Pharaon était un arbre du jardin d'Éden, le jardin de Dieu (Ézéchiel 31:1-18 ; il est aussi un monstre marin, 29:3-5). Tirant des images variées à partir du récit de la chute d'Adam et Ève, les prophéties d'Ézéchiel parlent à la fois des chérubins majestueux et des arbres les plus magnifiques du jardin d'Éden (peut-être l'arbre de la vie ou l'arbre de la connaissance du bien et du mal ?). Peut-être que les défenseurs de l'interprétation selon laquelle le personnage mentionné dans ce passage est le diable insistent sur le fait qu'être dans le jardin d'Éden se réfère au diable dans Ézéchiel 28, et non dans Ézéchiel 31 parce que seul Ézéchiel 28 convient à leur point de vue à certains égards.

L'ornement de pierres précieuses (28:13) fait allusion à la grande richesse de Tyr décrite ailleurs en termes de vêtements magnifiques (27:4-7, 24) et de commerce de marchandises variées, y compris de pierres précieuses (27:16, 22). L'iniquité dont il est question dans Ézéchiel 28:15 renvoie à l'iniquité du commerce des marchands syriens (28:16). Il est également fait allusion au « commerce injuste » (28:18). L'orgueil du roi, dû à sa beauté (28:17), rappelle l'orgueil du roi de Tyr qui se dit être un dieu alors qu'il n'est qu'un homme (28:2).

Il est fier à cause de la richesse accumulée par Tyr par le biais de son commerce (28:5). Ce feu sortira de lui et le consumera de l'intérieur (28:18), de même que les villes anciennes étaient normalement détruites par le feu sortant de leur sein (cf., par exemple, Amos 1:4, 7, 12 ; 2:2, 5 – surtout Amos 1:10, contre Tyr).

Ézéchiel fait référence à un dirigeant humain très arrogant. Dans ce passage, le dirigeant s'élève dans son orgueil et il est abaissé. L'abaissement est plus explicite dans l'oracle du début du chapitre (28:2-10). Il déclarait qu'il était un dieu couronné au sein des mers (28:2, la ville de Tyr était située au large du littoral phénicien). Dieu dit à Ézéchiel de se moquer de ce roi : parce que tu prends ta volonté pour la volonté de Dieu (28:6), mais Dieu allait se servir des autres nations pour le juger (28:7). Alors, prétendra-t-il toujours être un dieu face à ceux qui le tueront (28:9) ? Il était un « homme », non un dieu, et il allait mourir d'une mort violente et horrible (28:8-10). Cette description peut difficilement être associée au diable qui est un esprit immortel. Il s'agit d'un dirigeant humain qui se déclare être un dieu, un dirigeant qui allait goûter à sa mortalité lorsque Dieu viendrait juger Tyr.

Toutefois, même si ces deux passages se référaient aussi bien au diable qu'aux dirigeants terrestres - bien qu'en contexte ce ne soit pas le cas - pourquoi les défenseurs de ce point de vue appliquent-ils souvent ce passage au diable et cependant jamais aux dirigeants terrestres jugés par Dieu à cause de leur arrogance ? Les exemples de l'arrogance humaine ne seraient-ils pas des passages plus utiles pour des sujets de prédication ou d'enseignement applicables à nos auditeurs ? Je soupçonne que plusieurs croyants présument simplement que ces passages se réfèrent au diable parce que c'est de cette façon-là qu'ils ont toujours été interprétés, mais plusieurs d'entre nous ne les ont jamais examinés dans leur contexte. Quels que soient leurs points de vue, je ne crois pas qu'un lecteur puisse passer outre au point que nous désirons communiquer ici : le contexte de ce passage se rattache aux chapitres qui l'entourent. Lorsque nous cherchons des raccourcis pour lire et comprendre la Bible, nous manquons d'étudier les livres de la Bible de la façon dont Dieu les a inspirés.

Fortifié en vue d'éprouver du contentement (Philippiens 4:13)

Un jour, dans une université chrétienne, un footballeur très troublé s'approcha de son professeur de théologie et lui soumit la situation suivante. Lors de leur match, son entraîneur avait encouragé les joueurs de l'équipe en leur disant qu'ils pouvaient « tout par Christ qui les fortifie », citant Philippiens 4:13. Cependant l'équipe avait perdu plus d'un match. Cet étudiant se demandait pourquoi son équipe ne gagnait pas toujours puisqu'ils pouvaient « tout par Christ. » Le problème, bien entendu, ne vient pas du texte mais de l'interprétation du joueur et de son entraîneur. Le footballeur présumait que Paul, lorsqu'il a écrit ce texte, faisait allusion à des situations telles que la victoire lors d'un match de football.

Remerciant les Philippiens de lui avoir fait un don (4:10, 14), Paul remarque qu'il a appris à se contenter de peu et de beaucoup (4:12). Il peut tout faire par Christ (4:13). Dans ce contexte, il dit que, par la force de Christ, il peut se réjouir dans l'abondance comme dans le dénuement.

Aujourd'hui, nous devrions apprendre à nous réjouir, quelle que soit la situation, sachant que Christ nous fortifie de manière à ce que nous puissions supporter la persécution, le ridicule, ou même la défaite lors d'un match de football.

La foi qui sauve par l'Évangile (Romains 10:17)

Certains affirment qu'il est important de se répéter les versets à haute voix en s'appuyant sur Romains 10:17 : « la foi vient de ce qu'on entend, et ce qu'on entend vient de la parole de Christ. » Il est important de mémoriser les versets bibliques (si nous les comprenons dans leur contexte), certes, mais ceux qui pensent que c'est à cela que renvoie ce verset particulier devraient réexaminer le contexte de Romains 10:17.

Paul affirme que personne ne peut être sauvé à moins d'écouter cette parole, ce message de Christ (10:14-15), la prédication des témoins (10:16). C'est aussi au travers de la « parole » de leurs bouches et de leurs cœurs qu'ils sont sauvés (10:8-10). La foi ne pouvait venir qu'en écoutant cette parole, l'Évangile de Christ (10:17). Contrairement à Hébreux 11:1 où le terme « foi », dans son contexte, renvoie à une foi persévérante, ce passage se réfère à la foi qui sauve. Personne ne peut être sauvé avant d'avoir entendu la vérité au sujet de Jésus.

1 Corinthiens 13:8-10 en contexte

Paul dit que les dons spirituels comme la prophétie, le don des langues et la connaissance cesseront lorsque nous n'en aurons plus besoin (1 Corinthiens 13:8-10). Certains chrétiens lisent ce passage comme s'il disait : « les dons spirituels comme la prophétie, le don des langues, et la connaissance ont cessé lorsque le dernier livre du Nouveau Testament a été écrit. » Cette interprétation de 1 Corinthiens 13 ne tient aucun compte de l'ensemble du contexte de 1 Corinthiens qui est une lettre adressée aux Corinthiens du premier siècle. À cette époque, ils n'avaient jamais entendu parler du Nouveau Testament. Si Paul avait voulu parler de l'achèvement du Nouveau Testament, il l'aurait indiqué plus clairement, en commençant par expliquer ce en quoi consistait l'ajout d'un Nouveau Testament à leur Bible.

Au lieu de cela, le contexte nous apprend que Paul veut dire que les dons spirituels cesseront lorsque nous connaîtrons Dieu comme il nous connaît, lorsque nous le verrons face à face (13:12 ; lorsque nous ne verrons plus comme à travers un miroir – cf. 2 Corinthiens 3:18 [le seul endroit où Paul utilise le terme]). En d'autres termes, les dons spirituels doivent continuer jusqu'au retour de notre Seigneur Jésus à la fin des temps.

Ils doivent faire partie intégrante de notre expérience chrétienne aujourd'hui.

Un examen plus large du contexte révèle encore plus ce à quoi Paul se réfère dans ce passage. Dans les chapitres 12 à 14, Paul s'adresse à ceux qui abusent de certains dons spirituels. Il affirme que Dieu a doté tous les membres du corps de Christ de dons en vue de l'édification du peuple de Dieu. Ceux qui utilisaient les dons de Dieu de manière à blesser les autres abusaient des dons que Dieu leur avait donnés pour aider les autres. C'est pour cette raison que Paul utilise trois paragraphes sur le sujet de l'amour au milieu de sa discussion sur les dons spirituels. Les dons sans l'amour sont inutiles (13:4-7) ; les dons sont temporaires (pour cette génération seulement) mais l'amour est éternel (13:8-13). Nous devrions aspirer aux dons les meilleurs (1 Corinthiens 12:31 ; 14:1), et l'amour nous permet de discerner les dons qui sont les meilleurs pour une situation donnée, ceux qui édifient les autres.

Le contexte de toute la lettre de Paul insiste encore plus sur ce point : la description de Paul de ce qu'est l'amour dans 1 Corinthiens 13:4-7 contraste en tous points avec ses premières descriptions des Corinthiens dans sa lettre, à savoir qu'ils sont égoïstes, vantards, etc. (1 Corinthiens 3:3 ; 4:6-7, 18 ; 5:2). Beaucoup de choses jouaient en faveur des chrétiens corinthiens, comme l'église de Laodicée (Apocalypse 3:14-22), mais ils n'avaient pas ce qui était plus important que tout : l'humilité de l'amour.

La foi persévérante (Hébreux 11:1)

Hébreux 11:1 déclare ceci : « Or la foi est une ferme assurance des choses qu'on espère, une démonstration de celles qu'on ne voit pas. » Bien que le verset exprime la foi en termes de ce que l'on espère, insistant sur un élément futur, certains prédicateurs populaires ont insisté sur le premier mot du verset qui est traduit (dans plusieurs traductions) par la conjonction « or » (qui, selon le texte original, signifie également « maintenant »). Ils considèrent 'maintenant' comme un adjectif qui décrit la foi. Le texte hébreu dit 'maintenant – la foi'. Donc, pour eux, si ce n'est pas 'maintenant', ce n'est pas 'la foi'. Par conséquent, ils déclarent que, pour recevoir une réponse immédiate, il faut avoir la foi. Ceux qui croient simplement que Dieu répondra éventuellement à leur prière n'ont pas la foi.

D'autres passages peuvent insister sur l'importance de croire en Dieu dans le présent (comme la femme atteinte d'une perte de sang qui avait touché le vêtement de Jésus), mais ceci n'est pas le cas dans le passage en question. D'abord, le mot 'maintenant' n'est pas un adjectif mais un adverbe. Donc le texte français, s'il se référait au temps, ne signifierait pas 'maintenant-la foi est', mais plutôt 'la foi est habituellement' (c'est-à-dire que 'maintenant' ne décrit pas la foi).

En outre, le passage n'a pas été écrit en français. Il a été écrit en grec, et le mot grec traduit par 'maintenant' ici n'a rien à avoir avec le temps. Il veut simplement dire 'mais' ou 'et' – « et la foi est… ». Les prédicateurs populaires se sont tellement empressés de diffuser leur doctrine qu'ils ne se sont même pas donnés la peine de rechercher le verset dans le texte grec.

Le contexte montre clairement que le verset parle d'une récompense à venir et non pas d'une récompense actuelle. Les premiers lecteurs de l'épître aux Hébreux avaient enduré de grandes souffrances (Hébreux 10:32-34). Certains ne recherchaient plus Christ de tout leur cœur, et d'autres étaient en danger de s'éloigner de la foi (10:19-31). L'auteur biblique exhorte donc les lecteurs à ne pas abandonner leur espoir que Dieu les récompensera s'ils persévèrent (10:35-37). Il espérait qu'ils persévéreraient dans la foi plutôt que de retomber dans la destruction (10:38-39). Cette foi persévérante était la foi qui s'emparait des promesses de Dieu pour le futur, le genre de foi dont les grands héros de la foi avaient fait preuve dans le passé. Nous savons, par exemple, qu'Énoch avait cette foi parce que la Bible dit qu'il était agréable à Dieu, et personne ne peut être agréable à Dieu sans une telle foi (11:5-6).

La plupart des exemples de foi dont il est question dans Hébreux 11 sont des exemples de foi persévérante dans l'espoir d'une récompense future : Abraham a quitté sa terre natale pour aller dans une ville dont Dieu était l'architecte et le constructeur (11:8-10) ; Joseph a vu longtemps à l'avance l'exode qui allait venir après sa mort (11:22) ; Moïse a rejeté les trésors de l'Égypte du moment en faveur d'une récompense à venir (11:24-26), et ainsi de suite. L'auteur biblique termine en mentionnant les héros de la foi qui ont souffert et sont morts sans recevoir la délivrance de leur vivant (11:35-38). En fait, bien que l'histoire vante la foi des héros de ce chapitre, l'auteur déclare qu'aucun d'eux n'a reçu ce que Dieu lui avait promis (11:39-40).

Pour terminer, l'auteur biblique attire l'attention sur l'ultime héros de la foi – le chef et le consommateur de notre foi – qui a souffert la croix dans l'espoir de sa récompense future, la joie de son élévation à la droite de Dieu (12:1-3). Si tous ces hommes et femmes de foi ont souffert dans le passé, pourquoi les Hébreux se dérobent-ils au fait de verser leur sang (12:4), aux épreuves temporaires que Dieu leur infligeait pour les reprendre (12:5-13) ? Au lieu de rétrograder (12:14-29) à cause de leur persécution, ils devraient rester fermes en Christ et ne pas s'éloigner de l'appel qui leur a été lancé. « La foi », dans ce contexte, ne renvoie pas à un élan momentané de conviction mais à une persévérance éprouvée par les difficultés et le temps en comptant sur les promesses de Dieu pour l'avenir.

Frapper à la porte (Apocalypse 3:20)

Ici, Jésus ne frappe pas à la porte d'un pécheur individuel, mais plutôt à celle d'une église pécheresse ! Tandis que Jésus avait mis devant une église une porte ouverte, l'invitant à entrer dans sa présence malgré les fausses accusations de leurs persécuteurs (Apocalypse 3:8), une autre église lui ferme la porte au nez. Les us et coutumes de l'Antiquité en matière d'hospitalité exigeaient que l'on partage la nourriture avec un invité, mais l'église de Laodicée, à cause de sa fatuité arrogante, avait mis

Jésus dehors (3:17-18). Il voulait que ces chrétiens se repentent et expriment à nouveau leur besoin d'un Sauveur (3:19).

Dieu a donné son fils (Jean 3:16)

Le contexte indique que Dieu a donné son fils lorsque Jésus a été élevé (3:14-15). Dans le contexte du reste de l'évangile de Jean, cela veut dire qu'il a été « élevé » sur la croix (voir 8:28 ; 14:32-33). Dieu a donné son fils lorsque Jésus est mort pour nos péchés. Ceci est l'expression la plus importante de son amour pour l'humanité.

Chercher premièrement le royaume (Matthieu 6:33)

Les Juifs utilisaient souvent les gentils (les non Juifs qui étaient généralement considérés comme des « païens ») comme des exemples de ce que les Juifs intègres devaient éviter à tout prix. Les « païens » recherchaient la nourriture, la boisson et les habits ; mais Jésus dit aux disciples qu'ils ne doivent pas rechercher ces choses (6:31-32). Au lieu de cela, les disciples de Jésus doivent chercher son royaume, et ces autres choses – les besoins fondamentaux de la vie – leur seront données par-dessus (6:33). Ce n'est pas un hasard que Jésus vienne juste d'enseigner à ses disciples de prier d'abord pour que la volonté de Dieu soit faite (6:9-10) et seulement après pour leurs besoins (6:11-13).

Les ambassadeurs pour Christ (2 Corinthiens 5:20)

À chaque fois, ou presque, que le « nous » est utilisé dans les chapitres précédents (et probablement même au verset 21, bien que cela soit une source d'arguments), Paul fait allusion à lui-même et à ses collègues dans le ministère. Dans 5:20, Paul ne qualifie probablement pas tous les chrétiens d'ambassadeurs, mais seulement ceux qui apportent le message de réconciliation de Dieu. Après tout, ceux qu'il supplie de se réconcilier avec Dieu sont les chrétiens corinthiens qui ne sont pas des ambassadeurs mais qui ont besoin que des ambassadeurs soient envoyés auprès d'eux (6:1-2).

Dans l'idéal, tous les chrétiens devraient annoncer le message de réconciliation de Dieu mais, dans la pratique, la plupart des chrétiens corinthiens ne le faisaient pas. Les chrétiens corinthiens agissaient comme des non chrétiens, par conséquent Paul et ses collègues agissaient comme des représentants de la justice de Christ auprès d'eux, tout comme Christ a représenté notre péché pour nous sur la croix (5:21). (Paul utilise peut-être une hyperbole, c'est-à-dire une figure de style qui consiste à mettre en relief une idée au moyen d'une expression imagée.)

Les témoins (Hébreux 12:1)

Dans ce cas, toutes les traductions ne rendent pas de façon claire le terme « témoins » selon le contexte de 12:1. Cependant, le concept est au moins évident dans quelques traductions. Dans le contexte précédent, Dieu « témoigne » fréquemment, ou fournit « le témoignage » que ses serviteurs ont été fidèles (11:2, 4-5, 39). Il est donc possible qu'il se réfère aux justes dont il est question dans Hébreux 11 comme à ceux qui témoignent de ce qu'ils savent au sujet de Dieu. Ceux-ci ne sont peut-être pas des « témoins » comme ceux qui regardent un match au stade mais plutôt comme ceux qui « témoignent » en faveur de la vérité qu'ils ont découverte sur Dieu.

La justification de Dieu (Ésaïe 54:17)

Le contexte indique que le passage met l'accent sur le peuple de Dieu. Israël a péché, et il a été jugé. Le moment est venu pour lui d'être restauré. Ceux qui ont essayé de s'opposer à Israël seront écrasés. Un principe ressort ici, à savoir que Dieu fait justice à son peuple, mais ce n'est pas une garantie pour chaque circonstance à court terme et pour chaque personne (quoiqu'il protège souvent les chrétiens, ce n'est pas toujours le cas ; plusieurs chrétiens meurent en martyrs fidèles). Cependant, nous sommes encouragés de savoir que Dieu finira par justifier ses serviteurs et ses projets dans l'histoire. Donc, quoique nous endurions, nous pouvons être assurés de la fidélité de Dieu à la longue et de sa justification si nous lui restons fidèles.

Le véritable cœur d'un hôte dans Proverbes 23:7

Dans le monde méditerranéen de l'Antiquité, le partage de la nourriture obligeait les gens à être fidèles les un envers les autres. Mais Proverbes avertit que vous ne pouvez pas avoir confiance en votre hôte s'il est égoïste. Il peut vous encourager à manger autant que vous voulez, mais si vous lui faites confiance, vous le regretterez bien vite. Ce qui importe ce n'est pas ce qu'il vous dit, mais ce qu'il pense véritablement dans son cœur (23:6-8).

La délivrance du psalmiste (Psaume 18:7-15)

Le langage du Psaume 18:7-15 ressemble à un événement cosmique qui ébranle toute la création. Mais les chants israéliens du monde antique, comme certaines de nos chansons aujourd'hui, peuvent exprimer la louange de façon poétique. Dans ce cas-là, le psalmiste décrit une situation lors de laquelle Dieu l'a personnellement délivré (18:4-6, 16-19). La délivrance ressemble à quelque chose qui a influencé toute la création, mais en fait elle reflète l'expérience spectaculaire du psalmiste ; d'après lui, l'intervention de Dieu semblait trop remarquable pour être racontée en des termes moins poignants.

L'amour marital (Cantique des cantiques 2:1-2)

Plusieurs chants chrétiens décrivent Jésus comme le « lis des vallées », le « narcisse de Saron » et le « plus beau parmi dix mille ». Les chants sont beaux, et ils s'attachent à annoncer que Jésus est la plus grande beauté et le plus grand désir de notre âme. Nous ne devrions pas lire la signification de ces beaux chants en nous référant au Cantique des cantiques sachant que, dans ce livre, le « narcisse de Saron » ne se réfère pas directement ou indirectement à Jésus. Il s'agit d'un ancien chant d'amour qui fait une percée remarquable dans le thème de la romance, du langage du désir et de l'appréciation conjugaux. Il parle aussi des conflits dans le mariage (le bref conflit dont il est question est mentionné dans 5:2-6), du pouvoir de la jalousie (8:6), etc.

Dans la mesure où il reflète la beauté de l'amour conjugal, il nous aide également à exprimer notre recherche passionnée de Christ, mais ceci n'est pas le sujet du livre. Le livre est un exemple pratique de l'amour romantique conjugal. (Par exemple, la « maison du vin » et la « bannière » mentionnées dans 2:4 peuvent faire référence aux coutumes maritales anciennes : pendant que les invités festoyaient à la cérémonie des noces, le fiancé et la fiancée consumaient leur mariage, et on dit qu'ils devaient suspendre dehors une bannière lorsqu'ils avaient scellé leur union sexuelle. Je doute que ces détails renvoient à Christ ; je pense plutôt qu'il s'agit d'une image de l'amour sexuel conjugal dans l'Israël ancien.)

Mais même si le Cantique des cantiques n'était qu'un symbole de Christ et de son Église, comme certains l'ont supposé, le « narcisse de Saron » et le « lys des vallées » ne pouvaient pas se référer à Christ. Selon ce que nous lisons dans la version Louis Second, c'est la mariée qui déclare : « je suis un narcisse de Saron, un lys des vallées » (2:1), c'est-à-dire aussi belle que la plus belle des fleurs ; son fiancé l'a fait se sentir aimée malgré son manque d'assurance (1:6). Le marié la compare aussi à un lys (2:2 ; 7:2) ; elle compare son approche à quelqu'un qui se déplace parmi les lys (2:16 ; 6:2-3 ; lui aussi lui associe cette image dans 4:5). Même si le Cantique des cantiques était une allégorie de Christ et de l'Église (ce qui est très invraisemblable), le « narcisse de Saron » ne renvoie pas à Christ, mais à son Église. Il s'agit plus probablement un exemple du langage romantique qu'un auteur inspiré a pu adresser à sa fiancée, ceci étant comme un guide inspiré mettant l'accent sur l'importance de l'affection romantique dans nos mariages aujourd'hui.

La discipline de l'église (Matthieu 18:18)

Pendant longtemps, j'interprétais ce verset en m'appuyant sur une interprétation populaire erronée. Au début de ma conversion, j'utilisais le passage de Matthieu 18:18 pour « lier » et « délier » les démons lorsque je priais (comme si les démons étaient toujours là à écouter ce que j'avais à dire). Heureusement, Dieu se préoccupe davantage de notre foi que de nos formules, et il a répondu gracieusement à mes prières, que le mot « lier » soit mentionné ou non. Mais un jour j'ai lu Matthieu 18:18 en contexte, et j'ai réalisé que je faisais une mauvaise interprétation du passage. Parce que mes prières avaient « porté du fruit », j'ai décidé de continuer à « lier » et à « délier ». Mais maintenant que je connaissais mieux ce passage, mes prières ne marchaient plus car mon cœur n'était plus intègre devant Dieu lorsque je priais de cette façon-là ! Heureusement Dieu continue à répondre à mes prières au nom de Jésus sans que je n'aie à « lier » qui ou quoi que ce soit.

Que veulent dire « lier » et « délier » dans le contexte dudit passage ? Dans ce contexte, Jésus indique que si un chrétien vit dans le péché, nous devons le confronter. S'il (ou elle) refuse d'écouter, il faut faire appel à d'autres afin d'avoir deux ou trois témoins au cas où le problème doive être porté devant l'église. Si malgré des confrontations répétées dans l'amour cette personne refuse de se repentir, l'église doit l'expulser de la communauté pour l'inciter à se repentir (Matthieu 18:15-17). Dans ce contexte, Jésus déclare que tout ce qu'ils « lieront » ou « délieront » sur la terre sera déjà « lié » ou « délié » dans le ciel, c'est-à-dire que, dans ces circonstances, ils agissent clairement sur l'autorité de Dieu (18:18). Parce que les termes « lier » ou « délier » parlent littéralement d'emprisonner ou de relâcher les gens, et que les enseignants juifs utilisaient ces termes pour décrire leur autorité légale, ces termes ont également un sens dans ce contexte : l'église doit discipliner ses membres qui s'égarent, leur interdisant de participer aux activités de l'église s'ils continuent de pécher contre l'Évangile.

Dans ce contexte, les « deux ou trois » qui prient (18:20) renvoient au deux ou trois témoins précédemment mentionnés (18:16). Lorsque je lisais ce passage, j'avais peur que mes prières soient moins efficaces si je ne trouvais pas quelqu'un pour se joindre à moi dans la prière. Cependant, je me demandais pourquoi ma propre foi serait insuffisante. Mais ce verset ne dit pas que la foi n'est efficace que pour un minimum de deux personnes. Il promet que même si deux personnes seulement sont disponibles et même si les prières ou les actions se rattachent à quelque chose d'aussi sérieux que l'expulsion d'une personne de l'église, Dieu soutiendra les serviteurs qu'il a mandatés.

Peut-être prieront-ils pour que Dieu amène la personne qui s'est égarée à la repentance et à la restauration. Si c'est le cas, Jésus établit un contraste délibéré entre l'attitude requise de ses disciples et celle des deux ou trois témoins qui, dans la loi vétéro-testamentaire, devaient être les premiers à lever la main contre la personne contre laquelle ils avaient déposé (Deutéronome 17:7). Faisant probablement allusion à un adage juif qui circulait pendant les premiers siècles de cette génération – « là où deux ou trois sont assemblés pour étudier la loi de Dieu, sa présence est parmi eux » – Jésus assure ses disciples (particulièrement les témoins) de sa présence même lorsqu'il s'avère nécessaire d'exercer la discipline dans l'église, une situation plutôt difficile (Matthieu 18:20). Bien entendu, le principe de la prière exaucée s'applique à d'autres prières ; dans ce cas-là cependant, l'expression « deux ou trois » est utilisée en référence aux « deux ou trois » personnes qu'il venait juste de mentionner.

Bien que n'ayons pas suffisamment de temps pour nous étendre plus longuement sur la question, ce passage ne soutient en rien la pratique courante selon laquelle nous devons « lier » les démons comme certains le font aujourd'hui. Si le fait de « lier les démons » de la façon dont cela est pratiqué aujourd'hui n'a rien à voir avec ce texte, il apparaît cependant dans certains textes anciens se rapportant à la magie, ce qui rend cette pratique encore plus douteuse. Lorsque Jésus affirme avoir « lié l'homme fort » (Matthieu 12:29), il ne s'adresse pas à Satan en lui disant : « je te lie » avant de chasser les démons. Il a déjà vaincu l'homme fort en surmontant la tentation et en accomplissant la volonté du Père ; par conséquent, il était libre d'exercer son autorité et de chasser les démons.

La seconde venue de Jésus après la résurrection (Jean 14:3)

Jésus dit à ses disciples : « il y a plusieurs demeures dans la maison de mon Père » (14:2). Jésus promet qu'il va préparer une place pour ses disciples mais il reviendra les prendre afin que là où il est ils y soient aussi (14:2-3). En général, les lecteurs présument que Jésus se réfère ici à son retour futur, lorsqu'il viendra nous prendre et nous amener au ciel, ou dans la nouvelle terre. Si nous n'avions que ces versets, ce point de vue pourrait donner lieu à interprétation. Après tout, Jésus parlait souvent de sa seconde venue, et nous serons avec lui pour toujours.

Mais le contexte ici indique que Jésus parle d'une première venue ; ce n'est pas seulement être avec Jésus quand il reviendra dans le futur, mais être avec lui dans nos vies quotidiennes. Comment cela peut-il être ?

Pierre veut suivre Jésus partout où il va, mais Jésus lui dit que s'il veut le suivre là où il va, il doit le suivre jusqu'à la mort (Jean 13:31-38). Quoi qu'il en soit, Pierre et les autres disciples ne devraient pas avoir peur ; ils devraient avoir confiance en Jésus de la même façon qu'ils ont foi en Dieu (14:1). Il préparerait une demeure pour eux dans la maison de son Père, et il reviendrait pour les prendre avec lui (14:2-3). Il leur dit : « vous savez où je vais, et vous en savez le chemin » (14:4). Peut-être que, comme nous, les disciples étaient troublés par ces paroles.

TENIR COMPTE DU CONTEXTE

Thomas a dit ce qu'ils pensaient tous : « Seigneur, nous ne savons où tu vas ; comment pouvons-nous en savoir le chemin ? » (14:5). Alors Jésus s'explique en disant qu'il va au père (14:6), et qu'il y va en mourant sur la croix, mais qu'il reviendrait ensuite pour leur donner l'Esprit (14:18-19; 16:18-22). Comment iraient-ils au Père ? En y allant par Jésus qui est le chemin (14:6).

Nous citons souvent Jean 14:2-3 comme un texte se rapportant au retour futur de Jésus. Réciproquement, nous citons Jean 4:6 comme un texte se rapportant au salut. Mais si nous suivons le déroulement de la conversation, nous devons nous tromper sur l'un des deux. Jean 14:2-3 déclare que Jésus les amènera là où il va, mais Jean 14:6 nous dit où il va et comment ses disciples y arriveront : il va au Père et nous venons au Père lorsque nous sommes sauvés par Jésus (14:6). Est-ce que nous viendrons au Père par Jésus seulement lorsqu'il retournera dans le futur, ou alors sommes-nous déjà venus à lui par la foi ? L'ensemble du contexte clarifie ce point. Nous entrons dans la maison du Père lorsque nous devenons disciples de Jésus-Christ !

Dans le contexte de l'évangile de Jean, rien ne laisse entendre que la « maison du Père » se réfère au ciel, quoique cela puisse être une allusion au temple (Jean 2:16) ou à la famille de Dieu (Jean 8:35 ; nous sommes son nouveau temple et sa famille). Par ailleurs, Jésus explique en détail ce que sont les « demeures » dans le contexte suivant. Le mot grec pour « demeures » utilisé dans Jean 14:2 n'apparaît que dans un autre verset du Nouveau Testament, à savoir dans Jean 14:23, le prolongement de l'explication que Jésus donne dans 14:2-4 : « si quelqu'un m'aime, il gardera ma parole et mon Père l'aimera ; nous viendrons à lui, et nous ferons notre 'demeure' chez lui » (14:23). Le verbe correspondant apparaît tout au long de Jean 15:1-10 ; « demeurer » en Christ et laisser Christ « demeurer » en vous. Nous savons tous que Jésus reviendra un jour dans l'avenir, mais si nous lisons le reste de l'évangile de Jean, nous apprenons que le Père l'a envoyé vers eux après la résurrection, lorsqu'il a donné aux disciples l'Esprit, la paix et la joie (20:19-23) comme il l'avait promis (14:16-17, 26-27 ; 16:20-22). En fait, ceci est la seule venue dont parle le texte (14:18 dans le contexte de 14:15-27 et 16:12-24).

Quel est l'enseignement véritable qui ressort de Jean 14:2-3 ? Ce n'est pas que Jésus reviendra et que nous serons avec lui un jour (cet enseignement est vrai à partir d'autres textes). C'est que Jésus est revenu après sa résurrection afin que les chrétiens puissent avoir la vie avec lui (14:18-19), qu'il nous a déjà amené en sa présence et que nous pouvons expérimenter la réalité de sa présence maintenant et en tout temps. Cela veut dire que le même Jésus qui a lavé les pieds de ses disciples dans le chapitre précédent, qui a enseigné et guéri, et a souffert pour nous, est avec nous en ce moment précis. Il nous invite à avoir confiance en sa présence en nous.

Un fils nous est né (Ésaïe 7:14)

Nous savons que le Nouveau Testament utilise le passage se rapportant à la naissance virginale d'un fils pour faire référence à Jésus dans Matthieu 1:23, mais la plupart d'entre nous n'ont jamais considéré comment Matthieu est arrivé à cette conclusion. Matthieu n'utilise pas toutes ses prophéties vétérotestamentaires de la même façon. Certains textes bibliques que Matthieu utilise se réfèrent non pas à Jésus mais à Israël. Par exemple, « et j'appelai mon fils hors d'Égypte » se réfère clairement à l'Exode d'Israël dans Osée 11:1, mais Matthieu l'applique à l'exode de Jésus qui, étant enfant, a, lui aussi, dû quitter l'Égypte (Matthieu 2:15). Matthieu ne dit pas qu'Osée se référait à Jésus, mais il affirme que Jésus, en tant que fils ultime d'Abraham (Matthieu 1:1), symbolise les expériences d'Israël (par exemple, ses quarante jours dans le désert et ses citations à partir de Deutéronome dans Matthieu 4:1-11). Ce même chapitre d'Osée parle d'un nouvel exode, une nouvelle ère de salut comparable à l'ancienne. Matthieu cite Osée 11:1 parce qu'il sait qu'Osée lui-même prédisait un salut à venir.

TENIR COMPTE DU CONTEXTE

Donc, avant de lire la façon dont Matthieu applique le passage d'Ésaïe 7:14, nous devons attentivement examiner la signification d'Ésaïe 7:14 dans le contexte. (Si cet exercice vous intimide, nous vous invitons à lire notre conclusion un peu plus loin ; quoi que vous décidiez de faire, n'oubliez pas de revenir ici et de poursuivre notre discussion jusqu'à la fin.)

Bien que Matthieu 1:23 se réfère clairement la naissance virginale de Jésus, les exégètes bibliques ne savent pas vraiment si Ésaïe fait simplement référence à une « vierge » ou à une « jeune femme ». Pour les besoins de notre discussion, nous éviterons ce point et nous examinerons seulement le contexte.

Le roi d'Assyrie empiétait sur les frontières d'Israël (le royaume de Samarie) et de Syrie (Aram, le royaume de Damas). Réalisant qu'ils étaient sur le point d'avoir de graves ennuis, les deux royaumes ont essayé de s'assurer l'aide du roi de Juda (le royaume de Jérusalem) dans leur lutte contre les Assyriens. Puisque ce dernier ne voulait pas coopérer, ils ont cherché à le forcer à se joindre à eux. À ce moment-là, Dieu envoie le prophète Ésaïe auprès d'Achaz, roi de Juda, pour l'avertir de ne pas se joindre à la coalition israélo-syrienne. (Rappelez-vous que Juda et Israël étaient deux pays indépendants à ce stade de leur histoire.) La Syrie ou Aram (représentée par sa capitale Damas) et Israël ou Éphraïm (représenté par Samarie) seraient sous peu écrasés (7:4-9)

Ésaïe a même donné un signe à Achaz, roi de Juda, pour confirmer qu'Aram et Israël allaient rapidement tomber (7:10-13). Le signe devait attirer l'attention d'Achaz : une femme devait concevoir et engendrer un fils et lui donner le nom d'Emmanuel, « Dieu avec nous » (7:14). Avant que le fils ne sache rejeter le mal et choisir le bien, alors qu'il mangerait encore de la crème (7:15 ; ceci avait lieu au temps d'Ésaïe, 7:21-25), le roi assyrien dévasterait Aram et Israël (7:16-20). En d'autres mots, l'enfant naîtrait durant la génération d'Achaz ! Mais alors, pourquoi l'enfant s'appellerait-il « Dieu avec nous » ? Peut-être pour la même raison que tous les enfants d'Ésaïe portaient des noms symboliques (8:18), de même que les enfants d'Osée étaient des signes prophétiques annoncés au royaume septentrional d'Israël pendant à peu près la même période (Osée 2:4-9). Nous reviendrons sur ce point plus tard dans notre discussion.

Après avoir donné cette prophétie à Achaz, Ésaïe fut envoyé auprès de « la prophétesse » (probablement sa jeune et nouvelle épouse qui devait, elle aussi, avoir le don de prophétie) et elle devint enceinte. Ils appelèrent leur fils « Maher-Schalal-Chasch-Baz » qui signifie « rapide au butin, rapide sur la proie. » Dieu lui dit d'appeler son fils ainsi comme un signe pour Juda que Dieu allait s'empresser de remettre les ennemis de Juda entre les mains de l'armée assyrienne. Avant que le fils ne soit assez grand pour pouvoir dire « mon père » ou « ma mère », l'Assyrie allait piller Aram et Israël (8:1-10). En d'autres termes, le propre fils d'Ésaïe allait servir de signe pour Achaz : sa naissance allait rapidement être suivie par la dévastation du royaume du Nord qui avait cherché à forcer Juda à se joindre à la coalition. Juda allait devoir prendre conscience que « Dieu est avec nous » et que le « butin » d'Aram et d'Israël serait emporté « rapidement » et sa « proie... promptement » (7:14 ; 8:3).

Alors pourquoi Matthieu pensait-il que le passage d'Ésaïe 7:14 pouvait être appliqué à Jésus ? Probablement pas pour les mêmes raisons que nous. Nous appliquons Ésaïe 7:14 à Jésus parce que nous n'avons jamais lu ce texte dans son contexte immédiat. Matthieu l'appliquait probablement à Jésus parce qu'il est allé au-delà du contexte immédiat et a considéré le contexte plus large des passages environnants. Comme nous l'avons mentionné précédemment, les enfants d'Ésaïe étaient des « signes », chaque signe apprenant à Juda ce que Dieu allait faire (8:18). Le signe immédiat que Dieu était avec Juda serait la conquête de leurs ennemis du Nord. Mais l'acte ultime que Dieu était avec eux s'accomplirait lorsque Dieu lui-même viendrait pour être avec eux en Jésus. Dans le passage suivant, Ésaïe annonce un espoir qui s'étendrait au-delà de Juda jusqu'au royaume septentrional d'Israël (9:2-3), un roi conquérant, un fils qui naîtrait de la maison de Juda (9:4-8). Il serait appelé non seulement « Dieu est avec nous » et « Dieu puissant » (9:6, un titre de Dieu que l'on trouve aussi dans le contexte, 10:21). Ce roi davidique (9:8) serait Dieu fait chair (9:7). Dans le Proche-Orient de l'Antiquité, alors qu'Israël se démarquait des autres peuples en refusant d'élever ses rois au rang de déité, Ésaïe n'aurait certainement pas pris le risque d'appeler ce roi « Dieu puissant » s'il ne voulait pas dire que Dieu lui-même allait venir régner comme l'un des descendants de David. Matthieu avait raison, mais pas pour la raison que nous aurions présumée !

Certains critiques de Matthieu, convaincus qu'il ne connaissait simplement pas le contexte, sont sceptiques. Il convient de noter que Matthieu démontre que le contexte ne lui échappe pas, et ce, trois chapitres plus tard. Là, il applique un passage d'Ésaïe 9:1-2 à Jésus (Matthieu 4:15-16), montrant que le contexte d'Ésaïe 7:14 reste frais dans son esprit.

Conclusion du chapitre 2

Comme nous l'avons vu, le contexte affecte remarquablement la manière dont nous interprétons chaque passage. Mais, dans la plupart des cas, le contexte va au-delà des paragraphes environnants et renvoie aux chapitres tout autour, ou même au livre dans lequel le passage apparaît. Ainsi, dans le chapitre suivant, nous entamerons une discussion au contexte plus large que plusieurs lecteurs n'ont pas encore maîtrisé.

CHAPITRE 3

LE CONTEXTE DU LIVRE TOUT ENTIER

Bien qu'il soit important de lire chaque passage dans son contexte immédiat, il s'avère aussi important de le lire dans le contexte général du livre dans lequel il se trouve – que ce soit Jean, Juges ou Jacques, ou d'autres livres de la Bible. C'est ainsi que Dieu nous a donné la plus grande partie de la Bible, inspirant certains auteurs à écrire des livres que les premiers lecteurs ont reçus, un livre à la fois.

Un passage trouve souvent sa place dans l'argumentation générale d'un livre biblique. Il arrive parfois que certains points de notre passage abordent des thèmes développés dans le livre en question. Sachant comment le livre traite ce thème ailleurs, les points de notre passage deviennent plus clairs. Dans certains cas, l'histoire se poursuit dans plusieurs livres de notre Bible qui, à l'origine, constituaient un ensemble (par exemple, l'histoire de Moïse retracée dans le livre de l'Exode est la continuité de l'histoire de Joseph que l'on trouve dans la Genèse ; le récit de 1 Samuel et 2 Rois constitue une seule et longue histoire. C'est aussi le cas de l'évangile de Luc et du livre des Actes).

Une concordance peut vous aider à voir comment certains mots sont utilisés dans d'autres passages d'un même livre. Vous pouvez vous exercer en recherchant le mot « loi » ou « esprit » dans Galates. Si vous souhaitez développer vos compétences en la matière, lisez l'épître aux Galates au lieu d'utiliser une concordance, et dressez une liste de quelques thèmes et références aux versets dans lesquels chaque thème apparaît.

Vous trouverez ci-dessous quelques exemples qui vous aideront à mieux comprendre un passage en le lisant à la lumière du livre dans lequel il apparaît.

1 - La réconciliation entre Juifs et païens dans l'épître aux Romains

Nous encourageons souvent les non-chrétiens à se convertir en croyant avec leur cœur en la résurrection de Jésus et en confessant de leur bouche que Jésus est Seigneur. Ce résumé succinct de la façon de répondre à l'Évangile est basé sur Romains 10:9-10 qui, il est vrai, décrit le salut en ces termes. Mais il serait bon d'étudier pourquoi Paul mentionne spécifiquement la bouche et le cœur ici (contrairement à certains autres passages qui insistent sur différents aspects du salut). Paul ne nierait certainement pas qu'un sourd-muet puisse être sauvé simplement parce qu'il ne peut pas confesser avec sa bouche. Il choisit le « cœur » et la « bouche » pour des raisons évidentes.

LE CONTEXTE DU LIVRE TOUT ENTIER

Étudions d'abord le contexte immédiat, comme nous l'avons fait pour les passages examinés précédemment. Paul affirme que nous sommes sauvés par la grâce de Dieu, et non par nos œuvres. Contrairement aux moyens de justification proposés par les opposants de Paul (Romains 10:1-5), Paul démontre, à partir de la loi de Moïse, que le message de la foi est la parole du salut (10:6-7). Comme l'a dit Moïse : « la parole est près de toi, dans ta bouche et dans ton cœur » (Romains 10:8). Moïse se référait à la loi (Deutéronome 30:10-11, 14), certes, mais le principe est également applicable à l'Évangile qui est aussi la Parole de Dieu.

À l'époque de Moïse, on ne pouvait pas monter au ciel pour en faire descendre la loi ; Dieu, dans sa grâce, l'avait déjà donnée à Israël sur le mont Sinaï (Deutéronome 30:12). On ne pouvait pas non plus descendre dans la mer (Deutéronome 30:13) car Dieu avait déjà racheté son peuple et l'avait conduit à travers la mer. Le peuple ne pouvait pas se sauver ; il devait dépendre de la grâce puissante de Dieu (voir Exode 20:2).

De même, Paul dit que nous ne ressuscitons pas Christ des morts ; nous ne l'envoyons pas non plus vers le Père. À l'instar de la loi et de la rédemption d'Israël, le salut de Christ est le don de Dieu pour nous (Romains 10:6-7). Moïse avait déclaré que ce message était « dans ta bouche et dans ton cœur » (Deutéronome 30:14), c'est-à-dire déjà donné à Israël par la grâce de Dieu. Paul déclare que le message de Dieu était de même dans ta bouche quand tu confessais Christ avec ta bouche, et dans ton cœur lorsque tu croyais en lui dans ton cœur (Romains 10:9-10). La foi ne pouvait venir qu'en écoutant cette parole, l'Évangile de Christ (10:17), comme nous l'avons noté plus haut.

Le contexte immédiat explique pourquoi Paul mentionne la « bouche » et le « cœur » dans ce passage, mais il soulève aussi une nouvelle question. Pourquoi Paul devait-il argumenter à partir de l'Ancien Testament que le salut était obtenu par grâce par le moyen de la foi ? Cela était-il mis en doute ? En lisant l'intégralité de l'épître aux Romains, nous voyons le bien-fondé de chaque passage à l'intérieur du livre. Paul parle d'une controverse entre les Juifs chrétiens et les chrétiens non-juifs, aussi appelés gentils.

Paul commence son épître en déclarant que les païens sont perdus (Romains 1:18-32). Alors que les chrétiens juifs l'applaudissent, Paul déclare que les personnes religieuses sont, elles aussi, perdues (Romains 2), et il ne s'arrête pas là. En effet, il ajoute que tous les hommes sont perdus (Romains 3). Paul affirme que tous les êtres humains sont perdus dans le but de nous rappeler que nous devons tous venir à Dieu de la même façon ; personne ne peut se vanter d'avoir le dessus sur les autres.

Mais la plupart des Juifs croyaient qu'ils étaient choisis pour le salut du fait de leur association à Abraham. Paul rappelle donc aux Juifs chrétiens que ce qui compte pour le salut c'est une descendance spirituelle d'Abraham et non une descendance ethnique (Romains 4). De peur que ses lecteurs juifs ne continuent à insister sur leur descendance génétique, il leur rappelle que tous les peuples (y compris eux-mêmes) descendent d'Adam, le pécheur (Romains 5:12-21). Le peuple juif croyait que la plupart des Juifs respectaient les 613 commandements contenus dans la loi (du moins la plupart du temps), alors que la plupart des païens ne respectaient même pas les 7 commandements que Dieu avait donnés à Noé d'après certains Juifs. Paul affirme donc que bien que la loi soit bonne, elle ne sauve pas ceux qui la pratiquent, y compris Paul lui-même (Romains 7). Seul Jésus peut sauver ! De peur que les Juifs chrétiens ne continuent à insister qu'ils avaient été choisis en Abraham, Paul leur rappelle que les descendants physiques d'Abraham n'ont pas tous été choisis, même pas dans les deux premières générations (Romains 9:6-13). Dieu était souverain, et rien de l'obligeait à choisir les hommes et les femmes sur la base de leur ethnicité (Romains 9:18-24) ; il pouvait les choisir sur la base de leur foi en Christ. De peur que les chrétiens non-juifs ne méprisent les chrétiens juifs, Paul leur rappelle aussi que l'héritage dans lequel ils ont été greffés appartenait après tout à Israël (Romains 11). Dieu avait un reste juif et, un jour, il amènerait la majorité du peuple juif à la foi en Christ (Romains 11:25-26). À ce moment-là, Paul devient très pratique. Les chrétiens doivent être au service les uns des autres (Romains 12) ; nous devons nous aimer les uns les autres, c'est ce qu'enseigne la loi de Dieu (Romains 13:8-10).

La littérature ancienne montre que les gentils romains se moquaient des Juifs surtout en ce qui concernait leurs lois alimentaires et leurs jours saints. Paul affirme que nous ne devons pas nous mépriser les uns les autres à cause de différences de pratique sans importance (Romains 14). Ensuite, il donne des exemples de réconciliation ethnique : Jésus, bien qu'étant juif, a exercé son ministère auprès des païens (Romains 15:7-12), et Paul apportait une offrande aux chrétiens juifs de Jérusalem de la part des églises non-juives (15:25-31). Dans ses dernières salutations, Paul donne un dernier conseil : prenez garde à ceux qui causent des divisions (Romains 16:17).

Avoir une vue d'ensemble de l'épître aux Romains nous permet de mieux comprendre la fonction de chaque passage dans l'ensemble de l'œuvre. Nous avons également une idée de la situation que traite l'épître aux Romains. Ce que nous connaissons de l'arrière-plan apporte des éclaircissements à cette situation : Rome avait d'abord expulsé les Juifs chrétiens (Actes 18:1-3) mais, maintenant, ils étaient de retour (Romains 16:3). À Rome, les églises de maison qui étaient constituées entièrement de chrétiens non-juifs faisaient maintenant face à des conflits avec l'arrivée des Juifs chrétiens qui, eux, concevaient les choses différemment. L'épître de Paul aux Romains invite tous les chrétiens à la réconciliation ethnique, culturelle et tribale, les uns avec les autres, en nous rappelant que nous venons tous à Dieu de la même façon, c'est-à-dire à travers Jésus-Christ. Nous nous pencherons plus tard en détail sur la question de l'arrière-plan.

2 - La justice en faveur du pauvre dans l'épître de Jacques

En lisant l'épître de Jacques, certains ont pensé que l'épître contenait des exhortations contradictoires. Mais leur point de vue ne tient pas la route : lorsque l'on examine soigneusement Jacques, l'ensemble du livre est cohérent.

Dans le « contexte immédiat » de la partie ci-dessus, nous nous sommes demandés comment Jacques voulait que nous résistions au diable (Jacques 4:7), et nous avons soutenu qu'il se référait au fait de résister aux valeurs du monde. Ceci est un principe général valable. Mais y avait-il des valeurs particulières dont Jacques se souciait pour ses lecteurs ? Probablement.

Dans l'introduction à sa lettre, Jacques introduit plusieurs thèmes qui reviennent souvent. En retraçant ces thèmes, nous avons un bref aperçu des questions fondamentales traitées dans la lettre. (Lorsque je prêche sur l'épître de Jacques, j'aime souvent prêcher à partir de son introduction, ce qui me permet en réalité de prêcher sur l'ensemble de la lettre en utilisant un ou deux paragraphes en guise de sommaire.)

Tout d'abord, nous voyons le problème auquel Jacques est confronté : ses lecteurs subissent diverses épreuves (Jacques 1:2). Au fur et à mesure que l'on avance dans la lecture de la lettre, on se rend compte que beaucoup de ses lecteurs sont des pauvres opprimés par des riches (Jacques 1:9-11 ; 2:2-6 ; 5:1-6). (L'arrière-plan permet d'éclaircir la situation qui était assez courante à l'époque de Jacques. Mais pour l'instant, nous continuerons à mettre l'accent sur le contexte du livre puisque nous traiterons de l'arrière-plan plus tard.) Certains des lecteurs de Jacques sont tentés, semble-t-il, de régler leurs différends de la mauvaise manière, c'est-à-dire par la violence (verbale ou physique) (Jacques 1:19-20 ; 2:11 ; 3:9 ; 4:2).

Alors, comme solution, Jacques exige d'eux trois vertus : la patience (Jacques 1:3-4), la sagesse (Jacques 1:5) et la foi (Jacques 1:6-8). Ils ont besoin de la sagesse de Dieu pour être patients, et ils ont besoin de la foi lorsqu'ils prient Dieu de leur accorder la sagesse. Plus tard, dans sa lettre, Jacques revient à chacune de ces trois vertus, les expliquant en détail. Ainsi, il aborde la patience de façon plus détaillée vers la fin de sa lettre, utilisant Job et les prophètes comme exemples bibliques d'une telle patience (Jacques 5:7-11). Il exige également une foi sincère plutôt que simplement passagère (Jacques 2:14-16). Ce qu'il dit ici au sujet de la foi est très instructif. Certains des pauvres étaient tentés de frapper et tuer leurs oppresseurs, et ils croyaient que Dieu serait toujours de leur côté aussi longtemps qu'ils n'avaient pas commis des péchés comme l'adultère. Mais Jacques leur rappelle que l'assassinat est aussi un péché, même s'ils n'ont pas commis d'adultère (Jacques 2:11). La confession fondamentale de la foi juive était l'unité de Dieu, mais Jacques rappelle à ses amis que même le diable « croit » que Dieu est un, et ce n'est pas pour cela qu'il est sauvé (Jacques 2:19). La foi authentique c'est celle qui est démontrée à travers l'obéissance (Jacques 2:14-18). Ainsi, si nous prions « avec foi » pour obtenir la sagesse, nous devons prier avec une foi authentique qui aspire à obéir à la sagesse que Dieu nous donne ! Nous ne devons pas être « irrésolus » (Jacques 1:8), c'est-à-dire que nous ne devons pas souscrire à la fois à la perspective du monde et à celle de Dieu (Jacques 4:8).

Jacques insiste tout particulièrement sur la sagesse. Il se soucie de la rhétorique provocatrice — le genre de discours qui incite les gens à la colère (Jacques 1:19-20 ; 3:1-12). Cela ne veut pas dire qu'il reste silencieux vis-à-vis des riches oppresseurs. Il prophétise le jugement de Dieu contre eux (Jacques 5:1-5) ! Mais il n'approuve pas le fait de susciter la violence des pauvres à leur encontre. Jacques fait remarquer qu'il existe deux genres de sagesse. Le premier genre implique la dispute et l'égoïsme ; cette sagesse est terrestre et démoniaque (Jacques 3:14). C'est cette sorte de sagesse et d'attitude qui tentait ses lecteurs. Jacques plaide plutôt en faveur de la deuxième sagesse : la sagesse de Dieu. C'est une sagesse qui est douce (Jacques 3:13), pure (elle n'est pas associée à d'autres types de sagesse), pacifique, modérée, facilement conciliante, pleine de miséricorde et du fruit de la justice semé dans la paix (Jacques 3:17-18).

Les lecteurs de l'épître de Jacques étaient tentés d'avoir recours à la violence (Jacques 4:2) et ils désiraient agir comme le monde (Jacques 4:4). Mais, au lieu de se charger de leurs problèmes eux-mêmes, ils devaient les soumettre à Dieu.

Jacques nous appelle à vivre en paix les uns avec les autres. Et s'il appelle les opprimés à ne pas tuer leurs oppresseurs, à combien plus forte raison nous invite-t-il à aimer ceux qui sont proches de nous, même ceux qui sont méchants à notre égard, et à faire preuve de douceur envers eux ? « Résister au diable », cela est beaucoup plus difficile que certains ne le pensent !

3 - Le jugement de David (2 Samuel 12:11)

Parfois nous pensons que la punition de David a pris fin avec la mort de son fils (2 Samuel 12:18). Mais, parce que David était un leader dans la famille des enfants de Dieu, son comportement a influencé beaucoup d'autres personnes et exigeait un jugement sévère (2 Samuel 12:14). Dieu prend le péché très au sérieux, surtout lorsque ce péché conduit d'autres personnes à se méprendre sur sa sainteté. Dans 2 Samuel 12:11, Nathan prophétise en public que le jugement de Dieu va s'abattre sur la famille de David, y compris le viol de certaines de ses femmes par l'un de ses proches (de même qu'il a commis un adultère avec la femme d'un autre homme). Cette prophétie donne un aperçu du reste du livre de 2 Samuel !

LE CONTEXTE DU LIVRE TOUT ENTIER

Au chapitre 13, le fils de David, Ammon, viole sa demi-sœur, Tamar. Le vrai frère de Tamar, Absalom, venge l'honneur de sa sœur en tuant Ammon, qui était aussi son aîné, juste après Chileab. Sachant que Chileab n'était pas engagé dans la politique (il n'est mentionné nulle part), Absalom était donc le prochain successeur au trône par droit d'aînesse (2 Samuel 3:2-3). Absalom revient d'exil (chapitre 14) et mène ensuite une révolte qui manque de détruire David et ses alliés (Chroniques 15-18), et par la même occasion brise le cœur de son père. Absalom couche avec les concubines de son père aux yeux d'Israël (2 Samuel 16:21), bien que cela soit contre la loi (Lévitique 20:11). Après que cette révolte ait été étouffée et que David soit revenu à Jérusalem en paix (chapitre 19), il doit faire face à une autre révolte, dans le sillage de la précédente, par un usurpateur de la tribu de Benjamin (chapitre 20). Au début du premier livre des Rois, le fils qui venait immédiatement après Absalom complote à son tour et cherche à s'emparer du pouvoir (1 Rois 1). Bien que pardonné par Dieu et rétabli sur son trône, David a subi les conséquences de son péché sa vie durant. Cette histoire donne un avertissement sévère aux dirigeants spirituels qui, aujourd'hui, manquent à leur responsabilité de mener des vies saintes.

4- « L'un de ces plus petits » (Matthieu 25:40)

De nos jours, nombreux sont ceux qui insistent sur l'importance de prendre soin des pauvres en nous rappelant que la Bible nous avertit que nous serons jugés par la façon dont nous traitons « ces plus petits » des frères de Jésus (Matthieu 25:40, 45). Bien que ce soit vrai que Dieu nous jugera selon la façon dont nous traitons les pauvres, que veut dire Jésus ici par « mes frères » ? Les nations seront-elles jugées (Matthieu 25:32) pour cela uniquement ? Le contexte immédiat ne résout pas le problème, mais le contexte plus large de la tradition de l'Évangile peut aider. Que veut dire Jésus par « frères » et ailleurs par « les plus petits » ?

Parce que les lecteurs des temps anciens devaient dérouler un rouleau de parchemin depuis le début, les premiers lecteurs devaient d'abord lire les chapitres précédents avant d'arriver à Matthieu 25. Ils devaient alors savoir que les frères et les sœurs de Jésus étaient ceux qui faisaient sa volonté (Matthieu 12:48-50), que tous les disciples de Jésus sont frères et sœurs (Matthieu 23:8). Avant d'avoir fini l'Évangile, ils devaient savoir que les disciples de Jésus sont restés ses frères après sa résurrection (Matthieu 28:10). (En raison de la structure de la langue grecque, le terme « frères » peut souvent inclure les « sœurs » également, mais dans Matthieu 28:10, les femmes disciples s'adressent spécifiquement aux hommes disciples.) Lorsque Jésus parle des « plus petits » dans le royaume de Dieu, il se réfère aussi quelquefois à certains disciples (Matthieu 11:11).

Qui sont donc les plus petits de ces disciples de Jésus que les nations acceptent ou rejettent ? Peut-être sont-ils des messagers de l'Évangile, des « missionnaires » qui apportent l'Évangile à tous les peuples non évangélisés avant le jour du jugement. Le message concernant le royaume allait être annoncé à tous ces peuples avant l'avènement du royaume (Matthieu 24:14). Ces messagers avaient sacrifié leur confort pour pouvoir apporter l'Évangile à d'autres et étaient soumis à la faim et à la soif ; ils étaient persécutés et emprisonnés, et il leur arrivait de tomber malade à cause de leurs efforts (comme Épaphrodite dans Philippiens 2:27-30). Mais ceux qui recevaient ces messagers recevaient Jésus qui les avait envoyés, même si tout ce qu'ils avaient à leur donner était un verre d'eau à boire (comme le montre l'enseignement de Jésus dans Matthieu 10:11-14, 40-42). C'est alors possible, à la lumière de l'évangile de Matthieu, que ces « plus petits frères et sœurs » soient les plus humbles des missionnaires envoyés vers les nations. Les nations seront jugées par la façon dont elles auront répondu aux émissaires de Jésus.

5- La signification du verbe « croire » (Jean 3:16)

Jean 3:16 se réfère effectivement au fait que l'on est sauvé du péché par la foi en Jésus, comme nous nous y attendons en général. Mais nous ne comprendrons pas la véritable signification de ce verset à moins de lire l'évangile de Jean d'un bout à l'autre. Le reste de l'Évangile donne certaines clarifications sur la signification de ce verset au sujet du « monde » (par exemple, il inclut les Samaritains – voir Jean 4:42 en contexte), sur la façon dont Dieu a exprimé son amour (en décrivant la croix), et d'autres questions. Ici nous mettons l'accent sur la signification du passage de Jean 3:16 en ce qui concerne la foi qui sauve. Une personne peut dire qu'elle croit en Jésus, cependant elle ne va à l'église qu'une fois par an et continue à vivre dans un péché impénitent (disons qu'elle commet un assassinat tous les quinze jours). Peut-on dire que cette personne est véritablement chrétienne ? Que veut vraiment dire « croire » en Jésus ?

Le reste de l'évangile de Jean clarifie ce que Jésus veut dire lorsqu'il parle de la foi qui sauve. Juste avant la conversation de Jésus consignée dans Jean 3:16, Jean nous parle de certains croyants inappropriés. Beaucoup de gens étaient impressionnés par les miracles de Jésus et ont « cru » en lui, mais Jésus a refusé de s'en remettre à eux parce qu'il savait ce qui était en eux (Jean 2:23-25). Ils avaient une sorte de foi, mais ce n'était pas la foi qui sauve.

Qu'arriverait-il si quelqu'un confessait sa foi en Jésus puis, plus tard, renonçait à Christ et devenait musulman, ou adorait les dieux Yorouba ? Sa confession de foi initiale serait-elle suffisante pour le sauver à la fin ? La réponse à cette ques-

INTERPRÉTATION BIBLIQUE

tion n'est pas difficile quand on lit le reste de l'évangile de Jean. Mais certains d'entre nous peuvent ne pas aimer la réponse. Plus tard, dans l'évangile de Jean, certains auditeurs de Jésus ont « cru » en lui. Mais il les a avertis qu'ils devaient rester fidèles à sa parole, prouvant ainsi qu'ils sont ses disciples et apprenant la vérité qui devait les rendre libres (Jean 8:30-32). Cependant, vers la fin du chapitre, ces auditeurs se sont déjà montrés infidèles : ils voulaient tuer Jésus (Jean 8:59). Jésus avertit plus tard que ceux qui ne demeurent pas en lui seront jetés dehors (Jean 15:4, 6). Dans l'évangile de Jean, la foi authentique qui sauve est le genre de foi qui persévère jusqu'à la fin.

Le but de l'évangile de Jean était de consigner par écrit certains de ces signes pour les lecteurs chrétiens qui n'avaient jamais vu Jésus en personne afin qu'ils soient affermis dans leur foi, le genre de foi qui serait assez forte pour les aider à suivre Jésus jusqu'au bout (Jean 20:30-31). Jean fait ce commentaire juste après avoir consigné par écrit la confession de foi, point culminant de son évangile. Jésus invite Thomas à « croire », et Thomas exprime sa foi en appelant Jésus « Mon Seigneur et mon Dieu » (Jean 20:27-28). La divinité de Jésus est accentuée dans l'évangile de Jean (Jean 1:1, 18 ; 8:58). Donc, de toutes les autres confessions au sujet de l'identité de Jésus dans cet évangile (Jean 1:29, 36, 49 ; 6:69), celle-ci est la plus importante : il est Dieu.

Le contenu de la foi de Thomas est correct, mais Jean exige beaucoup plus de la part de ses auditeurs. Il est important d'être bien informé au sujet de Jésus ; cependant, en elles-mêmes, les informations reçues, aussi correctes soient-elles, ne sont pas indicatives d'une foi solide. Thomas a cru parce qu'il a vu, mais Jésus dit qu'il veut une foi plus grande, une foi qui croit même sans avoir vu (Jean 20:29). Les lecteurs de Jean ont cru parce qu'il leur raconte son témoignage oculaire (Jean 20:30-31) confirmé par la puissance du Saint-Esprit (Jean 15:26 à 16:15).

Dans Jean 3:16, la foi qui sauve ne se résume pas à faire une simple prière pour ensuite continuer sa route en oubliant Jésus pour le restant de sa vie. Avoir la foi qui sauve, c'est s'en remettre à Jésus sur la base de son œuvre pour nous au point que nous misons toute notre vie sur la vérité de ses déclarations.

6- Sous la loi (Romains 7)

Nous avons déjà noté l'importance de la structure de l'épître aux Romains qui nous parle de la réconciliation ethnique. Dans ce contexte, la fonction spécifique de Romains 7 est significative : Paul note que les croyants ne sont plus « sous la loi » (Romains 7:1-6). Il fait également remarquer que le problème ne vient pas de la loi elle-même (Romains 7:7, 12, 14) mais des hommes qui sont des créatures de la « chair ». Nombreux sont ceux qui pensent que ce chapitre décrit aussi l'esclavage actuel de Paul au péché, et certains l'utilisent même pour justifier une vie de péché en disant que « si Paul ne pouvait pas s'éloigner d'une vie de péché, alors comment le pouvons-nous ? » Est-ce vraiment le message que Paul désire communiquer ?

Dans Romains 7:14, Paul déclare qu'il est « charnel, vendu au péché ». Cependant, dans les chapitres environnants, il déclare que tous ceux qui croient en Jésus ont été libérés du péché et sont devenus esclaves de Dieu et de la justice (Romains 6:18-22). Dans Romains 7:18, Paul se plaint de ce que « ce qui est bon n'habite pas » en lui mais, dans Romains 8:9, il explique que l'Esprit de Christ est présent dans la vie de chaque croyant véritable. Dans Romains 7:25, il confesse qu'il sert avec son corps la « loi du péché » mais, dans Romains 8:2, il déclare que Jésus a libéré tous les croyants « de la loi du péché et de la mort ».

Pourquoi cette confusion apparente ? Probablement parce que nous avons manqué le cœur du sujet. Bien que Paul parle de façon graphique de la vie sous la loi dans Romains 7, cela ne veut pas dire que ce soit ainsi qu'il vive au quotidien. Il dit que lorsque les chrétiens « vivaient » dans la chair (guidés par leurs propres désirs), leurs passions coupables, attisées par la loi, les faisaient mourir. Par contraste, Paul dit : « mais maintenant », les croyants ont été « dégagés de la loi », servant plutôt par l'Esprit (Romains 7:5-6). La plus grande partie de Romains 7 décrit la frustration qui vient du fait d'essayer d'accomplir la justice par les œuvres de la loi, par l'effort humain (les termes « je », « moi », « mon » et « le mien » reviennent à plus de quarante reprises dans Romains 7).

Quoi qu'il en soit, lorsque nous acceptons la justice de Dieu comme un don gratuit en Jésus-Christ, nous pouvons dès lors marcher en nouveauté de vie, et le reste de la vie chrétienne devient un acte à travers lequel nous nous en remettons à l'œuvre finie de Christ au point de vivre en accord avec ce qu'elle enseigne (Romains 6:11). Nous ne devons pas essayer de nous rendre assez bons pour Dieu, mais nous devons au contraire accepter son amour miséricordieux pour nous.

7- Réprimander des chrétiens qui sont sans amour (1 Corinthiens 13)

Nous citons souvent 1 Corinthiens 13 comme une description de l'amour à objectifs multiples : pour les mariages, les conseils matrimoniaux, les amitiés, et ainsi de suite.

Dans ce chapitre, les principes sont en fait assez universels pour être appliqués à ces situations. Mais Paul les a d'abord

LE CONTEXTE DU LIVRE TOUT ENTIER

écrits pour traiter d'une situation spécifique qui échappe à beaucoup d'entre nous aujourd'hui. Paul traitait de l'utilisation appropriée des dons spirituels.

L'église corinthienne était divisée sur une variété de questions. Une de ces questions, traitées aux chapitres 12 à 14, était l'utilisation de certains dons spirituels. Paul rappelle aux chrétiens de Corinthe que le but de tous les dons utilisés en public est d'édifier le corps de Christ. Au chapitre 14, il insiste sur le fait que la prophétie est plus importante que les langues dans l'adoration en public (à moins que les langues ne soient interprétées) parce qu'elle édifie mieux l'église. Entre ces deux chapitres, il y a le chapitre 13 qui révèle l'amour comme étant la vertu clé qui nous pousse à utiliser tous nos dons en vue de l'édification de l'Église de Christ.

Paul insiste que même si nous avons les plus grands dons, nous ne sommes rien sans l'amour (1 Corinthiens 13:1-3). Il souligne que les dons sont temporaires ; ils cesseront au retour de Christ, lorsque nous le verrons face à face (1 Corinthiens 13:8-10). Cependant, l'amour est éternel (1 Corinthiens 13:11-13). Entre ces deux points, il décrit les caractéristiques de l'amour, caractéristiques qui, dans le contexte général du livre, parlent directement de ce qui manquait chez les chrétiens corinthiens (1 Corinthiens 13:4-8). L'amour n'est ni jaloux, ni arrogant, ni vaniteux (1 Corinthiens 13:4), mais les chrétien corinthiens étaient certainement jaloux (1 Corinthiens 3:3) et arrogants (1 Corinthiens 4:6, 18-19 ; 5:2 ; 8:1) et vaniteux (cf. 1 Corinthiens 1:29 ; 3:21 ; 4:7 ; 5:6). En bref, Paul s'adresse aux Corinthiens en leur disant que les caractéristiques de l'amour leur font défaut ! L'éloge de l'amour par Paul est en même temps une gentille réprimande !

Mais, de même que l'amour est notre première priorité, l'amour nous dit quels sont les dons que nous devons rechercher en priorité en vue de l'édification du corps de Christ. Les versets autour de 1 Corinthiens 13 nous rappellent que nous devons tout particulièrement demander à Dieu les « meilleurs » dons pour l'adoration en public, les dons comme la prophétie, ceux qui édifient les autres (1 Corinthiens 12:31 ; 14:1).

8- La vie baptisée par l'Esprit (Marc 1:8-13)

L'évangile de Marc mentionne l'Esprit de Dieu de façon explicite à six reprises seulement. La moitié de ces mentions apparaît dans son introduction (Marc 1:8-13), là où il introduit plusieurs de ces thèmes centraux pour ses auditeurs. Ailleurs, il l'utilise pour insister sur l'œuvre de l'Esprit qui remplit de puissance : Christ en vue d'un exorcisme (Marc 3:29-30), les prophètes de l'Ancien Testament pour annoncer le message de Dieu (Marc 12:26) ou les témoins de Jésus pour proclamer son message (Marc 13:11).

Dans l'introduction, Jean-Baptiste annonce celui qui est puissant et qui baptisera les autres du Saint-Esprit (Marc 1:8). Celui qui baptise de l'Esprit est Jésus de Nazareth. Immédiatement après cette annonce, Jésus est baptisé et l'Esprit vient sur lui (1:9-10). Celui qui baptise de l'Esprit nous montre ce que doit être une vie baptisée de l'Esprit, car il a lui-même reçu l'Esprit. C'est pourquoi ce que fait l'Esprit ensuite semble encore plus merveilleux : l'Esprit envoie Jésus dans le désert où il devra affronter le diable (Marc 1:12-13). Une vie remplie de l'Esprit n'est pas une vie de facilité et de confort, mais une vie en conflit avec les forces du diable !

Le reste de l'évangile de Marc continue dans cette même lancée. Peu après être revenu du désert, Jésus doit affronter un mauvais esprit lors d'un événement religieux (Marc 1:21-27). À travers le reste de l'évangile, Jésus continue à lutter contre le diable en guérissant les malades et en chassant les démons (cf. Marc 3:27) ; le diable, lui, continue à affronter Jésus par le biais de ses agents religieux et politiques. À la fin, le diable réussit à faire tuer Jésus, mais Jésus triomphe en ressuscitant des morts.

De même, Jésus s'attend à ce que ses disciples guérissent les malades et chassent les démons (Marc 3:14-15 ; 4:40 ; 6:13 ; 9:19, 28-29 ; 11:22-24), et à ce que ces derniers aient part à sa souffrance (Marc 8:34-38 ; 10:29-31, 38-40 ; 13:9-13). Ses disciples étaient davantage prêts à partager ses triomphes que ses souffrances, mais l'évangile de Marc insiste pour dire que nous ne pouvons pas partager sa gloire sans aussi partager ses souffrances. Cette leçon est autant d'actualité pour les disciples modernes que pour ceux de l'époque ancienne !

9 - Comment faire des disciples (Matthieu 28:18-20)

Le contexte immédiat de Matthieu 28:18-20 nous montre comment témoigner (Matthieu 28:1-10) et ne pas témoigner (Matthieu 28:11-15) pour Christ. Mais le contexte intégral de l'évangile de Matthieu nous en dit encore plus sur la façon dont nous devrions lire ce passage, non seulement parce qu'il s'agit de la conclusion de l'évangile mais aussi parce qu'avant d'en arriver à ce passage, les lecteurs ont lu le reste de cet évangile.

Le commandement de « faire des disciples » de toutes les nations est entouré de trois clauses en grec qui indiquent comment faire des nations des disciples : en « allant », en « baptisant » et en « enseignant ». Jésus avait parlé « d'aller » lorsqu'il avait envoyé ses disciples à l'intérieur même de la Galilée (Matthieu 10:7), mais ici les disciples doivent aller vers d'autres cultures et d'autres peuples parce qu'ils feront des « nations » des disciples.

Faire des « nations » des disciples correspond au thème développé tout au long de cet évangile. Les quatre femmes mentionnées parmi les ancêtres de Jésus (Matthieu 1:2-17) sont de descendance païenne : Thamar la cananéenne, Rahab de Jéricho, Ruth la moabite et la « veuve d'Urie », le Hittite (Matthieu 1:3, 5-6). Les généalogies juives de l'Antiquité insistent généralement sur la pureté de la lignée israélite de la personne, mais cette généalogie souligne délibérément l'héritage interracial du Messie qui va sauver aussi bien les païens que les Juifs.

Alors qu'une grande partie de son peuple l'a ignoré ou persécuté, des astrologues païens sont venus de l'Orient pour l'adorer (Matthieu 2:1-12). Dieu et son fils allaient susciter des enfants à Abraham à partir des pierres (Matthieu 3:9), travailler dans la « Galilée des Gentils » (Matthieu 4:15), bénir la foi d'un officier militaire romain (Matthieu 8:5-13), délivrer les démoniaques dans le territoire des Gadaréniens (Matthieu 8:28-34), comparer les villes israéliennes à Sodome (Matthieu 10:15 ; 11:23-24), récompenser la foi persistante d'une femme cananéenne (Matthieu 15:21-28), permettre que la première confession apostolique de la divinité de Christ ait lieu dans une territoire païen (Matthieu 16:13), promettre que toutes les nations entendront l'Évangile (Matthieu 24:14) et permettre qu'une escouade romaine d'exécution soit la première à confesser la divinité de Jésus après l'épisode de la croix (Matthieu 27:54). Matthieu a probablement écrit pour encourager ses frères chrétiens juifs à évangéliser les païens afin que l'Évangile se termine par ce commandement.

« Baptiser » renvoie à la mission de Jean-Baptiste qui baptisait les gens en vue de la repentance (Matthieu 3:1-2, 6, 11). Dans la culture juive, le baptême représentait un acte de conversion. De même qu'« aller » peut représenter un ministère interculturel, nous pouvons décrire le commandement de Jésus de « baptiser » comme une activité d'évangélisation. Mais l'évangélisation ne suffit pas pour faire de vrais disciples ; nous avons aussi besoin de l'éducation chrétienne. Leur « enseigner » tout ce que Jésus nous a commandé est facilité par le fait que Matthieu nous a convenablement fourni les enseignements de Jésus dans cinq discours importants : les enseignements de Jésus sur l'éthique du royaume (les chapitres 5 à 7) ; la proclamation du royaume (chapitre 10) ; les paraboles au sujet de l'état actuel du royaume (chapitre 13) ; les relations dans le royaume (chapitre 18) ; l'avenir du royaume et le jugement de la classe religieuse (les chapitres 23 à 25).

Mais, dans l'évangile de Matthieu, on ne fait pas des disciples comme la plupart des enseignants juifs de son époque en faisaient. On fait des disciples non pour nous-mêmes mais pour notre Seigneur Jésus-Christ (Matthieu 23:8). Ce dernier paragraphe de l'évangile de Matthieu conclut parfaitement divers thèmes sur l'identité de Jésus dont il est question dans cet évangile. Jean (Matthieu 3:2), Jésus (Matthieu 4:17) et ses disciples (Matthieu 10:7) ont annoncé le royaume de Dieu. Maintenant Jésus règne avec toute autorité sur toute la création (Matthieu 28:18). En outre, nous baptisons non seulement dans le nom de Dieu et de son Esprit, mais aussi dans le nom de Jésus (Matthieu 28:19), élevant Jésus au rang de Dieu à côté du Père et de l'Esprit. Pour terminer, Jésus promet d'être avec nous tous les jours alors que nous prêchons le royaume de Dieu jusqu'à la fin du monde (Matthieu 28:20) ; cela nous rappelle les premières promesses contenues dans l'Évangile. Jésus lui-même est « Emmanuel », c'est-à-dire « Dieu avec nous » (Matthieu 1:23), et là où deux ou trois sont assemblés en son nom, il est avec eux (Matthieu 18:20). Aux oreilles de n'importe quel lecteur juif, ces déclarations sous-entendaient que Jésus était Dieu.

Est-ce que la promesse selon laquelle Jésus sera avec nous « jusqu'à la fin du monde » (Matthieu 28:20) implique qu'une fois la fin du monde arrivée il ne sera plus avec nous ? Une telle idée passerait complètement à côté de la pensée du texte. Jésus promet d'être avec nous dans l'exécution de sa mission (Matthieu 28:19) ; ceci doit être accompli avant la fin du monde (24:14) afin que les nations soient jugées selon la façon dont elles auront répondu à ce message (Matthieu 25:31-32). Considérer ce passage dans le contexte de l'évangile de Matthieu nous donne plusieurs sujets de prédication sans même avoir à puiser ailleurs.

10 - Fidélité jusqu'à la mort (Jean 13:34-35)

Lorsque Jésus nous demande de nous aimer les uns les autres comme il nous a aimés, pourquoi appelle-t-il cela un commandement « nouveau » (Jean 13:34) ? Dieu n'a-t-il pas ordonné à tous les chrétiens de s'aimer, même dans l'Ancien Testament (Lévitique 19:18) ? Ce qui fait de ce commandement un nouveau commandement c'est le nouvel exemple donné par le Seigneur Jésus.

Le contexte immédiat rend cet exemple plus clair. Jésus prend le rôle d'un humble serviteur lorsqu'il lave les pieds de ses disciples (Jean 13:1-11). Il appelle aussi ses disciples à imiter ce qu'il fait (Jean 13:12-17). Dans le même contexte, nous comprenons à quel point il est devenu serviteur pour nous lorsque l'on voit à quel point il allait souffrir. On constate que Jésus et le narrateur continuent de parler de la trahison imminente dont Jésus allait être victime (Jean 13:33). Jésus explique qu'il est en train d'être « glorifié » (Jean 13:31-32), c'est-à-dire tué (Jean 12:23-24) ; il va bientôt quitter les disciples (Jean 13:33), et Pierre n'est pas encore spirituellement prêt à suivre Jésus et à souffrir le martyre (Jean 13:36-38). C'est à cela que renvoie le fait de devoir s'aimer les uns les autres « comme » Jésus nous a aimés. Nous sommes appelés à sacrifier nos vies les uns pour les autres !

Le reste de l'évangile de Jean illustre de façon plus exhaustive l'exemple d'amour et de service de Jésus, exemple avec pour point culminant la croix.

11 - La punition de Juda (Genèse 38)

Dans ses attaques contre le christianisme, Ahmed Deedat, auteur sud-africain, se plaint que la Bible est remplie de pornographie et que Genèse 38, l'histoire de Juda et de Tamar, est « une histoire immonde et sale ». La Bible a-t-elle inclus cette histoire dans le simple but de satisfaire les vils intérêts des lecteurs impies ? Ou alors Deedat et les autres sont-ils passés à côté du but de l'histoire ?

Après avoir résumé brièvement l'histoire, nous en tirerons une leçon morale. Juda avait trois fils : Er (Genèse 38:3), Onan (Genèse 38:4) et Schéla (Genèse 38:5). Lorsque Dieu a tué Er pour avoir mal agi (38:7), son jeune frère Onan a automatiquement hérité la responsabilité d'engendrer une progéniture au nom de son frère. Les cultures au sein desquelles la femme ne peut pas travailler pour gagner sa vie pratiquent l'héritage des veuves, c'est-à-dire que le frère du défunt prend en charge la veuve de ce dernier. Cependant, au sein des cultures environnantes, le frère devait simplement concevoir un enfant avec la veuve afin qu'elle ait un fils qui recevrait la part de l'héritage de son premier mari. Ce fils devait, en outre, prendre soin d'elle dans sa vieillesse.

Mais Onan, au lieu de donner une progéniture à son frère défunt, versait son sperme à terre. Alors Dieu le fit mourir (Genèse 38:9-10) de même qu'il avait fait mourir son frère avant lui. Pourquoi Onan se souillait-il à terre ? En quoi son comportement était-il coupable ? Le premier-né (dans ce cas, Er) recevait normalement une double portion de l'héritage de la famille par rapport à ses frères. Si Onan engendrait un fils pour son frère défunt, ce fils devait être considéré comme le fils de son frère et devait recevoir la moitié de l'héritage, laissant seulement un quart pour Onan et un quart pour Schéla. Mais si Tamar ne pouvait pas concevoir, Onan recevrait deux tiers de l'héritage et Schéla un tiers. Onan était cupide ; il se souciait davantage de la grosse part de l'héritage que de l'honneur dû à son frère défunt. Il ne se souciait pas non plus de pourvoir aux besoins de sa belle-sœur, Tamar. Dieu a défendu l'honneur de Tamar parce qu'il se préoccupait d'elle. Le texte biblique nous enseigne la justice.

Mais l'histoire continue. Craignant pour la vie de ses fils, Juda refuse que son dernier fils, Schéla, épouse Tamar. Dans certaines cultures environnantes (bien que jamais dans la loi récente d'Israël), si un frère ne pouvait donner de progéniture, un père pouvait être accepté. Alors, Tamar prend les choses en mains. Elle se déguise en prostituée, sachant quel genre d'homme est son beau-père. Ensuite, elle couche avec lui et tombe enceinte. Elle garde son cachet en forme de bague afin de prouver plus tard qu'il est le père (Genèse 38:18).

Lorsque Juda apprend que Tamar est enceinte, il ordonne qu'on l'exécute. Ceci montre qu'il y a bien deux poids deux mesures : l'idée que l'homme puisse avoir des rapports sexuels avec qui il veut (comme Juda a couché avec celle qu'il croyait être une prostituée), mais pas une femme. Pour Dieu, il n'y a pas deux poids deux mesures ; le péché est aussi mauvais pour l'homme qu'il l'est pour la femme. Tamar lui envoie le cachet, obligeant Juda à la relâcher et à admettre qu'elle « est moins coupable que moi » (Genèse 38:26). Voici la morale de l'histoire : Juda était immoral et il avait élevé deux fils immoraux, et maintenant il était pris sur le fait. En dénonçant sa culture, l'auteur argumente contre le péché. Il ne s'agit nullement d'une « histoire sale » !

Mais le contexte du livre nous révèle encore autre chose. Le chapitre précédent parle de Juda qui prend la décision de vendre son frère Joseph comme esclave. Dans le chapitre 38, le péché de Juda le rattrape et il en souffre : il a vendu le fils de son père en esclavage, maintenant il perd deux de ses fils. Le chapitre 39 nous montre que Joseph résiste aux avances sexuelles de la femme de Potiphar malgré la peine qu'il encourt en faisant cela. Pour Joseph, il n'y a pas non plus deux poids deux mesures ; il vit dans la sainteté, quel qu'en soit le prix. Et quelques chapitres plus tard, Dieu récompense Joseph pour son obéissance ; il devient le vizir de Pharaon et en même temps la personne grâce à laquelle Dieu peut sauver les frères qui l'ont vendu en esclavage. Lorsque Joseph est élevé à une place d'autorité, Pharaon lui donne son cachet en forme de bague (Genèse 41:42), nous invitant à nous souvenir de Juda qui a donné le sien à celle qu'il croyait être une prostituée (Genèse 38:11). Voici la morale de cette histoire : ceux qui mènent une vie coupable peuvent prospérer pendant un temps, mais éventuellement ils finiront par souffrir. Par contraste, ceux qui restent fidèles à Dieu peuvent d'abord souffrir mais, à la fin, ils seront bénis.

Ce n'est cependant pas la fin de l'histoire. Bien que Juda ait été le premier à vendre son demi-frère, Joseph, en esclavage, Juda tire une leçon de ses erreurs. Plus tard, il assume la responsabilité de Benjamin devant son père Jacob (Genèse 43:8-9) et, par amour pour son père, il assume également sa responsabilité devant Joseph (Genèse 44:16-34). Juda est prêt à devenir lui-même esclave pour empêcher Benjamin de le devenir. Cet acte de Juda convainc Joseph que ses frères ont changé. Ce qui ressort finalement de cette histoire c'est le fruit du pardon, de la réconciliation et de la fidélité de Dieu qui orchestre les événements de manière à ce que quelque chose de positif puisse en ressortir. Ahmed Deedat n'avait pas lu assez loin pour comprendre l'histoire !

12 - Des fleuves d'eau vive (Jean 7:37-38)

La promesse de Jésus de faire couler des fleuves d'eau vive dans Jean 7:37-38, se référant à la venue du Saint Esprit (Jean 7:39), est pour le moins sensationnelle, notamment si l'on retrace, à travers l'évangile de Jean, le contraste qui existe entre la véritable eau de l'Esprit et les utilisations purement rituelles de l'eau par les contemporains de Jésus.

Le baptême d'eau de Jean était bon, mais le baptême de l'Esprit de Jésus était meilleur (Jean 1:26, 33). Le strict rituel juif exigeait qu'à Cana les vases d'eau soient uniquement utilisés pour l'eau rituelle de purification. Mais lorsque Jésus a changé l'eau en vin, il a montré que l'honneur de son ami était plus important pour lui que les rituels et la tradition (Jean 2:6). Une femme samaritaine abandonne son vase qu'elle utilise pour puiser l'eau du puits ancestral sacré lorsqu'elle se rend compte que Jésus offre la nouvelle eau qui donne la vie éternelle (Jean 4:13-14). Jésus guérit un homme malade (Jean 5:8-9) qui, jusqu'à présent, n'avait pu se faire guérir par l'eau qui devait lui apporter la guérison (Jean 5:7). Un aveugle est, dans un certain sens, guéri par l'eau lorsque Jésus lui dit d'aller « se laver » au réservoir de Siloé (Jean 9:7).

La fonction de cette eau est suggérée de façon plus exhaustive dans Jean 3:5. Ici, Jésus explique que Nicodème ne peut pas comprendre le royaume de Dieu sans naître « d'en haut » (Jean 3:3, traduction littérale), c'est-à-dire de Dieu. Certains enseignants juifs parlent des païens qui « renaissaient » lorsqu'ils se convertissaient au judaïsme. Mais Nicodème ne se considère pas comme un païen, alors il présume que Jésus parle de rentrer à nouveau dans le sein de sa mère (Jean 3:4). Jésus explique donc ce qu'il entend par *naître de nouveau*. Les Juifs croyaient que les païens se convertissaient au judaïsme par le biais de la circoncision et du baptême. Jésus explique à Nicodème qu'il doit renaître « d'eau », c'est-à-dire que Nicodème doit venir à Dieu sur les mêmes bases que les païens.

Mais si, dans ce passage, Jésus donne à l'« eau » la signification qu'il lui donne dans Jean 7:37-38, peut-être considère-t-il l'eau comme un symbole de l'Esprit. Dans ce cas, il dit : « tu dois naître d'eau, c'est-à-dire d'Esprit » (le texte grec peut aussi être interprété de cette façon-là). S'il en est ainsi, Jésus utilise peut-être le baptême de la conversion juive simplement pour symboliser le baptême dans l'Esprit qu'il apporte à ceux qui se confient en lui. L'eau peut aussi être le symbole du sacrifice que Jésus offre en tant que serviteur auprès de ses disciples (Jean 13:5).

À quoi Jésus fait-il donc allusion lorsqu'il parle des fleuves d'eau vive dans Jean 7:37-38 ? Même si plus tard nous nous pencherons plus longuement sur l'arrière-plan et les traditions, nous devons nous référer au moins brièvement ici pour saisir la signification totale du passage.

D'abord, dans la plupart des traductions courantes, une note de bas de page vient ponctuer le passage de Jean 7:37-38 d'une autre interprétation possible (les premiers textes grecs n'avaient pas de ponctuation, et les premiers pères de l'église étaient divisés sur la bonne interprétation à utiliser). Dans cette autre façon de lire les versets, nous ne savons pas exactement si l'eau coule du croyant ou de Christ. Il se peut fort bien que Christ puisse être la source d'eau dans ces versets puisque les croyants reçoivent l'eau au lieu de la donner (Jean 7:39) et qu'ils ont ailleurs un « puits » au lieu d'un « fleuve » (Jean 4:14). (Ceci ne nie pas la possibilité que les croyants puissent expérimenter de profondes visitations de la puissance de l'Esprit après leur conversion.)

La tradition juive suggère que le dernier jour de la fête des Tabernacles, les sacrificateurs lisent Zacharie 14 et Ézéchiel 47, qui parlent des fleuves d'eau vive qui coulent du temple à la fin des temps. Le dernier jour de cette fête, Jésus prend à présent la parole (Jean 7:2, 37), faisant probablement allusion aux mêmes textes de l'Écriture à partir desquels il avait lu précédemment (« comme dit l'Écriture », Jean 7:38). Les Juifs pensaient que le temple était le « nombril » ou le « ventre » de la terre. Donc Jésus déclare probablement ceci : « Je suis la pierre de fondation du nouveau temple de Dieu. L'eau du fleuve de la vie coule à partir de moi, que celui qui veut vienne et boive librement ! »

Normalement, comme nous le verrons plus bas, les récits bibliques ne se prêtent à aucun symbolisme, mais la fin de l'évangile de Jean peut constituer une exception, un symbole que Dieu a donné à ceux qui avaient assisté à la crucifixion. L'évangile de Jean utilise un peu plus de symbolisme que ne le font normalement les récits. Lorsqu'un soldat a percé le côté de Jésus, l'eau et le sang ont coulé (Jean 19:34). Littéralement, une lance qui s'enfonce près du cœur peut faire jaillir en même temps un liquide aqueux mêlé de sang. Mais Jean est le seul auteur, parmi les auteurs des quatre évangiles, à insister sur l'eau. Il le mentionne probablement pour faire ressortir ce point : une fois que Jésus a été élevé sur la croix et glorifié (Jean 7:39), la nouvelle vie de l'Esprit a été mise à la disposition de son peuple. Venons et buvons librement.

13 - Le caractère de Moïse (Exode 6:10-30)

Pour la plupart d'entre nous, nous ne prêchons pas à partir de généalogies. Ce n'est pas à cela qu'elles servent de toute façon. Mais on peut se demander pourquoi, dans Exode 6:14-25, Dieu a soudainement interrompu l'histoire de Moïse par une généalogie. Dieu ordonne à Moïse d'aller dire à Pharaon de laisser partir son peuple, mais Moïse proteste que son propre peuple ne l'a pas soutenu, alors comment Pharaon l'écouterait-il (Exode 6:10-13) ? Après la généalogie, le récit réitère le même message :

Dieu ordonne à Moïse de faire face à Pharaon, et Moïse proteste que Pharaon ne l'écoutera pas.

Pourquoi le récit est-il interrompu par une généalogie ? La généalogie elle-même cite les trois tribus les plus anciennes que les sages, qui se rappelaient l'histoire, devaient avoir cité avant d'en arriver à la tribu de Moïse. Mais le fait que la généalogie apparaisse à ce stade du récit peut indiquer bien plus que cela. La liste nous rappelle que Moïse descendait de Lévi et qu'il était apparenté à Ruben et à Siméon. Ruben est celui qui avait couché avec la concubine de son père ; Siméon et Lévi avaient massacré tous les hommes à Sichem. En plaçant la généalogie à cet endroit, Exode veut commenter sur la raison pour laquelle Moïse était si mal à l'aise à l'idée de faire face à Pharaon. S'il était le descendant d'individus tels que Lévi, Ruben et Siméon, est-il étonnant que Moïse agisse de la sorte ?

À l'exception de Jésus, toutes les personnes que Dieu a choisies dans la Bible étaient des personnes « faibles », des personnes qui ne pensaient pas « mériter » d'être appelées. Dieu a choisi des individus brisés afin que leurs triomphes soient une occasion de gloire pour lui et non pour eux-mêmes.

14 - La tromperie de Rébecca (Genèse 27:5-10)

Pour certains lecteurs, Isaac et Rébecca ont chacun de leur côté préféré un de leurs fils (respectivement Ésaü et Jacob, Genèse 27:1-10), et sont donc tous deux en faute. Mais dans le contexte du livre de la Genèse, les motivations des deux parents sont tout à fait différentes. Isaac favorise le fils aîné (Genèse 25:25 ; 27:4), mais l'ensemble de la lignée patriarcale suggère que Dieu ne choisit pas toujours le fils aîné (Genèse 21:21 ; 49:3-4), et le favoritisme paternel engendre des problèmes (Genèse 37:4). Jacob finit par s'en rendre compte dans son vieil âge (Genèse 48:14-20).

Quelles sont les motivations de Rébecca ? L'indice le plus clair que le texte fournit se trouve dans Genèse 25:22-23 ; elle a recherché la présence de Dieu et Dieu lui a dit que le plus jeune fils dominerait sur l'aîné. Contrairement à Isaac, Rébecca agit sur la base d'une parole divine. En outre, Ésaü avait épousé des femmes païennes, et il avait vendu son droit d'aînesse, n'ayant apparemment aucun sens des responsabilités associées à l'appel que Dieu avait lancé à sa famille, à savoir qu'elle serait une bénédiction pour la terre entière (Genèse 25:31-34 ; 26:34-35). Dans une culture où la volonté du mari passait avant toute autre considération, voyant que son mari Isaac était aveugle au choix de Dieu, Rébecca a suivi la voie qui lui semblait bonne afin de garantir l'accomplissement de la promesse de Dieu.

Le livre de la Genèse est rempli de récits qui soulignent le miracle de la bénédiction et de l'existence d'Israël : trois matriarches stériles (Genèse 18:11 ; 25:21 ; 30:22), enlèvement royal ou menace des matriarches (Genèse 12:13 ; 20:2 ; Isaac répète l'exemple de son père, 26:7), et ainsi de suite. Ailleurs dans Genèse quelqu'un d'autre qu'un patriarche fait un choix, laissant néanmoins la bonne terre au patriarche (Genèse 13:9-13 ; 36:6-8). Dans le contexte des thèmes au cœur du livre, il est logique de croire que Dieu a agi à travers la tromperie de Rébecca, comme il l'a fait à travers d'autres moyens pour protéger la lignée qu'il s'était choisie.

Ceci n'est pas pour dire que la tromperie était le moyen préféré pour accomplir la volonté de Dieu, bien que parfois Dieu bénisse la tromperie lorsqu'elle sert à sauver une vie humaine des oppresseurs injustes (Exode 1:18-21 ; Josué 2:5-6 ; 1 Samuel 16:1-3 ; 2 Samuel 17:19-20 ; 2 Rois 8:10 ; Jérémie 38:24-27). De même que Jacob a obtenu le droit d'aînesse qui appartenait à son frère par la ruse, il est, lui aussi, trompé dans l'affaire des deux sœurs. Lorsque Isaac demande à Jacob quel est son nom, il ment pour obtenir la bénédiction (Genèse 27:18-19). En conséquence, il s'expose à la colère meurtrière de son frère (Genèse 27:41). Sa mère le fait fuir, promettant de le faire revenir lorsqu'il serait hors de danger (Genèse 27:45), mais elle meurt entre temps et ne peut donc pas le faire revenir. Alors, lorsque Jacob revient dans sa terre natale, il s'attend à ce qu'Ésaü en veuille toujours à sa vie (Genèse 32:11). Lorsqu'il lutte toute la nuit avec le Seigneur (ou son agent), il est confronté à son passé. Cette fois-ci, avant d'être béni, on lui demande son nom et il doit dire la vérité (Genèse 32:26-27 ; il reçoit alors un nouveau nom, Genèse 32:28) ; ceci contraste avec la fois où il avait cherché la bénédiction de son père (Genèse 27:18-19). Mais Dieu était avec Jacob malgré lui. Il rencontre un ange alors qui fait route vers sa terre natale (Genèse 28:12), et il en rencontre un autre alors qu'il en revient (Genèse 32:2).

Dans cette histoire, bien qu'Isaac ait survécu à Rébecca, c'est bien elle qui a su voir les objectifs de Dieu pour leurs descendants.

15 - Tirer au sort (Actes 1:26)

Certains interprètes suggèrent aujourd'hui que les apôtres ont fait une erreur en tirant au sort pour choisir un douzième apôtre. Cependant le contexte immédiat suggère quelque chose de positif ; les croyants étaient unis dans la prière (Actes 1:12-13 ; 2:1) et, à présent, Pierre les exhortait à remplacer l'apôtre perdu (Actes 1:15-26). L'auteur du livre des Actes, Luc, pouvait-il passer tant de temps à décrire une pratique avec laquelle il était en désaccord et ensuite ne pas apporter un mot de correction ?

Le contexte du livre des Actes nous invite à lire l'évangile de Luc et le livre des Actes ensemble car ils constituent deux volumes d'une même œuvre (Actes 1:1-2 ; cf. Luc 1:1-4). Lorsque nous les lisons ensemble, nous voyons que l'évangile de Luc commence également par un tirage au sort : dans ce cas, il s'agissait de choisir le sacrificateur qui devait servir dans le temple (Luc 1:9). Ici, Dieu guide le tirage puisque c'est Zacharie qui est choisi ; par conséquent, il reçoit une promesse divine destinée particulièrement à lui et à sa femme, Élizabeth, la promesse d'un fils : Jean-Baptiste (Luc 1:13). Si Dieu a conduit le tirage au début de l'histoire du volume un, pourquoi ne le ferait-il pas au début de l'histoire du volume deux (après avoir répété l'ascension) ? Le contexte est là pour nous aider : si Dieu a guidé le tirage à travers l'Ancien Testament, y compris lors du choix des ministères lévitiques, pourquoi douterions-nous qu'il ait utilisé cette méthode dans Actes, en avant-première de la direction spéciale de l'Esprit inaugurée lors de la Pentecôte (Actes 2:17) ?

16 - Quelques observations finales sur la « théologie biblique »

De nos jours, nous commençons parfois par des hypothèses doctrinales spécifiques et nous les appliquons à la Bible. Le danger avec cette méthode est qu'elle nous empêche d'apprendre quelque chose de nouveau. Si nous ne lisons la Bible que comme un manuel de ce que nous croyons déjà, nous avons toutes les chances de manquer ce qu'elle veut nous enseigner et comment elle veut nous corriger. Il est donc important de connaître les perspectives de la Bible telles qu'elles ont été écrites.

Si nous affirmons que la Bible est juste et qu'elle ne se contredit pas, nous reconnaissons alors que certains livres de la Bible insistent plus que d'autres sur certains thèmes. Par exemple, le livre de l'Apocalypse insiste plus sur la seconde venue de

LE CONTEXTE DU LIVRE TOUT ENTIER

Jésus-Christ que l'évangile de Jean. Dans l'évangile de Jean, l'auteur insiste davantage sur le fait que la vie éternelle est disponible dans le présent. De même, lorsque Paul écrit aux Corinthiens au sujet du parler en langues, il dit qu'il doit être utilisé dans la prière. Mais lorsque Luc décrit les langues dans Actes, elles fonctionnent comme une démonstration que Dieu est au-dessus de toutes les barrières linguistiques ; ceci s'inscrit dans le thème de Luc selon lequel l'Esprit confère au peuple de Dieu la puissance d'aller au delà des barrières culturelles. Différents auteurs et livres accentuent souvent différentes choses ; ces différences ne se contredisent pas, mais nous devons les étudier respectivement en fonction de leurs propres termes avant d'essayer de les mettre ensemble.

Ce principe est important lorsque l'on parle du contexte d'un livre (ou parfois dans le contexte de l'ensemble de l'œuvre d'un auteur). Lorsqu'un passage spécifique nous semble obscur et que nous ne savons pas ce que l'auteur voulait dire, il est utile de regarder le reste du livre pour voir ce sur quoi l'auteur insiste. Par exemple, parce que l'évangile de Jean insiste si souvent sur le fait que les espoirs futurs comme « la vie éternelle » sont des réalités présentes (Jean 3:16, 36 ; 5:24-25 ; 11:24-26), cela nous montre comment aborder Jean 14:2-3. En même temps, nous ne devons jamais oublier que chaque livre du Nouveau Testament fait aussi partie d'un contexte plus large des enseignements du christianisme apostolique qui possèdent certaines caractéristiques communes. Ainsi, quoique l'évangile de Jean accentue la présence du futur, il ne minimise en aucun cas le retour futur de Jésus (Jean 5:28-29 ; 6:39-40).

Les principes de l'interprétation d'un livre tout entier

Avant de clore ce chapitre, résumons certains principes de l'interprétation d'un livre tout entier. La plus grande partie du chapitre a illustré ces principes.

- Nous ne devons pas trop insister sur les détails du début au point de rater le message global que le livre de la Bible cherche à nous communiquer. (On peut toujours travailler plus tard sur les détails.)
- Nous devons rechercher les thèmes développés tout au long d'un livre particulier de la Bible.
- Nous devons tenir compte du flux d'arguments de chaque livre de la Bible, lorsque cela est pertinent.
- Il est souvent utile de retracer divers thèmes là où ils apparaissent dans un livre de la Bible, prenant des notes ou soulignant le flux d'arguments.

CHAPITRE

4

D'AUTRES PRINCIPES DE CONTEXTE

Nous allons examiner brièvement d'autres principes de contexte : le contexte de l'auteur, les méthodes anti-contexte à éviter et l'importance de faire un plan sommaire de l'Écriture pour pouvoir saisir le flux de pensée.

Le contexte de l'auteur

Dans certains cas, nous disposons d'une aide supplémentaire dans la compréhension d'un passage ou d'une déclaration de la Bible parce que nous pouvons regarder au style de l'auteur. Paul dit que Dieu a inspiré les saintes Écritures par des hommes (Romains 1:2), ce qui suggère que la pensée de l'auteur correspond à celle de Dieu. Il est donc important de comprendre la pensée de l'auteur. Comprendre l'inspiration c'est reconnaître que Dieu a inspiré des auteurs différents dans leurs styles fondamentaux. Jérémie, Ésaïe et Ézéchiel ont tous entendu le message de Dieu, mais chacun avait un style d'écriture très différent. Dieu a même donné à Ézéchiel un surnom particulier, « fils de l'homme ».

Il arrive parfois que le style de l'auteur soit pertinent à l'intérieur du livre. Par exemple, lorsqu'aujourd'hui certaines personnes déclarent que la « vie abondante » dont il est question dans Jean 10:10 fait référence à la prospérité matérielle, nous devons remarquer que ce n'est pas ce que veut dire Jean par « vie » dans d'autres textes (Jean 1:4 ; 3:15-16, 36 ; 4:14, 35 ; 5:24, 26, 29, 39-40 ; 6:27 ; etc.). Si ces références ne suffisent pas, on peut aussi étudier la façon dont le mot « vie » est utilisé, par le même auteur, dans 1 Jean (1:1-2 ; 2:25 ; 3:14-15 ; 5:11-13, 16, 20). Certains disent que Jésus guérissait tout le monde en s'appuyant sur Matthieu 4:23. Mais est-ce que « tout » renvoie à chaque habitant de la région ? Matthieu dit aussi qu'ils lui ont apporté tous les malades qui se trouvaient dans la province de Syrie (qui comprenait la Galilée et la Judée). Si l'on prend ce texte au sens littéral, alors cela veut dire que plus personne n'était malade dans la région (ce qui est contraire aux propos du livre des Actes et du reste de l'évangile de Matthieu). Jésus n'a pas guéri tous les malades qui se trouvaient près de lui (Matthieu 13:58), bien que cela ait pu être le cas et que le texte indique que Jésus avait l'habitude de guérir les gens.

Lorsque nous lisons Ésaïe et les Psaumes, « le salut » a un sens plus large que celui dont il est question dans le Nouveau Testament, et nous devons respecter le contexte d'Ésaïe et l'utilisation du psalmiste, et ne pas mêler ces textes à d'autres.

D'AUTRES PRINCIPES DE CONTEXTE

Je voudrais utiliser deux exemples à partir des écrits de Paul. Quoi qu'il en soit, nous ne voulons pas traiter d'une doctrine particulière, car souvent une doctrine peut être fondée sur d'autres textes. Mais il est utile de prendre des exemples qui vont souligner ce point. Par exemple, certains disent que l'Église ne passera pas par la grande tribulation à la fin des temps parce que Paul déclare que nous n'expérimenterons pas la « colère » de Dieu (1 Thessaloniciens 1:10 ; 5:9). Cependant, il s'agit là d'un argument contestable. Il arrive que Paul parle de la « colère » de Dieu dans la génération présente (Romains 1:18) mais, d'habitude, lorsqu'il utilise le terme, il parle d'une colère à venir au jour du jugement de Dieu (Romains 2:5, 8 ; 5:9 ; 9:22). Certains interprètes renvoient à l'utilisation de la « colère » dans l'Apocalypse, mais le livre de l'Apocalypse n'avait pas encore été écrit, donc Paul ne pouvait simplement pas demander aux Thessaloniciens de se tourner vers l'Apocalypse pour se faire une idée de ce qu'il voulait dire par le terme « colère ». (Toutefois, dans l'Apocalypse, le mot grec pour « colère » se réfère toujours au jugement qui vient à la fin de la tribulation. Le mot qui parfois, pas toujours, se réfère à la tribulation pour parler de la colère est différent !)

Mon deuxième exemple à partir des écrits de Paul est celui de la trompette mentionnée dans 1 Thessaloniciens 4:16 et 1 Corinthiens 15:52. Le deuxième texte l'appelle la « dernière trompette », alors certains interprètes veulent l'associer à la septième trompette du livre de l'Apocalypse. Là encore, les premiers auditeurs de Paul n'avaient pas accès à un livre qui n'avait pas encore été écrit. Ils ne pouvaient pas se référer à l'Apocalypse pour comprendre ce que Paul voulait dire par trompette. Ils ne pouvaient même pas passer de 1 Thessaloniciens à 1 Corinthiens puisque la plupart des premiers auditeurs de Thessalonique n'avaient pas de copie de la première épître aux Corinthiens. Paul avait probablement fait part des enseignements de Jésus aux premiers chrétiens, et ces derniers avaient peut-être entendu parler de la trompette mentionnée plus tard dans Matthieu 24:31. Dans ce sens, nous pouvons utiliser les enseignements de Jésus comme « arrière-plan » pour le message de Paul. Mais passer d'un auteur à l'autre sans tenir compte du contexte, par exemple de Paul à l'Apocalypse, peut souvent aboutir à des résultats inexacts.

La plupart des lettres pauliniennes sont relativement courtes. Par contraste, plusieurs de ses congrégations le connaissaient et étaient familiers avec certains points qu'il avançait. Il est donc utile pour nous d'apprendre à mieux le connaître en nous familiarisant avec ses écrits. Ceci nous aidera à chaque fois que nous aborderons un écrit particulier de Paul.

Les méthodes anti-contexte à éviter

On doit faire attention aux études de mot, et les prédications lexicologiques sont à éviter absolument. Vous ne devez pas prêcher à partir d'un dictionnaire biblique mais plutôt à partir de la Bible ! Ainsi, certains serviteurs de Dieu prêchent sur les différentes « sortes » d'amour dans différents passages : l'amour agapè vs l'amour philéo. Mais la distinction entre ces deux « types » d'amour avait virtuellement disparu durant la période du Nouveau Testament ; ils sont donc souvent utilisés de façon interchangeable !

Il est utile de retracer toutes les utilisations d'un mot particulier dans la Bible pour voir comment celui-ci peut être utilisé. Une telle étude ne doit en aucun cas servir de base à une prédication (à l'exception de certains passages du livre des Proverbes) étant donné que cela reviendrait à prêcher à partir d'une concordance et non à partir d'un texte étudié dans son contexte.

On doit aussi éviter de déterminer la signification des mots en fonction de leur étymologie. C'est-à-dire que l'on ne peut pas diviser un mot par ses parties constituantes et toujours arriver à la même signification et, généralement parlant, on ne peut déterminer la signification d'un mot par la façon dont il était utilisé des siècles auparavant ou par la façon dont il a été créé. Prenons un exemple contemporain : si l'un de mes élèves me qualifie de « professeur sympa », son intention est de me faire un compliment. Mais si j'étudie les mots en fonction de leurs origines, alors il est possible que je me vexe. En français, le mot « sympa » (sympathique, gentil) est un terme amical, mais sa source latine signifie « ignorant » ou « imbécile ». Je peux donc mal interpréter l'intention d'une personne qui m'appelle « sympathique » et penser qu'elle me traite d'« ignorant » ! Nous savons que le français ne fonctionne pas de cette façon-là, et nous ne devons pas nous attendre à ce que les langues anciennes le fassent, elles non plus.

Par exemple, certains prennent le mot grec pour « repentir », matanoieo, et le divisent en deux parties, dont la deuxième partie noieo est associée à la pensée. Par conséquent, ils disent que se « repentir » fait simplement référence à un changement de pensée (ou d'avis). Le problème avec cette interprétation est que la signification des mots est déterminée par leur usage et non par leur origine ! Le Nouveau Testament utilise souvent le terme « repentir » non dans le sens grec de « changement de pensée » mais dans le sens de « se tourner » comme cela est exprimé par les prophètes de l'Ancien Testament : le fait de détourner nos vies du péché pour les tourner vers la justice de Dieu.

Un autre exemple de ce problème apparaît lorsque les interprètes parlent de l'Église en se référant aux « appelés » ; pour cela, ils se basent sur le mot grec traduit par église, *ekklesia*. Nous sommes bien sûr « appelés », mais nous savons cela pour d'autres raisons, et non parce que nous pouvons le déterminer à partir du mot *ekklesia*. . Certains divisent *ekklesia*. en deux mots : ek, qui veut dire « hors de », et *kaleon*, qui signifie « appeler ». Mais *ekklesia*. avait déjà été utilisé par les Grecs pendant des siècles pour parler d'une « assemblée » ou d'un « rassemblement ». Les Juifs qui connaissaient le grec considéraient la congrégation d'Israël dans le désert comme l'*ekklesia* de Dieu.

Le Nouveau Testament ne crée donc pas un mot nouveau en qualifiant les chrétiens d'« appelés ». Il utilise plutôt un terme courant pour parler d'une assemblée. Les premiers chrétiens pensaient surtout à l'assemblée de Dieu dans l'Ancien Testament, son peuple.

Les gens peuvent déformer le grec comme ils peuvent déformer la langue française, le haussa ou toute autre langue. Lorsque les témoins de Jéhovah déclarent que Jean 1:1 appelle Jésus « un Dieu » en raison de l'absence de l'article défini « le » devant « Dieu », ils négligent plusieurs facteurs ; je vais en résumer deux brièvement. D'abord, le terme « Dieu » n'est pas toujours précédé d'un article défini dans l'évangile de Jean. Par exemple, aucun article défini n'est utilisé lorsqu'il est parlé du Dieu qui a envoyé Jean-Baptiste (Jean 1:6), mais les témoins de Jéhovah ne disent jamais qu'il était simplement « un Dieu ». Ensuite, grammaticalement, « Dieu » est un attribut nominatif dans l'expression « Parole de Dieu », et, la plupart du temps, les attributs nominatifs omettent les articles définis. Même sans aller plus loin, on peut voir que l'interprétation des témoins de Jéhovah est basée sur un manque de connaissance du grec.

Certaines personnes traduisent le mot grec *zoé* par « genre de vie de Dieu », mais *zoé* se réfère tout autant à la vie humaine. Il y a des personnes qui interprètent mal la grammaire grecque, déclarant que « la foi de Dieu » renvoie au « genre de foi de Dieu ». Pourquoi pas ? Mais, dans notre contexte, elle fait probablement allusion à la « foi en Dieu ».

Un jour, quelqu'un m'a dit que les chrétiens allaient tous devenir Christ parce que, dans Jude 14, il est dit qu'il viendra avec « ses saintes myriades ». L'erreur de cette personne était simple : « ses saintes myriades » est la façon appropriée de dire, en grec, « des milliers lui appartenant ». Mais cela a suscité une grave erreur doctrinale. Plus souvent qu'on ne le pense (bien qu'il puisse y avoir des exceptions), lorsque quelqu'un donne une interprétation fondée sur le grec ou l'hébreu qui contredit ce qu'on aurait pensé en lisant le reste de la Bible, il peut lire dans le grec ou l'hébreu quelque chose qui n'y est pas. Il est utile d'apprendre l'hébreu ou le grec pour soi, mais si on ne peut pas, il vaut mieux s'en tenir à de bonnes traductions de la Bible.

La méthode anti-contexte la plus courante est pratiquée par des sectes comme les témoins de Jéhovah, mais elle est aussi répandue dans les églises de différentes dénominations. Nous lisons dans le texte biblique ce que nous nous attendons déjà à y trouver à cause de notre doctrine ou à cause de la façon dont une histoire nous a été racontée ! Combien de fois avons-nous lu une histoire biblique et nous sommes-nous rendus compte que l'épisode de l'histoire qui nous avait été conté ne faisait pas partie du passage en question ? Combien de fois avons-nous lu notre doctrine (peut-être même une doctrine correcte soutenue par d'autres textes bibliques) dans un texte ou des textes qui ne traitaient pas vraiment du problème ? Dans de tels cas, les chrétiens de différents groupes ne peuvent plus utiliser la Bible comme une base commune pour rechercher la vérité toute simplement parce que nous sommes tous « sûrs » de nos propres interprétations que nous ne pouvons pas parfois défendre à partir du contexte ! Il est vraiment important de respecter la Bible au point de la laisser parler pour elle-même. Si notre doctrine est absente d'un passage, nous ne devons pas l'y forcer ; elle se trouve probablement dans un autre passage. Si ce n'est pas le cas, nous devons respecter l'autorité biblique et rectifier notre doctrine, si besoin est.

De cette façon, nous cherchons à en savoir plus sur la Bible à chaque fois que nous l'étudions. En même temps, cela ne veut pas dire que nous devrons rejeter tout ce que nous avons déjà appris et commencer à zéro. Nous ajoutons à ce que nous avons déjà appris, et nous modifions certaines interprétations lorsque notre étude du texte nous oriente dans une nouvelle direction. De cette façon, nous pouvons aussi analyser les saintes Écritures avec d'autres chrétiens partageant notre désir d'en savoir plus.

Dresser un plan pour comprendre le flux contextuel

Souligner la structure d'un livre ou d'un passage peut souvent aider une personne à suivre le flux de pensée. Certains textes se divisent facilement en une structure évidente. Par exemple :

1- Éphésiens 5:21—6:9

5:21 (déclaration de thèse) : Se soumettre les uns aux autres dans la crainte de Christ

1. 5:22-23 femmes et maris
2. 6:1-4 enfants et pères
3. 6:5-9 esclaves et propriétaires

2- Matthieu 5:21-48

1. Suffisamment en colère pour tuer (5:21-26)
2. Convoiter les autres sexuellement (5:27-30)
3. L'infidélité par le divorce (5:31-32)
4. L'intégrité vaut mieux que les serments (5:33-37)
5. Ne pas résister (5:38-42)
6. Aimer son ennemi (5:43-47)
7. Conclusion : soyez parfaits comme Dieu (5:48)

3- Matthieu 6:1-18

Déclaration de thèse (6:1) : Exercer la justice pour être vu de Dieu ou vous perdrez votre récompense auprès de lui

1. Faites la charité en secret (6:2-4)
2. Priez dans le secret (6:5-15)
   - les instructions pour la prière (6:5-8)
   - exemples de prière (6:9-13)
   - élaborations sur le pardon (6:14-15)

3.   Jeûner dans le secret (6:16-18)

Matthieu 6:5-13 peut également être divisé de la façon suivante :

   A.   Ne priez pas comme les hypocrites (6:5)
   B.   Priez comme ceci (dans le secret) (6:6)
        A'. Ne priez pas comme les païens (6:7-8)
        B'. Priez comme ceci (la Prière du Seigneur) (6:9-13)

4- Psaume 150

   1.   Où louer le Seigneur (partout) (150:1)

   2.   Pourquoi louer Dieu (ses œuvres et son caractère) (150:2)

   3.   Comment louer Dieu (avec tous les instruments disponibles) (150:3-5)

   4.   Qui doit louer Dieu (tout le monde) (150:6)

5- Psaume 1

   1.   La voie et la bénédiction du juste (1:1-3)
        -   Il ne s'assied pas en compagnie des moqueurs (1:1)
        -   Il médite la loi de Dieu (1:2)
        -   Dieu lui accordera la réussite (1:3)
   2.   La voie et le jugement du méchant (1:4-5)
        -   Le méchant sera jugé (1:4)
        -   Le méchant ne se réjouira pas dans l'assemblée des justes (1:5)

   3.   Résumé

Il convient d'ajouter que les plans ne sont pas tous aussi simples que ceux que nous venons d'énumérer ; certains plans de pensée peuvent être plus compliqués. Par exemple, le plan de Romains 1:18-32 peut être tout simple : Dieu juge le monde parce que le monde préfère les idoles à la vérité (Romains 1:18-23) ; il succombe aux péchés sexuels et à tout genre de péché (Romains 1:28-32). Un plan plus complet pourrait aussi révéler le flux d'idées de Paul de façon plus détaillée :

Romains 1:10

demandant continuellement dans mes prières d'avoir enfin, par sa volonté, le bonheur d'aller vers vous.

(Pourquoi ? la raison pour 1:10)

Romains 1:11

Car je désire vous voir, pour vous communiquer quelque don spirituel, afin que vous soyez affermis...

Romains 1:12, *afin que*

Nous soyons encouragés ensemble au milieu de vous par la foi qui nous est commune, à vous et à moi.

Romains 1:13

Je ne veux pas vous laisser ignorer, frères, que j'ai souvent formé le projet d'aller vous voir (mais j'en ai été empêché jusqu'ici).

[Pourquoi ? *raison* pour le projet de voyage]

afin de

recueillir quelque fruit parmi vous, comme parmi les autres nations.

[nouveau point grammatical qui continue logiquement l'explication de ce qui précède]

Romains 1:14

Je me dois aux Grecs et aux barbares, aux savants et aux ignorants.

[1:14 justifie 1:15]

Romains 1:15 *Ainsi*

J'ai un vif désir de vous annoncer aussi l'Évangile, à vous qui êtes à Rome.

[1:16 justifie aussi 1:15]

Romains 1:16 *car*

Je n'ai point honte de l'Évangile
[1:16b justifie 1:16a]

car

C'est une puissance de Dieu pour le salut de quiconque croit, du Juif premièrement puis du Grec.

[Pourquoi est-ce une puissance salvatrice pour le Juif et le Grec ? 1:17 justifie 1:16b (le Juif et le Grec viennent à Dieu par le moyen de la foi)].

Romains 1:17 *car*

En lui est révélée la justice de Dieu par la foi et pour la foi [la base pour connaître ceci], selon qu'il est écrit : « le juste vivra par la foi ».

[Pourquoi le juste doit-il venir par la foi ? Romains 1:17

se rapporte à la section qui suit (1:18-2:29) et au-delà – tous sont *perdus*].

Romains 1:18 *car*

La colère de Dieu se révèle du ciel contre toute impiété et toute injustice des hommes (les hommes qui retiennent injustement la vérité captive).

[Pourquoi Dieu est-il en colère ? Il est en colère (verset 18) *parce qu'*ils auraient dû se méfier (verset 19)].

Romains 1:19 *parce que*

Ce qu'on peut connaître de Dieu, est manifeste pour eux. [Pourquoi ?]
car

Dieu le leur ayant fait connaître.

comment ?

Romains 1:20 *En effet*

Les perfections invisibles de Dieu, sa puissance éternelle et sa divinité, se voient comme à l'œil, depuis la création du monde, quand on les considère dans ses ouvrages.

[Résultat : la dernière ligne est le résultat de la ligne précédente]

Donc

Ils sont inexcusables.

[Pourquoi ? la base du résultat se trouve dans la dernière ligne de 1:20, réitérant ainsi la raison des premières lignes de 1:20.]

Romains 1:21-23

Puisque, ayant connu Dieu, ils ne l'ont point glorifié comme Dieu, et ne lui ont point rendu grâces ; mais ils se sont égarés dans leurs pensées, et leur cœur sans intelligence a été plongé dans les ténèbres. Se vantant d'être sages, ils sont devenus fous ; et ils ont changé la gloire de Dieu incorruptible en images représentant l'homme corruptible, des oiseaux, des quadrupèdes, et des reptiles.

[1:24 est *la conséquence de* 1:23, le péché sexuel (pervertir l'image de Dieu dans l'humanité) provient de l'idolâtrie (pervertir directement l'image de Dieu).]

Romains 1:24 *C'est pourquoi*

Dieu les a livrés à l'impureté selon les convoitises de leurs cœurs ; en sorte qu'ils déshonorent eux-mêmes leurs propres corps.

[1:25 est la base pour 1:24 ; ce verset répète la pensée communiquée dans 1:21-23.]

Romains 1:25 *Car*

Eux qui ont changé la vérité de Dieu en mensonge, et qui ont adoré et servi la créature au lieu du Créateur, qui est béni éternellement. Amen !

[1:26 est *la conséquence de* 1:25 ; ce verset répète et développe la pensée de 1:24.]

Romains 1:26-28 *C'est pourquoi*

Dieu les a livrés à des passions infâmes : car leurs femmes ont changé l'usage naturel en celui qui est contre nature ; et de même les hommes, abandonnant l'usage naturel de la femme, se sont enflammés dans leurs désirs les uns pour les autres, commettant homme avec homme des choses infâmes, et recevant en eux-mêmes le salaire que méritait leur égarement. Comme ils ne se sont pas souciés de connaître Dieu, Dieu les a livrés à leurs sens réprouvé, pour commettre des choses indignes {s'ensuit une liste de vices}.

Faire un plan des passages peut s'avérer très utile lorsque l'on cherche à véhiculer des vérités bibliques. Des plans plus détaillés de passages peuvent souvent fournir les points principaux d'une prédication ou le plan d'une étude biblique inductive. Dans ce cas, la structure du texte devient la structure de votre prédication ; cela vous pousse à dépendre encore plus de la Bible pour ce que vous allez prêcher ! On peut aussi citer des leçons diverses dans un passage et en faire les points principaux. Ou alors, on peut simplement raconter l'histoire qui se trouve dans le texte et mentionner les leçons au fur et à mesure qu'elles apparaissent. Dans tous les cas, nous pratiquons l'autodiscipline et nous aidons nos lecteurs à mieux comprendre la Bible lorsque nous la traitons passage par passage, plutôt que de sauter d'une leçon à l'autre.

CHAPITRE
5

L'ARRIÈRE-PLAN DE LA BIBLE

Quelle que soit la communication, certains points sont précisés alors que d'autres sont en quelque sorte laissés à l'imagination. Par exemple, j'écris dans une langue qui, je le présume, sera comprise par mes lecteurs. Si Paul a écrit aux Corinthiens en grec, il présumait donc qu'ils connaissaient le grec. Je présume que mes lecteurs savent ce qu'est une Bible, et je ne me trompe pas en présumant que mes lecteurs savent ce qu'est une voiture, une radio, une igname pilée (quoique les lecteurs de Paul ne connaissaient pas ces choses, sauf qu'il s'agissait de l'Ancien Testament). Paul pouvait de même faire allusion aux coutumes spécifiques que ses lecteurs pratiquaient sans les expliquer, parce que les Corinthiens savaient déjà exactement ce qu'il voulait dire (exemple : « le baptême pour les morts », 1 Corinthiens 15:29). Mais pour pouvoir comprendre ce que Paul voulait dire, nous devons soit connaître le grec soit avoir une traduction, et nous devons soit connaître la culture que les auteurs bibliques partageaient avec leurs auditeurs soit avoir accès aux ressources qui aident à expliquer cette culture. Ce que l'auteur peut *présumer* comme faisant partie de sa signification faisait tout autant partie de la signification que ce qu'il avait à dire.

Nous avons déjà vu combien le contexte du livre est important étant donné que la plupart des livres de la Bible insistent sur des thèmes particuliers traitant de problèmes particuliers. Nous ne devons pas passer d'un livre à un autre (sauf lorsqu'un livre se réfère spécifiquement à un autre plus ancien et largement circulé), du moins pas jusqu'à ce que nous ayons compris chaque passage dans son propre contexte. Certains livres insistent sur des thèmes particuliers du fait qu'ils traitent de situations particulières. Bien que parfois les gens ne tiennent aucun cas de ces versets, plusieurs versets mentionnent de façon explicite le public auquel ils ont été adressés : par exemple, les chrétiens à Rome (Romains 1:7) ou à Corinthe (1 Corinthiens 1:2). Il est possible d'appliquer ces livres à la génération présente, mais nous devons d'abord prendre au sérieux ce que ces œuvres prétendent être de façon explicite : c'est-à-dire des œuvres adressées à des auditeurs spécifiques à une époque et dans des lieux spécifiques. En d'autres termes, avant de déterminer comment appliquer la signification ancienne à notre époque, nous devons comprendre cette signification ancienne. Ignorer cette étape importante de l'interprétation de la Bible reviendrait à ignorer ce à quoi prétend la Bible.

Lorsque Paul a écrit des lettres, son style d'écriture nous rappelle qu'il traitait de situations spécifiques, comme le font généralement les lettres. Ainsi, par exemple, dans 1 Corinthiens, Paul parle de questions relatives à la nourriture offerte aux idoles, des voiles pour recouvrir les cheveux des femmes et d'autres problèmes que les chrétiens d'aujourd'hui considèrent d'habitude comme s'appliquant uniquement à certaines cultures. La lettre traite également de la division entre les partisans de Paul et ceux d'Apollos, ce qui aujourd'hui n'a pas lieu. Nous devons faire face aux divisions dans l'église, mais aujourd'hui peu de personnes prétendent être partisans d'Apollos. Si nous lisons ces lettres comme des lettres, rappelons-nous de rechercher les situations spécifiques qui y sont traitées.

Nous devrions considérer l'intérêt que suscitaient les récits auprès des premiers auditeurs auxquels ils étaient destinés. Par exemple, si Moïse a écrit la Genèse à ceux qui venaient d'être libérés de l'esclavage en Égypte, c'est qu'ils pouvaient s'identifier volontiers à Joseph qui avait, lui aussi, été esclave en Égypte avant d'être promu au rang de premier ministre. L'accentuation répétée de la promesse de la Terre sainte dans Genèse allait être une source de grand encouragement pour les Israélites qui se préparaient à aller la conquérir.

Ce n'est pas parce que les auditeurs originaux portaient un tel intérêt à la Bible que cette dernière n'est plus d'actualité aujourd'hui. Au contraire, cela nous montre à quel point elle s'adresse à nous. L'enseignement biblique est pour tous les temps, mais pas pour toutes les circonstances.

Quelques exemples d'enseignements culturels dans la Bible

Nous remarquons tous que certains commandements bibliques étaient limités à la période qu'ils traitaient. Moïse a dit de construire une « balustrade » autour du toit afin de ne pas se rendre coupable d'un crime de sang si quelqu'un en tombait (Deutéronome 22:8), cependant la plupart d'entre nous ne construisons pas des clôtures autour de nos toits. Désobéissons-nous à ce passage ? À l'époque de Moïse les gens avaient des toits plats, comme les maisons que j'ai vues près de Kano au Nigeria. Et au temps de Moïse, les gens passaient du temps sur les toits, souvent en compagnie de leurs voisins. Toutefois, si l'enfant d'un voisin tombait du toit, il pouvait se faire mal. Alors Moïse leur recommande de construire un parapet autour du toit pour protéger leurs voisins. Aujourd'hui si nous n'amenons pas nos voisins sur le toit pour bavarder, l'important pour nous ce n'est pas le parapet, mais le principe selon lequel nous devons veiller à la sécurité de notre voisin (par exemple, nous pouvons demander à une personne que nous prenons en voiture de mettre la ceinture de sécurité). Mais nous n'aurions pas découvert le principe si nous n'avions pas compris l'arrière-plan.

Certains aujourd'hui cherchent surtout à se forger une doctrine à partir des lettres de Paul. Prenons l'exemple de certaines lettres du Nouveau Testament. Paul dit à Timothée d'aller à Troas et de lui ramener son manteau (2 Timothée 4:13), pourtant personne d'entre nous n'obéira à cet ordre explicite de l'Écriture en se rendant à Troas pour y chercher le manteau de Paul. (De même que Paul demande à Tite de venir le voir dans Tite 3:12, cette convocation ne s'adresse nullement aux lecteurs d'aujourd'hui.) Même si Timothée n'avait pas eu le manteau, et même s'il existe encore, et même si nous pouvons être sûrs qu'il appartenait à Paul, une seule personne pouvait vraiment récupérer le manteau. Et personne d'entre nous ne peut l'apporter à Paul ! Ce passage de l'Écriture est adressé à une seule personne, à savoir Timothée. De même, devons-nous vraiment nous méfier d'Alexandre le forgeron (2 Timothée 4:14-15) ? Vu le taux de mortalité des personnes âgées de plus de 150 ans, celui-ci est déjà mort depuis longtemps. (Pour d'autres allusions situationnelles, voir par exemple : 2 Timothée 1:2-6 ; 3:14-15 ; 4:20 ; Tite 1:4-5.) Nous pouvons apprendre des principes à partir de la relation de Paul avec Timothée et de ses avertissements contre l'opposition, mais nous ne pouvons pas prendre ses déclarations comme étant des ordres à observer aujourd'hui.

Nous les considérons comme des exemples absurdes ; « ces ordres étaient adressés uniquement à Timothée, » protestons-nous. Notre protestation est correcte ; mais combien d'autres commandements consignés dans 1 et 2 Timothée étaient destinés seulement à Timothée ou à la culture éphésienne du premier siècle ? Nous ne pouvons régler cette question en donnant une réponse approximative. Nous ne pouvons pas non plus ignorer la question et espérer être logiques. Paul savait probablement que l'Esprit le guidait lorsqu'il écrivait (1 Corinthiens 7:40 ; 14:37), mais il est fort improbable qu'il s'attende à ce que les chrétiens appliquent cette lettre à eux-mêmes deux mille ans plus tard, ou même que l'histoire humaine continuerait deux mille ans de plus (cf. 1 Corinthiens 7:29 ; « nous » dans 1 Thessaloniciens 4:17). Si les chrétiens ont essayé d'appliquer cette lettre à Timothée, il faut prendre en considération ce que cette portion de l'Écriture déclare être : une *lettre à Timothée* (1 Timothée 1:2 ; 2 Timothée 1:2).

De nos jours, plusieurs chrétiens remettent en question la foi de ceux qui n'interprètent pas littéralement chaque texte que nous interprétons littéralement. Pourtant nous refusons tous de prendre certains textes au pied de la lettre, ou du moins nous refusons d'appliquer certains textes directement à nous-mêmes sans tenir compte du fait que notre situation est différente. Paul dit à Timothée d'éviter de consommer de l'eau, mais de prendre un peu de vin pour son mal d'estomac (1 Timothée 5:23). Paul ne dit certainement pas à Timothée de se soûler. À l'époque de Paul, le vin était souvent dilué de la façon suivante : une double portion d'eau pour chaque portion de vin. Et puisque le vin n'était pas distillé, la teneur en alcool n'était donc pas importante. De même, avant d'être réfrigéré et hermétiquement fermé, le jus de raisin qui avait été conservé pendant quelques mois après la dernière vendange comprenait un certain degré d'alcool.

Devrions-nous aujourd'hui dire à chaque chrétien souffrant de maux d'estomac de ne pas boire d'eau mais d'ingurgiter une bière diluée avec de l'eau ? Ou était-ce simplement le meilleur remède disponible à l'époque de Paul en contraste avec notre époque ?

En fait, *toute* l'Écriture est universellement applicable (2 Timothée 3:16). Cela ne veut pourtant pas dire que l'Écriture n'est pas articulée de façons spécifiquement orientées vers une culture ou un langage particulier. Cela veut plutôt dire que nous devons tenir compte d'une situation lorsque nous interprétons l'Écriture, la lisant comme une étude de cas qui s'applique à des situations spécifiques dans le but de trouver des principes applicables à d'autres situations. Autrement on finirait comme certains missionnaires occidentaux qui mélangeaient leur propre culture avec le message biblique et disaient ensuite aux chrétiens africains de respecter à la fois la Bible et la culture occidentale pour pouvoir devenir de bons chrétiens (ceci ressemble à ce que les opposants de Paul avaient fait en Galatie ; voir Galates 2:3-5 ; 6:12-13).

L'inspiration ne change en rien le *genre* littéraire d'un auteur ou le type de littérature. Les Psaumes restent des psaumes, un récit reste un récit, et les épîtres restent des épîtres. (Nous traiterons du genre dans un chapitre suivant.) Les lettres pastorales, comme des prédications adressées à des congrégations locales, peuvent contenir côte à côte des exhortations universelles et des exhortations spécifiques à la culture. Ceci est tout aussi vrai dans les lettres bibliques inspirées comme dans d'autres lettres.

Par exemple, j'écris quelquefois des lettres d'exhortation contenant plusieurs principes universels appropriés à la situation que je traite. Cependant, dans ces mêmes lettres, je peux inclure des exhortations applicables seulement à la situation en question. À moins que je n'écrive, m'attendant à toucher d'autres lecteurs futurs qui ne sont pas impliqués dans la situation présente, je ne m'arrêterais jamais pour différencier mes exhortations universelles de celles qui sont spécifiques à la situation. Parce que je veux que toutes mes exhortations aient une signification pour mes auditeurs immédiats, je n'écris pas ces deux genres d'exhortations de façon différente. Je ne les exprime pas non plus dans des formes littéraires différentes.

Un futur lecteur pourra peut-être reconnaître ce que je voulais dire en reconstituant la situation et en comparant mes autres écrits traitant de situations spécifiques. Par conséquent, murmurer contre quelqu'un ne peut en aucun cas être considéré comme quelque chose de bon (1 Corinthiens 10:10 ; Philippiens 2:14), manger la nourriture offerte aux idoles est parfois acceptable (1 Corinthiens 8:10), l'autorité des femmes en tant que ministres de la Parole était parfois limitée et parfois recommandée (cf. Romains 16:1-12 ; Philippiens 4:3).

Paul fait plusieurs recommandations directes que nous n'observons pas ou que nous ne pouvons pas observer aujourd'hui. Combien de chrétiens mettent de l'argent de côté le premier jour de chaque semaine en vue d'une collecte pour les saints de Jérusalem (1 Corinthiens 16:1-3) ? Paul demande à ses auditeurs d'accueillir Épaphrodite (Philippiens 2:29), mais puisque ce dernier est maintenant mort, nous ne pouvons pas accomplir cet ordre au sens littéral du terme. Paul exhorte ses lecteurs à prier pour son ministère et celui de ses compagnons (2 Thessaloniciens 3:1-2), mais il est trop tard pour nous de prier pour leur ministère aujourd'hui. Au lieu de cela, nous apprenons des principes plus généraux sur l'hospitalité et sur le fait de recevoir et de prier pour les serviteurs de Dieu.

Une application transculturelle doit-elle être absurde pour que nous la limitions ? Ou bien ces exemples « absurdes » nous montrent-ils comment lire les lettres de Paul de façon régulière ? Affirmer que seuls les passages *clairement* limités sur le plan culturel le sont nous poussent à considérer les méthodes d'interprétation. Si ces exemples nous rappellent le *style* d'écriture de Paul, ils nous rappellent aussi que Paul pouvait librement associer les déclarations transculturelles à celles qui traitaient purement de situations spécifiques. Nous ne devrions pas être surpris par le fait que Paul puisse arriver à communiquer avec ses lecteurs ; en fait, il affirme que c'est ce en quoi consiste sa stratégie missionnaire (1 Corinthiens 9:19-23 ; 10:31-33). De même, aujourd'hui, la plupart d'entre nous s'efforcent de communiquer avec leurs contemporains de manière à ce qu'ils puissent comprendre leur message.

Lorsque Paul exhorte les hommes à prier d'une façon appropriée (1 Timothée 2:8), cela veut-il dire que les femmes ne doivent tenir aucun compte de ce qu'il a à dire ? Ou bien devons-nous présumer que, de même que Paul avait une situation spécifique à traiter dans cette congrégation en ce qui concerne les femmes (1 Timothée 2:9-15), il avait aussi un problème spécifique à l'esprit à l'égard du comportement des hommes locaux (1 Timothée 2:8) ? Sachant que d'autres passages recommandent (Romains 16:1-12 ; cf. Juges 4:4 ; Actes 2:17-18 ; 21:9 ; Philippiens 4:2-3) ou permettent (1 Corinthiens 11:4-5) divers ministères de femmes, est-il possible que les restrictions imposées dans 1 Timothée 2:11-12 traitent d'une situation spécifique ? Les réponses à certaines de ces questions sont très controversées, mais notre désir d'être logiques dans notre façon d'interpréter la Bible peut nous conduire à poser de telles questions.

La fonction d'un « évêque » (1 Timothée 3:1), comme la plupart des autres fonctions dans les églises locales mentionnées dans le Nouveau Testament, apparaît dans un contexte culturel spécifique. Il était commode pour l'église d'emprunter les modèles de leadership utilisés dans les synagogues puisque ces modèles s'étaient avérés efficaces dans le monde romain. Est-il possible que les arguments des dénominations modernes concernant les différentes formes de leadership dans l'église constituent un point entièrement étranger au message de Paul ? Certains qualifient l'exigence selon laquelle une personne doit bien diriger sa propre famille d'exigence transculturelle, de condition essentielle pour pouvoir occuper un poste de responsable dans l'église (1 Timothée 3:4-5). Mais dans une culture où l'autorité paternelle pouvait se traduire par une discipline sévère (en théorie, même par l'exécution), une culture qui diffère clairement de la nôtre, cette façon de voir les choses fait appel aux exigences du monde méditerranéen ancien pour un leadership respectable. Certains considèrent ces modèles de hiérarchie ecclésiale comme des modèles transculturels. Nous allons donc nous tourner vers d'autres exemples clairement spécifiques à une culture.

Les passages riches en instructions adressés non seulement à Timothée mais aussi à l'ensemble de l'église sont peut-être les plus significatifs. Combien de personnes considéreraient l'avertissement selon lequel les jeunes veuves de moins de soixante ans ont tendance à faire des commérages (ce qui est mieux traduit probablement par « faux enseignements », 1 Timothée 5:11-13), ou le fait que les fables circulent surtout parmi les femmes âgées (1 Timothée 4:7) comme un avertissement transculturel ? Ici, par exemple, les veuves ne devaient pas être sur la liste de personnes qui étaient soutenues par l'église à moins d'être âgées d'au moins soixante ans et d'avoir été l'épouse d'un seul homme (1 Timothée 5:9), d'avoir élevé des enfants et lavé les pieds des saints (1 Timothée 5:10) ; elles ne devaient pas non plus avoir de famille pour s'occuper d'elles (1 Timothée 5:8).

Aux États-Unis, les veuves sont prises en charge par les programmes sociaux du gouvernement. Les Africains, plus proches de la culture biblique, les supportent normalement par le biais de la famille élargie. Mais dans la plupart des cultures, il y a si peu de veuves qui ont lavé les pieds des saints que nos églises peuvent prétendre obéir à l'enseignement de Paul en ne les soutenant pas ! Paul recommande aux jeunes veuves de se marier et de ne pas s'engager à faire partie du lot des veuves plus âgées qui sont supportées par l'église (1 Timothée 5:11-14). Mais comment peuvent-elles obéir à ce précepte si elles ne trouvent pas de maris ? Cela n'est pas tout à fait clair. À l'époque de Paul, il y avait une pénurie de femmes (due probablement à la pratique païenne de l'abandon des petites filles à la naissance) ; la plupart des femmes n'avaient donc aucun mal à trouver un mari. Cependant dans plusieurs églises noires américaines, les femmes célibataires sont deux fois plus nombreuses que les hommes célibataires. Par contre, dans certaines parties de l'Inde rurale et de la Chine, les hommes sont plus nombreux que les femmes.

Paul est clair lorsqu'il dit que certaines de ses recommandations dans les épîtres pastorales parlent d'éviter l'apostasie (1 Timothée 5:15) et (un thème associé aux points de vue d'une culture plus élargie) le reproche public (1 Timothée 3:2, 6-7, 10 ; 6:1 ; Tite 1:6-7 ; 2:5, 8, 10). Ceci comprend ses exhortations concernant l'obéissance des esclaves (1 Timothée 6:1-2 ; cf. Tite 2:9-10) que la plupart des chrétiens aujourd'hui acceptent comme s'adressant à une situation culturelle spécifique. Si les principes sont plus contraignants que les exhortations liées à une situation spécifique qui les illustrent, il convient d'analyser la façon dont la situation actuelle diffère de celle du premier siècle, et quels pratiques soutiennent ou entravent le témoignage de l'Église.

Mais cela ne veut pas dire que ces passages n'ont rien à nous enseigner. Paul écrit spécifiquement à Timothée, à Tite, ou aux églises particulières, mais nous pouvons apprendre de sa sagesse inspirée pour leurs situations aussi longtemps que nous nous arrêtons pour réfléchir sur la façon dont cela peut s'appliquer à nos propres situations. La nature humaine et celle de Dieu n'ont pas changé, et nous pouvons tenir compte des changements culturels du moment où nous connaissons quelque chose des cultures bibliques.

Par exemple, Paul a spécifiquement laissé Timothée à Éphèse pour mettre en garde contre ceux qui enseignaient des fausses doctrines (1 Timothée 1:3), et il exhorte Timothée à agir ainsi selon les prophéties qui lui ont été données (1 Timothée 1:18 ; 4:14 ; cf. 2 Timothée 1:6). Il parle aussi des faux enseignants (1:20) qui sont maintenant morts. Bien que Paul ne nous ait pas laissé à Éphèse et que nous n'ayons pas non plus reçu les prophéties de Timothée, il y a ici plusieurs principes transculturels tels que le fait de lutter contre les doctrines dangereuses ou de tenir compte des paroles de sagesse ou des prophéties convenablement éprouvées. Mais une fois de plus, savoir que certaines exhortations ont une application générale ne nous permet pas de présumer que nous savons ce à quoi elles se rapportent sur le plan transculturel avant d'avoir soigneusement étudié la situation.

Lorsque Paul dit à Timothée de boire un peu de vin à cause de son estomac (1 Timothée 5:23), nous apprenons par là qu'il est parfois nécessaire de prendre des médicaments. Dieu guérit souvent de façon instantanée en réponse à la prière mais, à plusieurs autres occasions, il nous donne des moyens naturels par lesquels nous pouvons améliorer notre santé. (Par « naturel », nous voulons dire ce qu'il a créé dans la nature ; nous ne parlons pas des pratiques occultes faisant appel aux mauvais esprits.) Toutefois, reconnaître que ceci est la seule façon d'appliquer certaines paroles des Écritures doit nous inviter à faire preuve de cohérence : ceci est peut-être la façon dont toute Écriture doit être lue pour que l'enseignement puisse porter du fruit (2 Timothée 3:16).

C'est ainsi que Paul lisait souvent l'Ancien Testament : ces événements à la fois positifs et négatifs ont été écrits pour nous servir d'exemples (1 Corinthiens 10:6, 11). De même, nous devons lire les histoires bibliques comme des études de cas, comme des exemples de la façon dont Dieu a agi dans la vie de certaines personnes, et ce, dans différents types de situation. Nous pouvons alors tenir compte des avertissements ou des encouragements lorsque nous décelons des situations similaires aujourd'hui ! Mais nous devons nous assurer que les situations sont vraiment similaires. Par exemple, lorsque nous lisons que Dieu a détruit ceux qui lui avaient désobéi dans le désert (1 Corinthiens 10:6-10), cela ne veut pas dire que ceux qui lui obéissent doivent, eux aussi, craindre la destruction ! Nous ne devons pas simplement appliquer à notre vie chaque passage que nous lisons sans tenir compte de la différence de situation.

C'est la même chose pour les lettres de Paul. Paul traite de situations spécifiques dans une culture spécifique. Nous ne pouvons pas simplement appliquer ces paroles à toutes les cultures directement ; nous ne pouvons pas ignorer les différences non plus. Lorsqu'il parle de se « saluer les uns les autres par un saint baiser » (Romains 16:16 ; 1 Corinthiens 16:20 ; 2 Corinthiens 13:12 ; 1 Thessaloniciens 5:26), il utilise la forme standard de salutation intime dans sa culture. (Les baisers familiaux étaient souvent de légers baisers sur les lèvres.) À l'heure actuelle, les chrétiens doivent toujours se saluer de façon affectueuse mais, dans la plupart de nos cultures, il est très rare que nous nous embrassions, surtout le genre de baiser utilisé à cette époque-là. Bien qu'aujourd'hui les interprètes chrétiens ne soient pas tous d'accord quant aux limites à fixer, personne n'essaie d'exécuter littéralement chaque ordre biblique sans tenir compte de la différence de situation. Personne ne s'est mis en tête d'aller chercher le manteau de Paul à Troas et de le lui ramener.

CHAPITRE 6

UTILISER L'ARRIÈRE-PLAN CULTUREL

Le simple fait de signaler que nous devons tenir compte de la culture dans l'interprétation biblique ne nous dit pas comment l'utiliser. Pour cela, nous devons suivre plusieurs étapes.

1- Obtenir le bon arrière-plan

Nous devons d'abord tenir compte, du mieux possible, de la culture et des situations particulières que les auteurs originaux de la Bible traitaient. Par exemple, il est utile de savoir qu'à l'époque de Paul, les gens s'embrassaient pour se saluer.

Que nous demandions ou non aux femmes de se couvrir la tête aujourd'hui, nous devons savoir ce à quoi ressemblait cette pratique au temps de Paul (et par conséquent ce qu'elle symbolisait) et pourquoi il prônait son utilisation. De cette façon, nous verrons si nous sommes d'accord avec les raisons qu'il donnait.

Où obtenons-nous cet arrière-plan ? On trouve souvent certaines informations sur l'arrière-plan dans la Bible elle-même. Par exemple, nous pouvons beaucoup apprendre au sujet de l'époque durant laquelle Ésaïe a prophétisé en lisant les récits des rois pendant les règnes desquels il a prophétisé (cité dans Ésaïe 1:1). Il en est de même pour les situations que Jérémie a traitées environ un siècle plus tard. Actes 17:1-9 nous raconte la création de l'église de Thessalonique, ce qui, à son tour, nous donne l'arrière-plan de 1 et 2 Thessaloniciens.

Nous pouvons aussi reconstruire certaines situations particulières traitées dans la Bible en nous basant sur ce sur quoi les textes eux-mêmes insistent. Par exemple, Paul traite de la division entre Juifs et païens à Rome, des conflits entre les chrétiens plus riches et les chrétiens pauvres à Corinthe, et ainsi de suite. Observer ces modèles dans ces lettres peut nous aider à reconstruire le type de problèmes auxquels les auteurs devaient faire face, clarifiant ainsi plusieurs détails consignés dans les lettres.

Mais l'arrière-plan n'est pas tout le temps disponible dans la Bible. Lorsque Paul a écrit aux Corinthiens, il n'a pas donné une traduction de sa lettre en français, en haussa, en lingala, en anglais ou en arabe. D'autres traducteurs l'ont fait pour nous. Mais Paul a écrit sa lettre en grec parce que c'était la langue que la plupart des Corinthiens parlaient. De la même façon, il n'a pas pris le temps d'expliquer les coutumes ou les situations que lui et les Corinthiens connaissaient ; elles sont présumées dans la signification. Mais les lecteurs modernes ont besoin de s'informer pour savoir ce que Paul voulait dire. Paul ne pouvait pas écrire une lettre dans toutes les langues et adresser toutes les cultures à la fois bien que cela l'aurait enchanté d'avoir des lecteurs venant d'ailleurs. Il s'attendait probablement à ce que nous apprenions sa langue et sa culture, ou que nous utilisions d'autres moyens pour les acquérir.

Une connaissance spécifique de la culture demande davantage de travail étant donné qu'en dehors de la Bible il n'est pas donné à tout le monde de disposer de ressources d'arrière-plan biblique. En ce qui concerne certaines questions (comme, par exemple, celles se rapportant aux saints baisers, aux coutumes d'enterrement juives ou aux vases d'eau à Cana), nous constatons que la culture biblique diffère souvent de la nôtre. Même lorsque nous pensons que notre arrière-plan culturel nous permet de comprendre la Bible (comme si tous les chrétiens modernes partageaient la même culture), nous nous trompons. Plusieurs d'entre nous ne comprennent pas le choc qu'ont éprouvé les premiers auditeurs de la parabole du fils prodigue de Jésus. Aucun père respectable n'aurait dû partager son héritage à la demande d'un fils, courir pour saluer un fils ou l'accueillir chez lui sans punition. Jésus compare Dieu à un père indulgent, montrant combien notre Père céleste a été miséricordieux au regard de notre rébellion contre lui.

Souvent nous passons à coté du message que le passage désire communiquer parce que nous ne sommes pas familiers avec la culture dans laquelle il a été écrit. Certaines cultures, telles que les cultures méditerranéennes et celle du Moyen-Orient ou certaines cultures rurales traditionnelles de l'Afrique, se rapprochent davantage des cultures du Nouveau et de l'Ancien Testament que les cultures occidentales. La culture bédouine, qui nous permet peut-être de mieux comprendre la vie d'Abraham, comprend un mélange de fermiers paysans et de sages juifs ; ceci nous donne un meilleur aperçu contextuel de l'évangile de Marc. Les écrits pauliniens présentent un monde plus largement cosmopolite, urbain et gréco-romain. Mais aucun de nous n'ose présumer que nous allons toujours interpréter la Bible correctement sans tenir compte de la culture ancienne. Les cultures africaines se rapprochent davantage des cultures bibliques que les cultures occidentales, et cela nous empêche parfois de voir à quel point elles peuvent également différer (par exemple, à Corinthe, l'homme ou la femme pouvait divorcer de son partenaire sans qu'il soit tenu compte des protestations de l'épouse ou de l'époux, 1 Corinthiens 7:15).

On peut glaner des informations sur les cultures méditerranéennes anciennes auprès de sources diverses. Par exemple, une personne qui veut étudier les évangiles en détail devra lire, en plus de l'Ancien Testament, les Apocryphes (une portion qui se trouve dans les Bibles catholiques), surtout le livre de la Sagesse de Salomon et le Siracide ; certains des manuscrits de la mer Morte (surtout le manuel de discipline et le rouleau de la guerre) et les soi-disant pseudépigraphes (surtout 1 Enoch, l'épître d'Aristéas, 4 Esdras et 2 Baruch), une partie des écrits de Josèphe (surtout *Vie*, *Contre Apion*, et une partie de *La Guerre des Juifs*), et probablement la partie du traité d'Abot dans la Mishna. Sachant que la plupart des étudiants n'ont pas accès à toutes ces ressources, les encyclopédies bibliques (comme le nouveau *Dictionnaire biblique d'Emmaüs*) peuvent s'avérer fort utiles lorsqu'il s'agit de répondre à certaines questions. Parfois cependant on ne sait pas par où commencer lorsqu'on ignore l'arrière-plan.

C'est pour cette raison qu'un des outils les plus simples et les plus courants est l'*IVP Bible Background Commentary* (Commentaire sur l'arrière-plan biblique). La partie de ce commentaire centrée sur le Nouveau Testament fournit un arrière-plan sur chaque passage ou verset du Nouveau Testament. Il y a quelques années de cela, un tel outil m'aurait bien servir mais parce qu'il n'y en avait pas de disponible, j'ai passé des années et des années à faire des recherches sur la culture méditerranéenne ancienne, recherches que j'ai compilées dans un volume, passage après passage, dans le but de le rendre largement accessible à tous les lecteurs de la Bible. Depuis, d'autres commentaires sur l'arrière-plan ont été rédigés, fournissant ainsi une bibliographie de sources utiles en vue de recherches plus approfondies sur la culture méditerranéenne ancienne pour ceux qui ont la possibilité de les faire.

2 - Déterminer la relation entre le passage et sa culture

Nous devons suffisamment connaître la culture et la situation pour comprendre pourquoi les auteurs bibliques ont traité ce qu'ils ont traité, et la façon dont ils l'ont fait. Une fois que nous comprenons la culture et la situation, nous devons comprendre ce que disaient les auteurs concernant la situation.

Dans le passage que vous étudiez, l'auteur est-il en accord avec les points de vue de sa culture en rapport avec cette question ? Par exemple, lorsque Jésus dit à ses disciples qu'il faut d'abord réprimander en privé avant de le faire en public (Matthieu 18:15-17), il s'accorde avec la manière courante juive de régler les différends à son époque. Dans d'autres cas, les auteurs bibliques peuvent adopter des aspects neutres de la culture qu'ils traitent étant donné que ces aspects doivent avoir un impact sur les personnes associées à cette culture, comme l'explique clairement Paul dans 1 Corinthiens 9:19-23.

Est-il possible qu'un auteur biblique soit en désaccord avec certains aspects de sa culture ? Par exemple, bien que les Israélites offraient certains des sacrifices que les Cananéens, eux aussi, pratiquaient (comme des offrandes pour le péché), ils n'offraient pas de sacrifices destinés à faire pleuvoir. Plusieurs païens pensaient que les offrandes présentées à leur dieu pouvaient assurer la pluie, mais le Dieu d'Israël avait simplement promis d'envoyer la pluie si son peuple obéissait à son alliance. La loi mésopotamienne exigeait que toute personne qui donnait refuge à un esclave fugitif soit exécutée. Par contre, Dieu a ordonné aux Israéliens de donner refuge aux esclaves fugitifs (Deutéronome 23:15).

L'auteur biblique cherche-t-il à modifier un point de vue standard de sa culture tout en communiquant (souvent) son message sous des formes culturellement intelligibles ? C'est ainsi que les auteurs bibliques communiquaient le plus souvent avec leur culture. Par exemple, depuis Aristote, les Grecs et les Romains insistaient souvent sur le fait que le chef de famille devait diriger (dominer sur) sa femme, ses enfants et ses esclaves. Mais Paul, alors qu'il reprend le sujet, modifie les instructions ; il dit à l'homme de ne pas dominer sur sa femme, mais plutôt de l'aimer (Éphésiens 5:25). La femme doit se soumettre de la même façon que tous les chrétiens doivent se soumettre à Christ (Éphésiens 5:21-22). Si nous lisons ce passage comme si Paul disait exactement la même chose qu'Aristote, alors nous passons à côté du but.

De même, Dieu dit aux Israélites de construire le tabernacle avec un lieu saint, un sanctuaire et une cour extérieure comme dans les temples égyptiens, mais cela rend le contraste encore plus frappant : au sommet de l'arche de Dieu il n'y a pas d'image de divinité comme dans les temples égyptiens. Parfois les auteurs bibliques, à cause de leur témoignage, ont adopté des aspects de leur culture qui étaient bons ou neutres. Cela nous invite à faire d'autant plus attention aux éléments culturels que ces auteurs contredisaient.

3 - Appliquer le message des auteurs bibliques

Nous ne pouvons pas déterminer si chaque culture ou chaque situation doit appréhender les problèmes de la même façon que les auteurs bibliques l'ont fait jusqu'à ce que nous comprenions les raisons pour lesquelles les auteurs bibliques

UTILISER L'ARRIÈRE-PLAN CULTUREL

ont avancé ces arguments particuliers. Mais une fois que nous savons pourquoi les auteurs bibliques ont traité certaines situations de telle ou telle façon, nous pouvons alors commencer à nous demander comment ils auraient pu appliquer ces mêmes principes à des situations très différentes.

Par exemple, savoir pourquoi les femmes se voilaient la tête à l'époque de Paul nous aide à comprendre pourquoi il a donné ces instructions. Dans le monde méditerranéen oriental, la plupart des femmes, couvraient leurs cheveux en public en signe de modestie sexuelle. Ainsi, dans les églises, les femmes du prolétariat se faisaient du souci lorsque les femmes appartenant à la classe dirigeante refusaient de porter le voile.

Dans le monde méditerranéen ancien, les cheveux d'une femme constituaient le premier objet de la convoitise masculine. Les femmes mariées étaient donc tenues de garder leurs cheveux couverts. (Ce que certains voiles modernes ne font pas.) Paul parle donc du problème d'ostentation, de séduction, de modestie sexuelle et de division de classe dans l'église, tous ces problèmes étant des questions transculturelles.

Mais pensez-vous que Paul résoudrait dans chaque culture les questions de modestie sexuelle et de division de classe de la même façon qu'il l'a fait à Corinthe ? Est-ce que le port du voile serait une solution pour chaque culture ? Est-ce que le fait de se couvrir les cheveux peut devenir, dans certaines cultures, un signe de comportement ostentatoire étalant la richesse ? Est-ce que le voile peut devenir, dans certaines cultures, un signe de séduction de la même façon que les bijoux et les vêtements onéreux l'étaient dans la culture de Paul ? Que dire d'une culture au sein de laquelle seules les femmes riches peuvent se permettre de s'offrir des voiles pour les cheveux, introduisant ainsi la division des classes au sein de l'église ? Est-il possible que, dans certaines églises, et dans certaines parties du monde, porter un voile (en opposition au fait de ne pas en porter un) peut attirer l'attention sur la personne qui le porte ?

Dans de tels cas, suivons-nous l'exemple spécifique de Paul pour sa culture, ou suivons-nous les principes transculturels selon lesquels Paul avait l'habitude de traiter un cas spécifique pour une culture spécifique ? C'est pour cela qu'il est important pour nous de tenir compte de l'arrière-plan culturel et de lire l'Écriture en s'appuyant sur ce dernier : si Dieu a inspiré les auteurs à traiter leur culture d'une façon particulière, comment le feraient-ils aujourd'hui ? Quels sont les principes et quels sont les exemples spécifiques qui illustrent ces principes dans les situations que les auteurs bibliques traitaient ?

Jésus a interprété les Écritures de cette façon-là. Les pharisiens s'intéressaient aux règles, mais Jésus s'intéressait aux principes (Matthieu 12:7). Jésus a tenu compte des raisons humaines à la base de certains passages de l'Écriture : certaines choses que Dieu a permises à cause de la dureté de leurs cœurs (Marc 10:5), mais leur véritable but devait être de comprendre les objectifs parfaits de Dieu (Marc 10:6-9). Les pharisiens citaient une loi ; Jésus racontait une histoire. Toute l'Écriture est inspirée et utile pour enseigner (2 Timothée 3:16) ; la question n'est donc pas de savoir quel type d'écrit est plus utile qu'un autre. Le problème, c'est qu'ils ne voyaient que les détails, alors que Jésus cherchait les raisons de ces détails. Jésus proclamait que ce qui était plus important c'était la justice, la miséricorde et la fidélité (Matthieu 23:23), ce qui constitue le cœur même de la Parole de Dieu.

De même, Paul était en désaccord avec ses contemporains sur ce qui était essentiel et sur ce qui ne l'était pas, affirmant que le plus important était la puissance même de Dieu qui nous sauve et non les questions secondaires comme la circoncision ou les lois alimentaires. Cette méthode d'interprétation nous oblige à garder le regard fixé sur ce qui importe le plus (l'Évangile et l'obéissance à la volonté de Dieu) plutôt que de se vexer pour des questions secondaires qui peuvent nous éloigner du cœur de l'Évangile.

Une grande partie du Nouveau Testament est constituée d'exemples sur la façon d'adapter le message fondamental de l'Évangile aux diverses situations historiques concrètes et aux défis de la vie. Aujourd'hui encore, nous devons apprendre à adapter le message central de Christ aux situations variées que nous rencontrons tout en sachant faire la différence entre le principe central et les expressions culturelles.

Plusieurs missionnaires ont apporté un évangile adapté à leur propre culture sur leurs champs de mission, comme les versions européenne et américaine du christianisme. En général, ils restaient largement fidèles à la Bible mais souvent ils ne faisaient aucune différence entre le véritable enseignement de la Bible et la façon dont ils l'appliquaient pour des questions se rapportant uniquement à leurs cultures. Parfois ils forçaient les chrétiens africains à adopter des styles musicaux, des tenues vestimentaires, des cérémonies de noces occidentaux, etc., parce qu'ils présumaient que ces coutumes étaient chrétiennes. Aujourd'hui nous sommes beaucoup mieux informés et nous devons éviter de commettre les mêmes erreurs. Nous devrions pouvoir faire la différence entre les principes universels de la Bible et la façon dont la Bible appliquait ces principes dans les cultures qu'elle abordait. Là encore, nous affirmons que l'Écriture tout entière est le message de Dieu. Mais, en premier, elle était adressée aux cultures d'origine vers lesquelles Dieu l'avait envoyée. Ainsi, pour pouvoir mieux la comprendre aujourd'hui, nous devons tenir compte de la façon dont Dieu l'a adaptée à ces cultures. De même, nous devons faire la différence entre l'enseignement biblique culturellement universel et la façon dont nous l'avons appliqué aux situations que nous traitons.

Bien entendu, si nous ne sommes pas prudents, les gens peuvent utiliser la culture pour justifier certaines choses en s'appuyant sur la Bible. Ceci est un risque que nous devons à tout prix nous efforcer d'éviter. Mais les gens ont essayé de justifier bien des choses en prenant la Bible à témoin pendant des siècles sans tenir compte de la culture ; ceci devrait donc nous encourager à utiliser l'arrière-plan de façon appropriée. Nous devons simplement l'utiliser de façon consciencieuse et rechercher la vérité de façon diligente. Le seul moyen pour nous d'acquérir de la sagesse, c'est de craindre le Seigneur (Proverbes 1:7). Si nous le craignons, alors nous nous efforcerons de bien comprendre sa vérité, de nous laisser guider là où l'évidence de la Bible nous conduit au lieu d'essayer de justifier cette vérité.

Exemples d'arrière-plan

Nous fournissons ici quelques exemples limités sur l'utilisation de l'arrière-plan. Des détails plus complets sont disponibles dans l'*IVP Bible Background Commentary: New Testament* mentionné ci-dessus. Disons pour commencer qu'un certain arrière-plan est disponible dans la Bible elle-même. Ceci est surtout vrai lorsque les auteurs bibliques dépendent de ce que d'autres auteurs bibliques ont déclaré avant eux : les prophètes se basent souvent sur la loi de Moïse (souvent sans la citer), le Nouveau Testament, lui, se base régulièrement sur l'Ancien Testament.

Par exemple, Jean 1:14-18 ; 4:23-24 sont deux passages dans lesquels le Nouveau Testament fait spécifiquement référence à l'Ancien Testament. L'arrière-plan de l'Afrique du nord-ouest et du Proche-Orient de l'Antiquité nous permettra de comprendre le tabernacle, l'histoire d'Agar et d'autres récits de la Bible. Enfin, les sources juives et gréco-romaines apportent des éclaircissements sur divers passages du Nouveau Testament. J'ai inclus un plus grand nombre d'exemples néo-testamentaires que vétéro-testamentaires tout simplement parce que le Nouveau Testament est mon domaine de spécialisation et non parce qu'il est plus important.

a)- *La nouvelle Parole (Jean 1:14-18)*

Les auteurs modernes ont proposé plusieurs aspects importants de l'arrière-plan pour le mot « Parole », mais le plus évident est probablement ce qu'était la « Parole » dans l'Ancien Testament. La Parole de Dieu était la loi, l'Écriture qu'il avait donnée à Israël. Jean a probablement écrit son évangile surtout pour les chrétiens juifs. Les persécuteurs de ces chrétiens juifs les avaient probablement chassés hors de leurs synagogues et ils déclaraient que ces chrétiens s'étaient éloignés de la Parole de Dieu dans la Bible. Loin de là, Jean réplique en disant que Jésus est l'exemple même de tout ce que Dieu a enseigné dans l'Écriture car Jésus lui-même est la révélation et la Parole de Dieu.

Jean fait probablement allusion à une histoire en particulier, c'est-à-dire au récit dans lequel Moïse a reçu la loi pour la deuxième fois (Exode 33 et 34). Israël avait enfreint l'alliance de Dieu et Dieu l'avait jugé. À présent, Dieu redonne la loi à Moïse mais il ne désire pas « demeurer » au milieu d'Israël. Moïse plaide avec Dieu pour qu'il demeure avec eux et pour qu'il lui révèle sa gloire. « L'homme ne peut voir ma gloire » lui dit Dieu, « je ferai passer devant toi toute ma bonté et je te montrerai une partie de ma gloire. »

Comme Dieu passait devant Moïse, Moïse fut témoin d'un spectacle stupéfiant de gloire. Mais c'est surtout sa « bonté » et son caractère saint que Dieu révèle à Moïse. Alors qu'il passait devant Moïse, il s'est décrit comme étant « riche en bonté et en fidélité », ce que l'on pourrait traduire par « plein de grâce et de vérité ». Après que Dieu ait fini de révéler son caractère, Moïse déclare : « Seigneur, si c'est ainsi que tu es, alors s'il te plaît pardonne-nous et demeure au milieu de nous. » Et Dieu promit de le faire.

Quelques treize siècles plus tard, l'apôtre Jean parle de lui-même et des témoins oculaires de Jésus de la même manière que Moïse. « Nous avons contemplé sa gloire [celle de Jésus] », dit-il, « pleine de grâce et de vérité » (Jean 1:14). Le point culminant du passage se trouve dans Jean 1:17 : « car la loi a été donnée par Moïse, la grâce et la vérité sont venues par Jésus-Christ. » Pour être sûr, Dieu a révélé sa grâce et sa vérité à

Moïse lorsqu'il lui a donné la loi. Mais Moïse n'a vu qu'une partie de la gloire de Dieu, seulement une partie de sa grâce et de sa vérité. « Personne n'a jamais vu Dieu », nous rappelle Jean, faisant allusion à l'avertissement de Dieu à Moïse qu'il ne pouvait pas voir toute la gloire de Dieu. Mais à présent « le Fils unique, qui est dans le sein du Père, est celui qui l'a fait connaître » (Jean 1:18). Moïse a entrevu une partie de la gloire de Dieu, mais ceux qui ont marché avec Jésus ont vu toute la gloire de Dieu, car voir Jésus c'est voir le Père (Jean 14:7).

Le contexte du livre tout entier explique le problème de façon plus exhaustive. La gloire de Dieu est révélée de diverses façons en Jésus (Jean 2:11 ; 11:4), mais l'expression ultime de la gloire de Dieu est manifestée lors de l'épisode de la croix et des évènements qui ont suivi (Jean 12:23-24). Nous voyons le cœur de Dieu et nous comprenons mieux à quoi ressemble Dieu lorsque nous regardons à la croix où Dieu a donné son fils afin que nous ayons la vie.

b) – Adorez « en Esprit » (Jean 4:23-24)

Le judaïsme ancien insistait souvent sur l'œuvre de l'Esprit dans l'inspiration des prophéties. L'Ancien Testament parle d'une adoration prophétique inspirée (exemple 1 Samuel 10:5), surtout dans le temple de David (1 Chroniques 25:1-6). « Adorer Dieu en Esprit » peut alors signifier faire confiance à l'Esprit de Dieu qui nous remplit de puissance en vue d'une adoration vraiment digne de notre Dieu. Étant donnée l'opinion générale selon laquelle l'Esprit prophétique n'était plus à l'œuvre de cette façon-là à l'époque de Jésus, les paroles de Jésus auraient fortement frappé ses contemporains.

c)- Le message de Dieu dans le tabernacle

Les Égyptiens construisaient leurs temples différemment des Mésopotamiens. Les Israélites avaient été esclaves utilisés aux projets de construction en Égypte ; ils savaient donc sans doute à quoi ressemblaient les temples égyptiens. Ils savaient

UTILISER L'ARRIÈRE-PLAN CULTUREL

ce qu'étaient les chapelles portatives en forme de tentes utilisées par les Égyptiens et les Madianites, et ils connaissaient bien la structure des temples (et des palais) égyptiens qui comprenaient une cour extérieure, une cour intérieure, un sanctuaire secret et un lieu saint. Dieu a choisi un modèle que les Israélites connaissaient afin qu'ils puissent prendre conscience que le tabernacle qu'ils portaient à travers le désert était un temple.

Certains aspects du tabernacle sont comparés à d'autres temples, et les parallèles communiquent une vraie théologie au sujet de Dieu. Dans le tabernacle, les matériaux les plus chers étaient utilisés près de l'arche de l'alliance : l'or était plus cher que le cuivre et la teinture bleue était plus chère que la teinture rouge. Ces détails reflètent une pratique ancienne du Proche-Orient : les gens utilisaient les matériaux les plus chers près du sanctuaire secret pour montrer que leur dieu devait être approché avec crainte et révérence. Le Tabernacle utilise les symboles standard du Proche-Orient ancien pour mettre en évidence la sainteté de Dieu.

Certaines parties du tabernacle comprennent à la fois des parallèles et des contrastes, ce qui communique aussi la théologie au sujet de Dieu. Par exemple, certains meubles du tabernacle ressemblent aux meubles des temples anciens : une table d'offrandes, un autel, etc. Mais les temples cananéens, égyptiens et hittites comprenaient d'autres caractéristiques, comme une commode et un lit. Les sacrificateurs réveillaient leurs idoles le matin, leur faisaient la toilette, les divertissaient avec de jeunes danseuses, leur donnaient à manger et éventuellement les mettaient au lit le soir. Rien de tout cela n'existait dans le temple de Dieu, car Dieu n'était pas une simple idole qui devait dépendre de ses sacrificateurs.

Certaines caractéristiques du tabernacle contrastaient en tous points avec leur culture. Le point culminant des autres temples du Proche-Orient et de l'Afrique du Nord était l'image de la divinité, couronnée sur son piédestal sacré dans le sanctuaire secret le plus saint. Mais il n'y a pas d'image dans le temple de

Dieu parce qu'il ne permettait aucune image taillée de lui-même (Exode 20:4). En outre, plusieurs temples égyptiens massifs comprenaient des sanctuaires pour des divinités tutélaires. Mais il n'y a pas d'autres divinités associées au tabernacle du Seigneur, car il ne tolérerait l'adoration d'aucun autre dieu devant sa face (Exode 20:3). Dieu a communiqué sa théologie à Israël même dans l'architecture du tabernacle, et il l'a fait en des termes culturels que les Israélites pouvaient comprendre. (Certaines des interprétations modernes des couleurs et des motifs du tabernacle sont simplement des suppositions qui ont été largement véhiculées. Les suggestions que nous donnons ici représentent une étude minutieuse de la façon dont les temples étaient conçus à l'époque de Moïse.)

d)- Pourquoi Sara s'est-elle servie d'Agar et plus tard l'a-t-elle chassée ?

En tant qu'Égyptienne, il se peut qu'Agar ait été l'une des servantes que Pharaon avait données à Abraham et à Sara plusieurs années auparavant (Genèse 12:16). (Certaines de ces Égyptiennes étaient originaires de la partie méridionale de l'Égypte appelée Nubie.) Nous devons noter en passant que la présence de servantes égyptiennes dans la maison d'Abraham dénote la présence d'éléments africains parmi les ancêtres d'Israël. Plus tard Abraham a donné tous ses biens à Isaac (Genèse 25:5). Lorsque Jacob s'est rendu en Égypte avec « soixante-dix » membres de sa famille immédiate (Genèse 46:27), ce nombre n'inclut pas tous les serviteurs qui l'ont accompagné et qui ont apparemment été retenus comme esclaves lorsque les Israélites ont été asservis (Exode 1:11). Cela veut dire que les Israélites postérieurs à Abraham avaient un taux de sang égyptien élevé, en plus des deux demi-tribus issues de Joseph (Genèse 41:50).

Mais revenons à l'histoire d'Agar. Dans certaines cultures anciennes du Proche-Orient, si une femme ne pouvait pas donner de fils à son mari, elle pouvait le faire par le biais de sa servante. Alors Sara, suivant certaines coutumes culturelles, a autorisé Abraham à avoir un enfant avec Agar (Genèse 16:2-3). Dans de tels cas, il était entendu que le fils devait légalement être celui de Sara. Mais Agar a commencé à se vanter au détriment de Sara comme si elle valait mieux qu'elle (Genèse 16:4).

Après la naissance d'Isaac, Sara a vu Ismaël se moquer de son fils (Genèse 21:9), et elle s'est rendue compte que la présence d'Ismaël menaçait le droit d'aînesse du fils que Dieu avait promis, à savoir Isaac. Selon certaines coutumes anciennes du Proche-Orient, si Abraham avait considéré Ismaël comme son fils, Ismaël devait être traité comme son fils premier-né. Le seul moyen d'empêcher cela était d'affranchir Agar avant la mort d'Abraham et de les renvoyer, elle et son fils Ismaël, sans héritage (Genèse 21:10).

C'est à cause de Sara qu'Agar avait des problèmes, mais c'est l'arrogance d'Agar qui a envenimé la situation. Finalement, Sara a agi pour préserver la promesse de Dieu qu'elle avait mise en danger par sa précédente suggestion à Abraham. À l'exception de Jésus, tous les personnages bibliques, y compris Abraham, Sara et Agar, avaient des défauts, mais comprendre les coutumes de leur époque nous aide à mieux comprendre les décisions que Sara avait prises.

e)- Matthieu 2:1-16

Les narrateurs anciens enseignaient souvent des leçons de morale en contrastant divers personnages, certains bons, certains mauvais, et certains entre les deux. Dans ce récit, il y a trois personnages ou ensembles de personnages qui méritent une attention spéciale dans Matthieu 2:1-6 : les mages (« hommes sages »), Hérode le Grand et les scribes.

Les mages étaient un groupe d'astrologues perses qui pratiquaient une profession clairement interdite dans l'Ancien Testament (Deutéronome 18:10 ; Ésaïe 47:13). Le terme est effectivement utilisé dans les traductions grecques de l'Ancien

Testament pour décrire les ennemis de Daniel qui en voulaient à sa vie ! En tant que mages, leur fonction consistait entre autres à promouvoir l'honneur du roi de Perse dont le titre officiel était « roi des rois et seigneur des seigneurs ». Mais ces mages sont venus honorer le véritable Roi des rois né en Judée. Matthieu choque ainsi ses lecteurs juifs chrétiens en leur parlant des païens qui sont venus adorer Jésus. Ceci implique que nous ne pouvons pas prédire à l'avance qui répondra à notre message ; nous devons le partager avec tous.

Hérode le Grand était un dirigeant impitoyable et paranoïaque qui se méfait de tout et de tout le monde. N'étant pas juif de naissance (il descendait des Édomites), il avait peur qu'on lui arrache son titre de « roi des Judéens » qu'il refusait de partager avec qui que ce soit. Il fit exécuter deux de ses fils parce qu'il avait appris qu'ils complotaient contre lui (ce qui n'était pas le cas). Il fit exécuter un autre fils pour complot contre lui alors qu'il était lui-même mourant. On rapporte que l'empereur s'était plaint en disant : « mieux vaut être le cochon d'Hérode que son fils ». Un jeune sacrificateur qui était devenu trop populaire et qui aurait pu faire concurrence à Hérode se noya par accident dans une piscine très peu profonde.

Hérode était le genre de personne décrite dans ce récit ! Mais tuer les enfants mâles de Bethléhem (selon la population de Bethléhem à cette époque-là, peut-être une vingtaine de garçons) rappelle comment Pharaon a traité les garçons israélites dans l'Exode. Les mages païens ont adoré le vrai roi des Juifs, mais Hérode, le roi du peuple de Dieu, a agi comme un roi païen.

Plus inquiétants encore sont les principaux sacrificateurs et les scribes (Matthieu 2:4). Il s'agissait des professeurs de la Bible et des responsables influents de l'époque. Ils savaient où le Messie devait naître (Matthieu 2:5-6), mais ils ne se sont pas joints à la quête des mages. Ceux qui connaissaient le mieux la Bible n'ont pas tenu compte de ce qu'elle avait à dire (un péché que seuls ceux qui connaissent la Bible peuvent commettre). Une génération plus tard, alors que Jésus ne pouvait plus être ignoré, leurs successeurs voulaient le tuer (Matthieu 26:3-4). Aujourd'hui encore, comme à l'époque de Matthieu, il n'y a pas une très grande différence entre le fait de prendre Jésus à la légère et le fait de vouloir l'éloigner de notre chemin. L'arrière-plan nous aide à en savoir plus sur les personnages de ce récit et nous avertit sans ambages de ne pas avoir d'idées préconçues sur qui acceptera ou non l'Évangile et de ne pas avoir une trop haute opinion de nous-mêmes.

f)- Garder la Parole de Dieu (Matthieu 5:18-19)

Dans Matthieu 5:18, Jésus dit que pas un seul iota (ou un seul trait de lettre) ne disparaîtra de la loi de Dieu. Il se réfère probablement, du moins en partie, au yod, la plus petite lettre de l'alphabet hébreu. Des rabbins d'une époque plus tardive ont raconté que lorsque Dieu a changé le nom de Saraï en Sara, le yod qui avait été enlevé s'est plaint à Dieu pendant des générations jusqu'à ce qu'il soit réinséré, cette fois-ci dans le nom de Josué. Certains enseignants ont aussi dit que Salomon a essayé d'enlever un yod de la Bible ; là-dessus, Dieu a annoncé qu'un millier de Salomon seraient déracinés mais pas un seul yod ne serait enlevé. Les enseignants juifs utilisaient des illustrations comme celle-ci pour insister sur le fait que la loi était sacrée et qu'aucune partie n'était insignifiante au point de la retrancher.

Lorsque Jésus continue en disant que celui qui supprime le plus petit des commandements sera relégué au rang des plus petits dans le royaume alors que celui qui l'observera sera appelé grand dans le royaume, un lecteur moderne prosaïque pourrait donc poser la question suivante : « Qu'arrivera-t-il si l'on enfreint un commandement mais qu'on observe les autres ? » Une telle question passe à côté de l'objectif de ce langage typiquement juif. Les rabbins d'une époque plus tardive ont décidé que le plus grand commandement était celui d'honorer son père et sa mère, et que le plus petit était celui de respecter une maman oiseau. Leur raisonnement était que les deux méritaient la même récompense, à savoir la vie éternelle (fondée sur la « vie » dans Exode 20:12 ; Deutéronome 22:7). Si quelqu'un ne respectait pas le plus petit commandement, il serait condamné. S'il l'observait, il serait sauvé. Toutefois ces mêmes sages reconnaissaient que tous avaient péché, y compris eux-mêmes. Ils ne disaient pas que certaines personnes n'avaient jamais enfreint de commandements ; ils disaient plutôt que les gens ne pouvaient pas choisir parmi les commandements. On ne pouvait pas dire : « Je suis juste parce que je ne tue pas, même si je commets un adultère ». On ne peut pas non plus dire : « Je suis saint parce que je ne vole pas, même si je trompe ». Tous les commandements de Dieu constituent sa Parole, et en rejeter un c'est rejeter Dieu et nier le droit qu'il a de nous diriger. Ainsi, Jésus parlait également d'une façon graphique : « Dédaignez le plus petit commandement et vous aurez des comptes à rendre à Dieu ! ».

g)- *La prière du royaume (Matthieu 6:9-13)*

Plusieurs païens compilaient le plus grand nombre de noms de déités possible, rappelant à ces dernières tous les sacrifices qu'ils avaient faits et qu'elles étaient en quelque sorte obligées de répondre à leurs prières. Mais Jésus dit que nous devons plutôt baser nos prières sur notre relation avec notre Père céleste : nous pouvons crier à lui parce qu'il est notre père (Matthieu 6:7-9).

Jésus s'est servi de certains éléments propres à sa culture, une culture déjà riche en connaissances bibliques. Ici, Jésus adapte une prière familière de la synagogue qui était récitée à peu près comme suit : « Notre Père qui es dans les cieux, que ton grand et glorieux nom soit sanctifié et exalté, et que ton royaume vienne vite et bientôt... » Les Juifs attendaient une époque au cours de laquelle le nom de Dieu serait « sanctifié » (révéré comme saint) parmi tous les peuples. Les Juifs avaient le sentiment que Dieu régnait dans le présent mais lorsqu'ils priaient pour la venue du règne de Dieu, ils priaient pour qu'il règne de façon incontestée sur toute la terre et pour que sa volonté soit faite sur la terre comme elle est faite dans le ciel. Jésus enseigne donc à ses disciples à prier pour que le royaume de Dieu vienne vite afin que le nom de Dieu soit honoré de façon universelle.

Demander à Dieu « le pain quotidien » rappelle comment Dieu a pourvu chaque jour au pain d'Israël dans le désert. Dieu est celui qui pourvoit à nos besoins. Demander à Dieu de pardonner nos « offenses » rappelle à plusieurs auditeurs de Jésus une image familière. Les paysans pauvres devaient emprunter beaucoup d'argent pour semer leurs récoltes, et les contemporains de Jésus comprenaient que nos péchés constituaient des dettes devant Dieu. Demander à Dieu de ne pas nous « induire en tentation » renvoie probablement à une prière de la synagogue juive qui demande à Dieu de préserver le peuple du péché. Si tel est le cas, la prière peut ne pas vouloir dire : « ne nous éprouve pas » mais plutôt « ne permets pas que nous succombions à l'épreuve » (comparez Matthieu 26:41, 45).

h)- Des soldats ennemis torturent Jésus et se moquent de lui (Matthieu 27:27-34)

Plus de six cents soldats romains séjournaient à la Forteresse Antonia et au palais de Pilate (qui avait appartenu à Hérode le Grand). Aveugles au fait que le vrai roi d'Israël et de l'humanité se tenait devant eux, ils se moquaient de lui en faisant semblant de l'adorer comme on adorerait un roi.

Les soldats romains étaient connus pour leur façon horrible de maltraiter et d'insulter les prisonniers. Une forme ancienne de moquerie consistait à habiller le prisonnier comme un roi. Puisque les soldats portaient des tuniques rouges, ils ont probablement utilisé un manteau fané appartenant à un soldat pour imiter la robe pourpre des anciens dirigeants grecs. Les gens qui vénéraient de tels dirigeants s'agenouillaient devant eux. Pour les flagellations, les militaires utilisaient souvent des cannes de bambou. Les soldats devaient donc en avoir une à leur disposition qu'ils ont utilisée comme un faux sceptre royal. « Salut ! » était la formule exclamative habituelle utilisée par le peuple pour saluer l'empereur romain.

Cracher sur une personne était l'une des insultes les plus graves qu'une personne puisse recevoir, et les Juifs considéraient le crachat des non Juifs comme étant particulièrement souillé. Les Romains mettaient à nu leurs prisonniers (c'était surtout déshonorant pour les Juifs palestiniens), ensuite ils les pendaient en public.

En général, la personne condamnée devait elle-même porter la poutre horizontale de la croix (patibulum en latin) jusqu'au lieu où le poteau vertical (palus) l'attendait, mais le dos de Jésus avait été trop sévèrement fouetté pour qu'il porte la poutre (Matthieu 27:26). Après une telle flagellation, la chair de la personne pendaient en lambeaux sanglants ; on pouvait parfois même voir les os, ce qui pouvait également entraîner la mort de certains étant donnés le choc et la perte de sang.

C'est pour cela que les soldats ont forcé Simon de Cyrène à porter la poutre de la croix. Cyrène était une grande ville dans ce qui constitue aujourd'hui la Libye en Afrique du Nord. Elle avait une forte communauté juive, peut-être un quart de la ville, qui comprenait sans doute des convertis locaux. Comme la multitude de Juifs et des convertis étrangers, Simon était venu à Jérusalem pour la fête. Les soldats romains pouvaient « racoler » n'importe qui et faire de cette personne leur porteur. Malgré les enseignements de Jésus dans Matthieu 16:24, les soldats allaient forcer un passant à faire ce que les disciples de Jésus n'avaient pas voulu faire.

La crucifixion était la forme d'exécution la plus honteuse et la plus douloureuse que l'on puisse infliger à une personne dans le monde romain. Incapable de faire ses besoins en privé, la personne mourante devait les faire aux yeux de tous. Parfois les soldats attachaient la personne condamnée à la croix, parfois ils la clouaient comme ils le firent pour Jésus. Le mourant ne pouvait donc pas chasser les insectes attirés par son dos sanglant ou par d'autres plaies. La crucifixion pouvait durer jusqu'à trois jours.

Les femmes de Jérusalem préparaient une potion analgésique de vin mélangée à des médicaments qu'elles faisaient boire aux condamnés. Jésus refusa de la boire (cf. Matthieu 26:29). Le vin mêlé de myrrhe dont il est question dans Marc 15:23, probablement un analgésique à usage local, devient du vin mêlé de fiel dans le récit de Matthieu (cf. Psaume 69:22) ; il convient de noter la ressemblance entre le mot araméen pour « myrrhe » et le mot hébreu pour « fiel ». Mais même sans la myrrhe, le vin lui-même était un analgésique (Proverbes 31:6-7). Cependant, Jésus l'a refusé. Bien que nous l'ayons abandonné et que nous ayons fui quand il avait le plus besoin de nous, il est venu porter notre souffrance ; il a choisi de la porter entièrement. Tel est l'amour de Dieu pour nous tous.

i)- *L'adultère et le meurtre (Marc 6:17-29)*

La liaison d'Hérode Antipas avec sa belle-sœur Hérodias, qu'il avait épousée à cette époque, n'avait rien de secret. Cette liaison l'avait amené à divorcer de sa première épouse dont le père, un roi, après un tel affront, avait fini par lui faire la guerre et par le vaincre. Jean dénonce l'illégalité de cette liaison (Lévitique 20:21) et accuse Hérode d'immoralité sexuelle. Hérode Antipas prend cela comme une menace politique, étant donné les ramifications politiques qui ont plus tard conduit à une défaite politique importante. Josèphe, historien juif de l'Antiquité, déclare que plusieurs ont considéré l'humiliation qu'a essuyée Hérode sur le champ de bataille comme un jugement divin pour avoir fait exécuter Jean-Baptiste.

Célébrer les anniversaires était à cette période une coutume gréco-romaine ; ce n'était pas une coutume juive. Mais les aristocrates juifs avaient absorbé une grande partie de la culture grecque de l'époque. D'autres sources confirment que la cour hérodienne s'adonnait au genre de comportement immoral décrit ici. Après avoir pris la femme de son frère (cf. Lévitique 20:21), Hérode Antipas convoite la fille sa femme (cf. Lévitique 20:14). Il prononce donc le genre de serment que peut faire une personne en état d'ivresse ; ceci rappelle surtout le serment du roi de Perse attisée par la beauté de la reine Esther (Esther 5:3, 6 ; 7:2), bien que la demande de la jeune fille (Salomé) soit beaucoup moins noble. Il convient d'ajouter qu'en tant que vassal romain, Hérode n'était pas en mesure de promettre une partie de son royaume à qui que ce soit.

Salomé a dû « sortir » pour aller s'enquérir auprès de sa mère Hérodias puisque, en général, les femmes et les hommes dînaient séparément lors des banquets. Les excavations de la forteresse Macharus d'Antipas suggèrent la présence de deux salles à manger, une pour les femmes et une pour les hommes. Hérodias n'était donc probablement pas présente pour voir la réaction d'Hérode à la danse de sa fille. À l'instar de Marc, l'historien Josèphe décrit Hérodias comme une intrigante jalouse et ambitieuse.

Si, en général, les Romains et leurs agents exécutaient les personnes pauvres et les esclaves au moyen de la crucifixion ou par d'autres moyens, la forme préférée d'exécution pour les gens respectables était la décapitation. Cependant, en demandant la tête de Jean-Baptiste sur un plateau, Salomé voulait qu'elle soit servie au menu lors du dîner, une touche macabre de ridicule. Bien que le serment d'Antipas ne le liait pas légalement et que les sages juifs puissent le libérer de ce serment, cela aurait été embarrassant de ne pas tenir parole devant ses invités. Même l'empereur ne pouvait pas faire un serment à la légère. La plupart des gens étaient dégoûtés par les leaders qui se faisaient apporter des têtes, mais plusieurs récits confirment que c'est ce qu'ont fait de puissants tyrans comme Antipas.

Si un homme avait des enfants, l'aîné était normalement responsable de l'enterrement de son père. Ici, ce sont les disciples de Jean-Baptiste qui ont dû s'acquitter d'un tel devoir. Puisqu'il avait été exécuté, les disciples ont accompli une tâche dangereuse à moins qu'Hérode ne les ait autorisés à prendre son corps. Leur courage souligne par voie de contraste l'abandon des disciples de Jésus lors de son enterrement !

j)- L'anniversaire d'un nouveau roi (Luc 2:1-14)

Les recensements servaient surtout à évaluer les exigences fiscales. Le recensement fiscal ordonné par l'empereur Auguste entame ici le contraste du récit entre le faste terrestre de César et la gloire céleste de Christ. Bien que les registres de recensement égyptiens montrent que les gens devaient retourner dans leurs villes pour s'y faire inscrire, la « ville » dans laquelle chacun devait retourner était l'endroit où il possédait des biens ; il ne s'agissait pas simplement de la ville natale. (Les recensements enregistraient des personnes selon leurs biens.) Joseph devait donc posséder certains biens à Bethléhem. Le statut de fiancé octroyait presque tous les droits relatifs au mariage, mis à part que les rapports sexuels étaient interdits. Joseph était donc courageux d'amener avec lui sa fiancée enceinte même si (et cela est tout à fait possible) elle était aussi de Bethléhem et devait y retourner. Bien que les lois fiscales de la plus grande partie de l'Empire exigeaient seulement la présence du chef de famille, la province de Syrie (qui comprenait alors la Judée) imposait aussi les femmes. Mais Joseph aurait pu simplement ne pas vouloir la laisser seule durant ses derniers mois de grossesse, surtout si ses autres amis l'avaient abandonnée vu les circonstances de sa grossesse.

Les « langes » étaient de longs tissus en bande utilisés pour redresser les pieds des bébés de sorte qu'ils puissent convenablement grandir. Les sages-femmes aidaient lors des naissances. Puisque c'était le premier bébé de Marie, il est probable qu'il ait été fait appel à une sage-femme, bien que cela ne soit pas clair à partir du texte biblique. La loi juive permettait aux sages-femmes de voyager de longues distances même durant le jour du sabbat pour aider lors d'une naissance.

Au début du deuxième siècle, même les païens connaissaient largement la tradition selon laquelle Jésus était né dans une caverne utilisée comme étable derrière une maison. La crèche était une auge qui servait à nourrir les animaux. Parfois ces crèches étaient creusées dans le sol. « L'auberge » (ou l'hôtellerie) traditionnelle pouvait facilement être traduite par « maison » ou « chambre d'amis ». Puisque plusieurs membres de la famille de Joseph étaient tous à la fois revenus chez eux, il était plus facile pour Marie de séjourner dans la caverne inoccupée.

Plusieurs personnages religieux et surtout ceux de l'élite sociale de cette période considéraient les bergers comme occupant une basse fonction, mais le regard de Dieu est différent de celui des hommes. Prendre soin des troupeaux la nuit indique que la saison était plus chaude ; ce n'était pas l'hiver (lorsque les animaux broutent davantage durant la journée). La date du 25 décembre a plus tard été choisie pour célébrer Noël uniquement pour remplacer une fête romaine païenne qui avait lieu à cette époque-là.

Les païens parlaient de la « bonne nouvelle » de l'anniversaire de l'empereur qui était célébré dans tout l'Empire. Ils saluaient l'empereur comme « Sauveur » et « Seigneur ». Ils utilisaient des chorales dans des temples impériaux pour adorer l'empereur. Ils faisaient des éloges à l'empereur actuel, César Auguste, pour avoir inauguré une « paix » mondiale. Mais l'humble crèche fait la différence entre le roi véritable et l'empereur romain. Jésus est le Sauveur et Seigneur véritable, Celui qui apporte la paix universelle. Dieu n'est pas impressionné par le pouvoir humain ou l'honneur des hommes. Il est venu comme le plus petit de tous parmi les plus petits de tous, révélant combien Dieu se préoccupe de ceux qui s'en remettent à lui.

k)- *Les demandes du discipolat (Luc 9:58-62)*

Avertir un disciple potentiel que la demeure du Fils de l'homme est encore plus humble que la demeure des renards et des oiseaux sous-entend que ceux qui le suivent peuvent, eux

UTILISER L'ARRIÈRE-PLAN CULTUREL

aussi, manquer des mêmes sécurités matérielles. En général, les disciples cherchaient leurs propres enseignants (par contraste avec Jésus qui a appelé certains de ses disciples). Certains philosophes ascètes repoussaient d'éventuels disciples aux demandes énormes dans le but de les éprouver et de choisir seulement les disciples les plus dignes. Plusieurs Juifs palestiniens étaient pauvres, mais peu étaient sans maison. Jésus a même renoncé à une maison pour pouvoir voyager, et il dépendait entièrement de l'hospitalité et du soutien des autres.

L'homme qui voulait enterrer son père ne demandait pas un court délai : son père n'était pas mort ce jour-là ni la veille. Les membres de la famille emportaient le corps dans la tombe peu après la mort et ils restaient ensuite à la maison pendant sept jours pour porter le deuil et pleurer. L'homme était peut-être en train de dire, comme dans certaines cultures similaires du Moyen-Orient : « laisse-moi attendre jusqu'à ce que mon père meure un de ces jours afin que je remplisse mon obligation envers lui. » L'autre possibilité est qu'il se référait au deuxième enterrement de son père, une coutume qui était précisément pratiquée à cette époque. Un an après le premier enterrement, après que la chair se soit décomposée et se soit détachée des os, le fils devait repartir pour *enterrer à nouveau* les os dans une boîte spéciale placée dans la fente d'un mur. Ce fils pouvait donc demander un sursis d'au moins un an.

L'une des responsabilités les plus fondamentales du fils aîné était l'enterrement de son père. La demande de Jésus selon laquelle le fils devait le mettre au-dessus de la plus grande responsabilité qu'un fils pouvait avoir envers son père aurait donc constitué un affront à l'ordre social : dans la tradition juive, honorer son père et sa mère était un des plus grands commandements, et suivre Jésus d'une façon aussi radicale aurait pu être considéré comme une infraction à ce commandement.

Mais si le second volontaire apprend combien il est important de suivre Jésus, le troisième apprend combien il est urgent de le suivre. Un disciple potentiel demande tout simplement la permission d'aller dire au revoir à sa famille, mais Jésus compare cette demande au fait de regarder en arrière lorsqu'on laboure, ce qui causerait à la personne de rater son sillon. Jésus parle de façon figurative pour rappeler à ses auditeurs l'histoire de l'appel d'Élisée. Lorsque Élie trouve Élisée, il lui dit de le suivre, mais il lui permet d'abord de dire au revoir à sa famille (1 Rois 19:19-21). Les prophètes de l'Ancien Testament ont beaucoup sacrifié pour faire la volonté de Dieu, mais l'appel de Jésus est plus radical que celui d'un prophète radical ! Bien que nous devions prendre garde à ceux qui parfois déforment le message de Jésus, nous devons être prêts à payer le prix de l'appel de Jésus sur nos vies.

l)- *Les amis de Dieu se réjouissent (Luc 15:18-32)*

L'élite religieuse était en colère contre Jésus parce qu'il passait du temps avec les collecteurs d'impôts et les pécheurs ; après tout l'Écriture met en garde contre le fait de passer du temps avec des personnes insensées (Psaumes 1:1 ; Proverbes 13:20). La différence demeure dans le fait que Jésus passe du temps avec les pécheurs pour les amener dans le royaume de Dieu et non pour se laisser influencer par eux (Luc 15:1-2).

Jésus répond à l'élite religieuse en leur racontant trois histoires : l'histoire de la brebis perdue, l'histoire de la drachme perdue et l'histoire de l'enfant prodigue. Un troupeau de 100 têtes était considéré comme un troupeau de taille moyenne. Lorsqu'une brebis s'égarait, le berger faisait tout pour la retrouver. (Il pouvait laisser ses autres brebis avec des collègues qui surveillaient leurs troupeaux en même temps que le sien. Les brebis erraient souvent ensemble et étaient séparées par les appels ou les flûtes distinctifs de leurs bergers.) Lorsque le berger trouvait la brebis perdue, il appelait ses amis pour qu'ils se réjouissent avec lui. Jésus dit que c'est la même chose avec Dieu : ses amis véritables se réjouissent avec lui lorsqu'il retrouve ceux qui étaient perdus (Luc 15:3-7). Par conséquent, il laisse entendre que les membres de l'élite religieuse ne sont pas ses amis sinon ils se seraient réjouis.

Ensuite Jésus raconte l'histoire de la drachme perdue. Une femme dont la dot, c'est-à-dire l'argent qu'elle avait amené dans son mariage et qui lui servirait en cas de divorce ou de veuvage, se limitait à dix pièces d'argent était vraiment très pauvre. Dix pièces d'argent représentaient environ le salaire de dix jours pour un travailleur moyen. Une pièce d'argent parmi les dix vaut plus qu'une pièce parmi cent ; quoi qu'il en soit, il lui fallait absolument retrouver la pièce perdue ! Les maisons galiléennes à une chambre étaient très petites. Le sol était recouvert de petits cailloux. Ainsi, les pièces d'argent et autres objets tombaient souvent entre les crevasses et restaient perdus jusqu'à leur excavation par des archéologues modernes ! En outre, la plupart de ces maisons avaient au mieux une petite fenêtre et une petite entrée. Il n'y avait donc pas suffisamment de lumière pour l'aider à retrouver sa drachme. Elle a dû allumer une lampe. Or, à cette époque, les lampes étaient si petites qu'elles tenaient dans la paume de la main, et elles n'éclairaient pas beaucoup. Alors la femme se mit à balayer, espérant entendre sa pièce tinter. Elle finit enfin par la retrouver. Ses amis se réjouirent avec elle, tout comme les amis de Dieu se réjouissent avec lui. Ceci implique encore que peut-être l'élite religieuse ne faisait pas partie des amis de Dieu (Luc 15:8-10).

Pour conclure, Jésus raconte l'histoire du fils perdu. Le plus jeune fils avait dit à son père : « Je veux ma part d'héritage maintenant ». Dans cette culture, c'était comme s'il avait dit : « Père, j'aurais aimé que tu sois mort ! », ce qui dénote un manque de respect total. Le père n'était pas obligé de partager son héritage, mais il l'a tout de même fait. Le fils aîné devait recevoir les deux tiers et le plus jeune fils un tiers. Sous la loi ancienne, en divisant son héritage, le père leur disait simplement quels champs et quels biens ils devaient recevoir après sa mort. Le fils ne pouvait pas légalement dépenser les biens avant ce moment-là. Mais ce fils l'a fait tout de même. Il est allé dans un pays lointain où il a gaspillé les années de travail de son père. Finalement réduit à la pauvreté, il est obligé de nourrir des pourceaux. Pour les auditeurs juifs à l'époque de Jésus, le fils rebelle méritait une telle fin ; en fait, pour eux, l'histoire se finissait bien. Le jeune homme qui s'était associé à des cochons était désormais souillé et ne pouvait donc plus solliciter l'aide d'autres Juifs !

Mais le jeune homme décide qu'il préférerait être un serviteur dans la maison de son père que de mourir de faim. Alors il repart chez lui pour aller demander grâce. Son père, l'apercevant de loin, court à sa rencontre. Dans cette culture, il était indigne pour un vieil homme de courir, mais ce père se moque bien de sa dignité car son fils est revenu à la maison ! Le fils demande à son père de le traiter comme un esclave mais son père refuse. Au contraire, il exige qu'on lui apporte la plus belle robe (probablement la sienne), un anneau pour le doigt du jeune homme (sans doute une bague symbolisant son rétablissement au rang de fils) et des sandales pour ses pieds (car la plupart des serviteurs ne portaient pas de sandales). En faisant cela, le père disait à son fils : « Non, je ne veux pas te recevoir comme un serviteur. Je ne te recevrai que comme mon fils ! » Le veau gras qu'il avait tué allait nourrir le village tout entier. Le père a donc organisé une grande fête et tous ses amis se sont réjouis avec lui.

Jusqu'ici l'histoire est parallèle aux deux premières histoires précédentes. Mais à présent Jésus va plus loin, défiant plus directement l'élite religieuse. La littérature ancienne construisait parfois un paragraphe important en commençant et en terminant par la même déclaration ; dans le cas présent, le fils qui était perdu était revenu à la maison (Luc 15:24, 32). Lorsque le fils aîné apprend que le père a accueilli à la maison son plus jeune frère, il est furieux. Il n'a rien à perdre sur le plan économique ; l'héritage était déjà partagé (Luc 15:12). Le problème c'est que pour lui il est injuste que son père fête le retour d'un fils rebelle alors que lui-même ne méritait pas de miséricorde ;

il pensait qu'il était assez bon sans la compassion de son père. Il proteste auprès de son père et refuse de le saluer, forçant le père à sortir et à le prier d'entrer. Il fait preuve d'un manque de respect envers son père tout comme son plus jeune frère l'avait fait avant lui ! « Il y a tant d'année que je te sers », proteste-t-il (Luc 15:29), montrant qu'il se considérait comme un serviteur plutôt que comme un fils (le rôle même que le père considérait inacceptable, Luc 15:21-22).

Les membres de l'élite religieuse méprisaient les « pécheurs » qui venaient à Jésus, ne se rendant pas compte que leurs cœurs n'étaient pas meilleurs. Les pécheurs étaient comme le plus jeune frère et l'élite religieuse comme l'aîné. Nous avons tous besoin de Jésus ; personne ne peut être sauvé sans la miséricorde de Dieu.

m)- Le premier chrétien païen (Actes 8:26-27)

Puisque les Samaritains étaient considérés comme des métis (Actes 8:4-25), cet officier africain de la cour royale est le premier païen entièrement converti au christianisme (bien que probablement inconnu d'une grande partie de l'église de Jérusalem, Actes 11:18).

Lorsque l'ange dit à Philippe d'aller du côté du midi et de se rendre à Gaza (Actes 8:26), cela a probablement dû lui sembler fort étrange. Samarie avait produit beaucoup de convertis, mais qui allait-il trouver sur une route déserte ? Deux routes conduisaient vers le sud à partir de Jérusalem ; l'une par Hébron dans l'Idumée (Édom) et l'autre rejoignant la route côtière avant Gaza en direction de l'Égypte. Les deux routes étaient jonchées de bornes militaires romaines qui servaient de repères routiers. Le vieux quartier de Gaza était une ville déserte dont les ruines se trouvent près d'Askalon et du nouveau Gaza, deux villes à présent culturellement grecques. L'ordre de se diriger vers le Sud pendant quelques jours, vers une cité déserte, avait dû sembler absurde mais il arrive souvent que Dieu éprouve notre foi en donnant des ordres apparemment absurdes (Exode 14:16 ; 1 Rois 17:3-4, 9-14 ; 2 Rois 5:10).

« L'Éthiopie » (un terme grec) figurait dans les légendes méditerranéennes et dans la géographie mythique comme étant la fin même du monde, s'étendant parfois depuis le sud lointain (toute l'Afrique au sud de l'Égypte, les « Éthiopiens aux cheveux crépus ») jusqu'à l'est lointain (les « Éthiopiens aux cheveux raides » de l'Inde méridionale).

La littérature grecque respectait souvent les Africains comme un peuple particulièrement aimé par les dieux. (L'historien grec Hérodote les appelle aussi le plus beau des peuples.) Certains Africains sub-sahariens étaient connus dans l'Empire romain. Le trait caractéristique familier des Éthiopiens le plus mentionné dans la littérature juive et gréco-romaine était leur peau noire (cela était aussi noté dans l'Ancien Testament). Mais l'art méditerranéen ancien décrit d'autres caractéristiques typiquement africaines et reconnaît les différences dans la couleur de la peau. Les Égyptiens et d'autres peuples étaient parfois appelés « noirs » en comparaison aux populations méditerranéennes plus claires. Plus on voyageait vers le Sud, le long du Nil, plus le teint devenait sombre et les cheveux crépus. Les Grecs considéraient les Éthiopiens comme symbolisant la couleur noire.

Ici, un empire africain bien précis est en vue. Dans ce texte nous pouvons confondre le nom « Éthiopie » avec l'Éthiopie moderne, mais cela n'est probablement pas le cas. Ce royaume, Axoum, était un puissant empire de l'Afrique de l'Est qui s'est converti au christianisme au début des années 300, en même temps que la conversion de l'Empire romain. Cependant, cet empire, situé au sud de l'Égypte dans ce que l'on appelle actuellement le Soudan, est probablement un royaume nubien bien précis dont les peuples avaient un teint plus sombre. « Candace » (Kan-dak'a) semble avoir été un titre dynastique de la reine de cet empire nubien. Elle est mentionnée ailleurs dans la littérature gréco-romaine, et la tradition déclare qu'elle était la reine mère qui gouvernait dans ce territoire. (Les Grecs anciens appelaient toute la Nubie « Éthiopie »). Son royaume noir nubien datait de 750 avant Jésus Christ. Ses principales villes étaient Méroë et Napata. C'était un royaume riche (donnant à un trésorier royal comme celui mentionné dans le texte beaucoup de travail) qui avait des liens commerciaux avec le Nord. Rome se procurait des paons et d'autres trésors africains auprès tels royaumes qui avaient accès au cœur même de l'Afrique. Lors des fouilles de Méroë, on a retrouvé des objets précieux romains. Le commerce s'étendait aussi vers le Sud ; un buste de César avait été retrouvé en Tanzanie. Néanmoins, les transactions commerciales avec Rome étaient limitées, et cet officier et son entourage étaient parmi les quelques visiteurs nubiens à être allés si loin vers le Nord.

Cet officier royal nubien était probablement un païen qui « craignait Dieu ». Lorsque cela était pris au sens littéral du terme, ce qui n'était pas toujours le cas (Genèse 39:1, LXX), les eunuques étaient des hommes castrés. Quand bien même ceux-ci étaient les officiers royaux favoris dans l'Est, les Juifs s'opposaient à cette pratique, et la loi juive excluait les eunuques du peuple d'Israël (Deutéronome 23:1). Les lois étaient sans doute instituées pour empêcher Israël de castrer les garçons (Deutéronome 23:1). Mais les eunuques pouvaient certainement être acceptés par Dieu (Ésaïe 56:3-5, même les eunuques étrangers, Sagesse 3:14). Dans l'Ancien Testament, on lit qu'un eunuque éthiopien fut un des alliés de Jérémie et sauva sa vie (Jérémie 38:7-13). Cet officier royal africain a été le premier chrétien non juif. Une telle information peut s'avérer utile pour établir que le christianisme n'est pas seulement une religion occidentale, mais qu'après ses origines juives, il s'agissait avant tout d'une foi africaine.

n)- Paul prêche aux philosophes (Actes 17:22-31)

Paul remettait l'Évangile en contexte pour ses auditeurs, montrant comment il pouvait se rapporter à leur propre culture sans compromettre son contenu. (Aujourd'hui nous errons soit d'un côté soit de l'autre ; nous n'arrivons pas à être culturellement cohérents ou bien nous n'arrivons pas à représenter correctement le message biblique.) Paul s'adresse à deux groupes de philosophes présents : les stoïciens et les épicuriens (probablement un plus petit groupe). Sa foi avait peu de points communs avec celle des épicuriens, mais les stoïciens étaient d'accord avec un certain nombre des croyances chrétiennes.

Paul commence par trouver un terrain d'entente avec ses auditeurs païens. Il était de coutume de commencer un discours en complimentant les auditeurs ; c'est ce que l'on appelait l'exordium. On n'avait pas le droit de flatter l'Aréopage (les principaux leaders pédagogiques et philosophiques d'Athènes), mais Paul était libre de commencer par une note respectueuse. « Religieux » voulait dire qu'ils étaient observateurs ; cela ne voulait pas dire qu'il était d'accord avec leur religion.

Ensuite Paul se tourne vers un intérêt commun. Lors d'un fléau qui s'était abattu bien longtemps avant la vie de Paul, aucun autel n'avait réussi à apaiser la colère des dieux. Athènes avait fini par offrir des sacrifices à un dieu inconnu et le fléau avait soudainement pris fin. Ces autels étaient toujours intacts, et c'est ce sur quoi Paul base son discours.

Paul emprunte une technique des enseignants juifs qui s'étaient efforcés d'expliquer le vrai Dieu aux païens pendant plusieurs années avant Paul. Les Juifs non palestiniens rappelaient parfois aux païens que même eux avaient un Dieu suprême, et ils essayaient de montrer aux païens que leurs hautes aspirations religieuses étaient basées sur le judaïsme.

Les stoïciens croyaient que Dieu pénétrait toute chose, et donc qu'il ne se trouvait pas dans les temples (cf. aussi Ésaïe 66:1). Les stoïciens et les Juifs hellénisants soutenaient que Dieu « n'avait besoin de rien », utilisant le même mot que Paul utilise dans Actes 17:25. De même, les Juifs et plusieurs Grecs s'accordaient pour dire que Dieu était le Créateur et Celui qui détermine les bornes de la terre et la durée des temps (Actes 17:26). (Les stoïciens croyaient aussi que l'univers se dissolvait périodiquement en Dieu, mais sur ce point il n'y avait aucun recoupement entre eux et la Bible ou le judaïsme.)

En général, les Juifs considéraient Dieu comme un père, surtout en rapport avec son peuple. Mais les Grecs, les Juifs dispersés parmi les Grecs et certains auteurs chrétiens du deuxième siècle considéraient Dieu comme le « père » du monde dans le sens de Créateur. Bien qu'ailleurs Paul utilise le terme de façon plus spécifique, il adopte le sens le plus général de père, comme Créateur dans ce cas présent (Actes 17:28-29). Dans Actes 17:28, la citation d'Épiménides apparaît dans les anthologies juives de textes justificatifs pour montrer aux païens la vérité au sujet de Dieu ; c'est peut-être là que Paul l'a apprise. (Les Grecs citent Homer et d'autres poètes comme textes justificatifs de la même façon que les Juifs citent l'Écriture.)

Si, dans le but de communiquer l'Évangile, Paul tenait absolument à trouver des points communs avec les meilleures idées de la pensée païenne, il n'hésitait cependant pas à mettre en évidence les différences qui existaient entre l'Évangile et le paganisme. Certaines questions peuvent être sémantiques, mais Paul s'assurait que toutes différences véritables étaient mises à jour. Bien que les philosophes parlent de conversion à la philosophie par un changement de pensée, ils n'étaient pas familiers avec la doctrine chrétienne et juive de la repentance (Actes 17:30). De plus, d'après les Grecs, le temps était éternel ; contrairement au point de vue biblique, ils n'envisageaient pas que Dieu puisse fixer un jour de jugement (Actes 17:31). Pour terminer, les Grecs ne pouvaient concevoir une résurrection corporelle future. La plupart d'entre eux croyaient simplement que l'âme survivait après la mort. C'est donc la prédication de Paul sur la résurrection qui les a le plus choqués (Actes 17:31-32). En fin de compte, ce qui intéressait Paul c'était de gagner au moins quelques-uns de ces peuples influents à la foi véritable en Christ (Actes 17:34) et non de tous les persuader qu'il était inoffensif et qu'il partageait leurs points de vue.

o)- Paul adapte des lois familiales anciennes (Éphésiens 5:21 à 6:9)

Certaines personnes ont utilisé Éphésiens 6:5-9 conjointement avec les discussions grecques, romaines et arabes sur l'esclavage pour soutenir l'esclavage qui était pratiqué aux Amériques. Mais une simple connaissance de la nature de l'esclavage que Paul traitait aurait dû réfuter leur interprétation du passage. D'autres, plus récemment, ont utilisé Éphésiens 5:22-23 pour traiter les femmes de façon avilissante et irrespectueuse, ce qui est une mauvaise interprétation de la teneur entière dudit passage.

Ce passage traite d'une forme ancienne d'écrit appelé « codes familiaux » auxquels les lecteurs de Paul pouvaient avoir recours pour essayer de convaincre leurs persécuteurs présumés qu'ils n'étaient pas subversifs après tout. À l'époque de Paul, plusieurs Romains s'inquiétaient de la propagation des « religions venant de l'Est » (telles que l'adoration égyptienne d'Isis, le judaïsme et le christianisme) qui, selon eux, venaient miner les valeurs traditionnelles de la famille romaine. Les membres de ces religions minoritaires essayaient souvent de montrer leur adhésion à ces valeurs en utilisant une forme standard d'exhortations développées par les philosophes (Aristote et d'autres).

Depuis l'époque d'Aristote, ces exhortations montraient au chef de famille comment traiter les membres de sa famille, notamment en rapport avec sa façon de diriger sa femme, ses enfants et ses esclaves. Paul emprunte directement cette forme de discussion de la littérature gréco-romaine classique. Mais à la différence de la plupart des auteurs anciens, Paul change la prémisse fondamentale de ces codes : l'autorité absolue du chef de famille.

Il est important de noter que Paul entame la liste des

codes familiaux en exhortant à une soumission mutuelle (Éphésiens 5:21). À son époque, il était coutume de demander aux femmes, aux enfants et aux esclaves de se soumettre de multiples façons. Mais demander à *tous* les membres d'un groupe (y compris le *pater familias*, le chef de la famille) de se soumettre les uns aux autres, on n'avait jamais vu ça.

La plupart des auteurs anciens s'attendaient à ce que les femmes obéissent à leurs maris, exigeant d'elles calme et douceur. Il arrivait même parfois que les contrats de mariage contiennent une clause spécifiant l'obéissance absolue de la femme. Cela avait un sens surtout pour les penseurs grecs qui ne pouvaient concevoir que la femme soit l'égale de l'homme. La différence d'âge entre les époux contribuait à cette disparité. Normalement, dans la culture grecque, les maris étaient considérablement plus âgés que leurs femmes, souvent de plus de dix ans (les hommes se mariaient aux alentours de la trentaine et les femmes entre 13 et 19 ans, souvent au début de l'adolescence).

Cependant, dans ce passage, Paul adapte le code traditionnel de plusieurs façons. D'abord, la soumission des femmes est ancrée dans la soumission chrétienne (en grec, Éphésiens 5:22 emprunte même son verbe « soumettre » à Éphésiens 5:21). La soumission est une vertu chrétienne et elle n'est pas seulement pour les femmes ! Ensuite, Paul s'adresse non seulement aux hommes, mais aussi aux femmes, ce que la plupart des codes familiaux ne faisaient pas. Troisièmement, alors que les codes familiaux disaient aux maris comment se faire obéir de leurs femmes, Paul dit simplement aux maris comment *aimer* leurs femmes. Enfin, la définition la plus proche que Paul donne au mot soumission dans ce contexte est « respect » (Éphésiens 5:33). En associant le christianisme aux normes de sa culture, il transforme réellement les valeurs de sa culture en allant bien plus loin. Paul s'adresse à la culture gréco-romaine, mais peu de cultures aujourd'hui donnent précisément les mêmes expressions de soumission que dans sa culture. Aujourd'hui les chrétiens appliquent à nouveau ses principes de différentes façons pour différentes cultures, mais ces principes contredisent encore et toujours plusieurs pratiques dans plusieurs de nos cultures (telle que battre une femme).

Personne n'aurait pu désapprouver les prémisses de Paul dans Éphésiens 6:1-4. Les auteurs juifs et gréco-romains étaient d'accord à l'unanimité sur le fait que les enfants devaient honorer leurs parents et leur obéir au moins jusqu'à l'âge adulte. De même, les enseignants et les pères grecs et romains instruisaient souvent les enfants en leur infligeant une correction corporelle. Paul fait partie de la minorité des auteurs anciens qui semblaient avertir leurs auditeurs contre une discipline trop dure (Éphésiens 6:4). (La société gréco-romaine était encore plus dure avec les nouveaux-nés puisque l'enfant n'était accepté comme une personne légale que lorsque le père le reconnaissait officiellement. Ainsi les bébés pouvaient être abandonnés ou tués en cas de difformité. Les premiers chrétiens et les Juifs étaient opposés à l'avortement et à l'abandon des enfants. Cependant, ce texte parle de la discipline des mineurs dans la famille, comme dans les codes familiaux.) La désobéissance était permise en cas de circonstances exceptionnelles (exemple 1 Samuel 20:32). Mais Paul ne considère pas le point de vue traditionnel romain de la soumission des enfants comme il le fait avec les femmes et les esclaves, puisque l'Ancien Testament recommande aussi la soumission des mineurs (Deutéronome 21:18-21).

Enfin, Paul aborde les relations entre esclaves et propriétaires d'esclaves. L'esclavage romain, à la différence de l'esclavage européen récent et d'une grande partie de l'esclavage arabe, n'était pas racial. Les Romains n'avaient aucun problème à asservir tous ceux qui leur tombaient sous la main. Il existait différentes formes d'esclavage à l'époque de Paul. L'exil dans les mines ou l'esclavage dans les combats de gladiateurs était de fait une sentence de mort ; peu d'esclaves survivaient longtemps dans de telles circonstances.

Les esclaves qui travaillaient dans les champs pouvaient être battus mais, autrement, ils ressemblaient plus à des paysans libres qui étaient durement opprimés et qui avaient rarement la possibilité d'améliorer leur position sociale, bien qu'ils constituaient la majorité de la population de l'empire. Les esclaves qui travaillaient dans les maisons vivaient dans de meilleures conditions que les paysans libres. Ils pouvaient mettre de l'argent à côté, et souvent ils achetaient leur liberté. Une fois libres, ils pouvaient évoluer sur le plan social, et leurs anciens propriétaires étaient dans l'obligation de les aider à réussir. Plusieurs personnes affranchies étaient devenues plus riches que les aristocrates. Dans certaines familles riches, des esclaves influents pouvaient exercer plus de pouvoir que des aristocrates libres. Certains nobles, par exemple, se mariaient aux esclaves pour devenir esclaves dans la famille de César et améliorer leur position sociale et économique ! Les codes familiaux s'adressaient aux esclaves travaillant dans les familles. Paul écrit à des assemblées urbaines ; le genre d'esclavage dont il parle ici est essentiellement celui pratiqué dans les familles.

Les propriétaires d'esclaves se plaignaient que souvent les esclaves étaient paresseux, surtout quand personne ne les regardait. Paul encourage un travail laborieux, mais il donne à l'esclave un nouvel espoir et une nouvelle motivation pour son travail (Éphésiens 6:5-8). (Dans l'ensemble, Paul croit que nous devons nous soumettre à ceux qui exercent une autorité, lorsque cela est possible, à cause de la paix, cf. Romains 12:18 ; 13:1-7, mais cela ne veut pas dire qu'il croit que nous devons faire tout notre possible pour maintenir de telles structures d'autorité ; cf. 1 Corinthiens 7:20-23.) Paul dit que les esclaves, comme les femmes, doivent se soumettre au chef de famille comme à Christ (Éphésiens 6:5), mais il affirme de façon on ne peut plus claire qu'il s'agit d'un devoir *réciproque* ; les esclaves et les propriétaires ont tous le même maître céleste. Lorsqu'Aristote s'est plaint au sujet de quelques philosophes qui pensaient que l'esclavage était mauvais, les philosophes qu'il citait n'ont pas expliqué les problèmes aussi clairement que ne le fait Paul. Seule une très petite minorité d'auteurs du monde ancien (parmi eux beaucoup de stoïciens) suggérait que les esclaves étaient en théorie les égaux spirituels de leurs maîtres. Mais Paul va même au delà de cette extrême. Paul est le seul à suggérer qu'en pratique les maîtres devaient agir à l'égard des esclaves comme les esclaves devaient agir à leur égard (Éphésiens 6:9a). (Les Esséniens juifs opposaient l'esclavage, mais c'est parce qu'ils étaient contre la propriété privée.)

Certains se sont plaints que Paul aurait dû s'opposer plus énergiquement à l'esclavage. Mais dans les quelques versets où Paul parle de l'esclavage, son objectif est d'aider les esclaves à faire face à leur situation ; il ne parle pas de l'institution légale de l'esclavage, de même qu'un serviteur de Dieu ou un conseiller peut aujourd'hui aider quelqu'un à se libérer de la dépendance d'une drogue sans avoir à débattre de sa légalité. Les seules tentatives de libérer tous les esclaves dans l'Empire romain avant Paul s'étaient soldées par trois guerres qui se sont toutes terminées dans un bain de sang, et les esclaves n'ont toujours pas été affranchis. À cette époque, les chrétiens étaient une petite secte minoritaire et persécutée dont la seule voie pour abolir l'esclavage aurait été de rallier plus de personnes à leur cause et de transformer les valeurs de l'empire (comme le mouvement abolitionniste qui s'est répandu en Angleterre au cours dix-huitième et du dix-neuvième siècle). En outre, même si cette lettre spécifique était conçue comme une critique de l'injustice sociale (ce qui n'est pas l'objectif de cette lettre particulière bien que ce sujet apparaisse dans d'autres passages bibliques), on ne pourrait pas commencer une telle critique avec des esclaves domestiques, mais avec les esclaves miniers, les paysans libres et les esclaves agraires. Même une révolution violente ne pouvait éradiquer l'esclavage dans l'Empire romain.

Quoi qu'il en soit, l'enseignement de Paul ne laisse aucun doute sur sa position s'il avait été confronté à la question de l'abolition de l'esclavage : les hommes sont égaux devant Dieu (Éphésiens 6:9) ; l'esclavage est donc contre la volonté de Dieu.

UTILISER L'ARRIÈRE-PLAN CULTUREL

p)- Jésus réprimande les arrogants (Apocalypse 3:15-18)

Durant la période romaine, Laodicée est devenue une ville phrygienne importante. C'était la capitale de la convention « cybriatique » qui réunissait au moins 25 villes. C'était aussi la ville la plus riche de Phrygie ; elle était connue pour sa prospérité, surtout à cette époque. Elle se situait à environ 16 km à l'est de Colosses, et sa ville rivale était Phrygie en Antioche.

La ville reflétait le paganisme habituel de la culture méditerranéenne : Zeus était la divinité patronne de la ville, mais les habitants de Laodicée avaient aussi bâti des temples en l'honneur d'Apollon, d'Asclépios (la divinité de la guérison), d'Hadès, d'Héra, d'Athéna, de Sérapis, de Dionysos et d'autres divinités. L'église de Laodicée semblait partager les valeurs de sa culture, c'est-à-dire qu'elle faisait preuve d'une autosuffisance arrogante sur les questions comme la prospérité, la tenue vestimentaire et la santé, des choses que Jésus a traitées dans Apocalypse 3:17-18. Laodicée était un centre bancaire prospère ; elle était fière de sa richesse. La ville de Laodicée refusa l'aide de Rome à la suite du tremblement de terre de l'an 60 après Jésus-Christ ; elle reconstruisit à partir de ses propres ressources. La ville était également connue pour ses textiles (surtout la laine noire) et pour son école médicale spécialisée dans l'oto-rhino-laryngologie et célèbre pour sa pommade pour les yeux.

La seule sphère de vie dont les habitants de Laodicée n'étaient pas fiers était leur approvisionnement en eau ! Laodicée devait faire venir son eau d'ailleurs et, lorsqu'elle arrivait, elle était remplie de sédiments. La ville avait vraiment acquis une mauvaise réputation à cause de son approvisionnement en eau. Jésus commente sur la température de l'eau : les habitants de Laodicée étaient tièdes comme leur eau, ni chauds, ni froids. Cela ne veut pas dire, comme certains l'ont suggéré, que l'eau chaude était bonne et l'eau froide mauvaise. Jésus ne voulait pas que les habitants de Laodicée soient « bons ou mauvais », mais seulement bons.

Les gens préféraient boire de l'eau froide et se laver dans de l'eau chaude (parfois utilisée comme boisson lors des banquets), mais les résidents locaux, dont la plupart jouissait d'un style de vie assez confortable, se plaignaient souvent de la tiédeur naturelle de l'eau locale (en opposition avec l'eau chaude disponible près d'Hiérapolis ou l'eau froide des montagnes environnantes). Jésus disait donc : « si vous étiez chauds (comme l'eau pour le bain) ou froids (comme l'eau pour la boisson), vous seriez utiles, mais dans votre état actuel, vous êtes simplement répugnants (puisque vous êtes tièdes). Ce que je ressens à votre égard c'est ce que vous ressentez à l'égard de votre eau. Vous m'écœurez. »

Les exemples d'arrière-plan culturel mentionnés ci-dessus ne sont que des échantillons, mais j'espère qu'ils vous ont donné envie d'en savoir plus. L'arrière-plan éclaircit chaque passage de la Bible. Ceci est bien entendu un but et non une question sur laquelle chaque interprète tombera d'accord. Paul savait que nous « connaissons en partie et nous prophétisons en partie » (1 Corinthiens 13:9) ; certains textes restent obscurs pour nous (mais nous avons plusieurs autres textes pour nous occuper jusqu'à ce que nous puissions comprendre les plus obscurs). Il ne nous sera pas donné de tout connaître avant le retour de Jésus, et nous avons besoin d'être charitables dans nos désaccords avec ceux dont les conclusions diffèrent des nôtres. Cela nous ramène à certains de nos commentaires précédents : insistez sur le point central et sur ce qu'il est difficile de remettre en cause, et occupez-vous des détails plus tard, lorsque vous en serez capables.

CHAPITRE
7

LE CONTEXTE DU GENRE

Bien que nous ayons examiné et illustré les règles *générales* d'interprétation les plus importantes, nous devons à présent noter que certaines compétences en matière d'interprétation dépendent du genre d'écriture de la Bible que l'on étudie. Par exemple, l'Apocalypse est une littérature prophétique (et probablement apocalyptique) riche en symboles. Si, aujourd'hui, des interprètes débattent à quel point certaines images de l'Apocalypse sont littérales, personne ne doute qu'une grande partie de l'Apocalypse (par exemple, la mariée et la prostituée) est constituée de symboles représentant des choses autres que leur signification littérale (Babylone et la nouvelle Jérusalem vs deux femmes prises au sens littéral). Les psaumes sont des poèmes qui utilisent souvent des images graphiques. La poésie implique une licence poétique. Lorsque Job déclare que ses pieds « se baignaient dans la crème » (Job 29:6), il veut dire qu'il était prospère, et non que ses couloirs étaient remplis de beurre jusqu'aux chevilles. On peut donner des centaines d'exemples. Ceux qui nient l'utilisation du symbolisme dans certaines parties de la Bible (surtout dans les portions poétiques) n'ont simplement pas lu la Bible très sérieusement.

D'un autre côté, les récits ne sont pas remplis de symboles. On ne devrait pas lire l'histoire de David et Goliath et penser : « Que signifie Goliath ? Que signifient les petites pierres ? » Ces récits sont des écrits historiques littéraux ; nous cherchons à apprendre les leçons de morale qui s'en dégagent de la même façon que nous cherchons à apprendre de nos expériences ou des expériences des autres aujourd'hui. (La différence entre les expériences bibliques et les expériences modernes est que les expériences bibliques sont accompagnées d'indices favorisant leur propre interprétation selon la perspective parfaite de Dieu.) Nous pouvons appliquer ce que nous apprenons de Goliath à d'autres défis que nous rencontrons, mais Goliath ne « symbolise » pas ces défis ; il est simplement un exemple de défi.

Même le contexte, qui est notre règle la plus importante, fonctionne différemment selon le genre d'écriture. Par exemple, la plupart des proverbes ne sont pas consignés dans un ordre particulier fournissant un flot de pensée régulier. Il s'agit plutôt d'adages généraux et isolés qui ont été compilés pour former un recueil (Proverbes 25:1). Cela ne veut pas dire que nous ne disposons pas d'un contexte plus large au sein duquel certains proverbes peuvent être lus. Au contraire, en lisant ces proverbes à la lumière de l'ensemble des proverbes, et surtout à la lumière des proverbes traitant un même sujet, nous avons un contexte général auquel peuvent être associés la plupart des proverbes individuels.

Les érudits utilisent le terme « genre » pour parler des différentes sortes d'écriture. La poésie, la prophétie, l'histoire et les proverbes de la sagesse figurent au nombre des genres représentés dans la Bible. Examinons certains des « genres » bibliques les plus connus et certains principes importants d'interprétation pour chacun de ces genres.

1) - Le récit

Le récit est le genre que l'on retrouve le plus souvent dans la Bible. Il renvoie tout simplement à une « histoire » : soit un récit historique ou biographique vrai (qui constitue la plupart des récits bibliques), soit une histoire destinée à communiquer la vérité à travers une analogie fictive, comme une parabole. Il existe une règle fondamentale d'interprétation d'un récit, à savoir que nous devons nous demander : « Quelle est la morale de cette histoire ? » ou, en d'autres termes : « Quelles leçons pouvons-nous tirer de cette histoire ? »

- *Éviter l'allégorie*

Certains principes nous aident à tirer de bonnes leçons à partir des histoires. Le premier principe est un avertissement, surtout en ce qui concerne les récits historiques de la Bible : il *ne* faut *pas* allégoriser l'histoire, c'est-à-dire qu'il ne faut pas la transformer en une série de symboles comme si l'histoire n'était pas vraie. Si nous transformons les récits en symboles, n'importe qui peut alors interpréter le récit et lui faire dire ce qu'il veut. Des gens peuvent lire le même récit et aboutir à des religions opposées ! Si nous lisons un texte de cette façon-là, nous y lisons ce que nous pensons déjà, ce qui veut dire que nous agissons comme si nous n'avions pas besoin du texte pour nous enseigner quelque chose de nouveau !

Par exemple, lorsque David s'est préparé à lutter contre Goliath, il a ramassé cinq pierres polies. Un allégoriste pourrait affirmer que les cinq pierres de David représentent l'amour, la joie, la paix, la patience et la bonté. Un autre pourrait déclarer qu'il a ramassé cinq pierres parce qu'elles représentent cinq dons spirituels particuliers, ou peut-être les cinq éléments de l'armure spirituelle cités par Paul dans le Nouveau Testament.

Mais de telles interprétations sont extrêmement inutiles. D'abord, elles sont inutiles parce que n'importe qui peut arriver à n'importe quelle interprétation ; il n'y a donc aucun moyen objectif pour tout le monde d'arriver à la même conclusion. Ensuite, elles sont inutiles parce que c'est vraiment l'allégoriste et ses points de vue, plutôt que le texte lui-même, qui donnent sa signification et enseignent quelque chose. Troisièmement, elles sont inutiles parce que cela obscurcit le message véritable du texte. Pourquoi David a-t-il ramassé des pierres polies ? Tout simplement parce qu'elles allaient lui permettre d'être plus précis dans son lancer. Pourquoi David en a-t-il ramassé cinq au lieu d'une seule ? Probablement parce qu'il voulait en avoir plusieurs au cas où il raterait la première fois. La leçon que nous tirons à partir de cet exemple est que la foi n'est pas une question de présomption ou de prétention. David savait que Dieu allait l'utiliser pour tuer Goliath, mais il ne savait pas s'il allait le tuer avec la première pierre.

D'où vient l'allégorie ? Certains philosophes grecs avaient du mal à accepter les mythes qui présentaient leurs dieux comme des adultères, des voleurs et des meurtriers. Alors, au lieu d'interpréter ces mythes littéralement, ils ont les transformés en une série de symboles. Certains philosophes juifs, essayant de défendre la Bible contre des accusations grecques, ont expliqué des portions « gênantes » de la Bible en les présentant comme de simples symboles. Ainsi, au lieu d'admettre que des héros bibliques comme Noé étaient faillibles, un philosophe juif déclarait qu'il ne s'était pas réellement soûler, mais qu'au contraire, il s'était spirituellement enivré de la merveilleuse connaissance de Dieu. Des érudits chrétiens d'Alexandrie, dont les écoles étaient dirigées par la pensée philosophique grecque, pratiquaient souvent l'allégorie, bien que certains autres responsables de l'église (comme Jean Chrysostome) aient préféré la signification littérale. Des gnostiques comme Valentin, condamnés par les chrétiens orthodoxes, mélangeaient certaines idées chrétiennes à la philosophie païenne. Ils utilisaient souvent la méthode allégorique pour justifier une vague distinction entre le christianisme et d'autres systèmes de pensée. Plus tard, plusieurs penseurs chrétiens ont emprunté la méthode allégorique qui s'est répandue au Moyen-Âge, surtout en Europe[1].

Nombreux sont ceux qui pratiquent l'allégorie dans le but de découvrir la signification cachée dans chaque mot ou expression de l'Écriture. Le problème avec cette approche est qu'elle remet en question la façon dont l'Écriture nous a réellement été donnée ; par conséquent, elle ne respecte pas l'Écriture Sainte. Le niveau de signification englobe souvent l'histoire dans sa totalité et, normalement, les mots et les expressions individuels contribuent à une signification contextuelle plus large. Donner à l'histoire une signification qui n'y est pas revient à essayer *d'ajouter* une inspiration supplémentaire à l'Écriture, comme si elle était insuffisante par elle-même. (Les tentatives allégoriques destinées à attribuer aux paroles de l'Écriture une fausse signification prennent plusieurs formes. Au cours des dernières années, certains se sont attachés à associer des schémas numériques aux versets des Saintes Écritures, mais ces personnes n'ont tout simplement pas tenu compte des centaines de « variantes textuelles » de la Bible au fil des siècles. La plupart des érudits s'accordent pour dire que les soi-disant schémas numériques que certains informaticiens ont trouvés dans l'Écriture sont fortuits ; on peut arriver à des résultats aussi convaincants en utilisant d'autres types de modèles.)

- *Lire l'histoire dans sa totalité*

Parfois nous ne pouvons pas tirer de bonne morale à partir d'une histoire parce que nous avons choisi un texte trop

---

[1] En ce qui concerne l'utilisation gnostique de l'allégorie, voir par exemple, Stephen M. Miller, « Malcontents for Christ », *Christian History 51* (1996) : 32-34, p. 32. Carl A. Voltz, « The Genius of Chrysostom's Preaching », *Christian History 44* (1994) : 24-26, p. 24. Pour l'école alexandrine (peut-être un peu trop favorable), voir Robert M. Grant & David Tracy, *A Short History of the Interpretation of the Bible*, 2ème éd. (Philadelphie : Fortress, 1984), 52-56. Pour ce qui est des gens d'Antioche, comme Chrysostome, voir ibid., pp. 63-72.

court. Dans une partie précédente du livre, j'ai parlé de mon ami qui ne voyait pas l'utilité du passage qui disait qu'Abischag dormait dans le lit de David pour le réchauffer. Quelle morale pouvons-nous tirer d'une telle histoire ? Nous ne devons pas en déduire qu'il est bon pour des jeunes filles de dormir dans le même lit que des personnes âgées pour les garder au chaud. S'il est vrai que nous devons veiller sur la santé de nos rois et autres leaders, cela non plus n'est pas la morale de l'histoire. Certains pourraient souhaiter y tirer une leçon contredisant les autres enseignements moraux de la Bible. Mais toutes ces interprétations passent à côté du but étant donné que l'intention de l'auteur n'était pas de nous faire lire un paragraphe de l'histoire et puis d'arrêter. Nous devons lire toute l'histoire ; ce faisant, nous verrons que David était mourant. Ce passage nous permet de comprendre pourquoi Salomon doit plus tard faire exécuter son traître de frère, Adonija. Il nous aide à comprendre le reste de l'histoire ; la signification de l'histoire ressort de l'histoire tout entière, et pas toujours de ses parties individuelles.

Jusqu'où devons-nous lire pour savoir ce qui est véritablement dit ? En règle générale, plus nous lisons le contexte, mieux c'est. Nous n'allons pas nous éterniser sur ce point étant donné qu'il s'agit d'un principe du contexte du livre entier que nous avons déjà traité ci-dessus. Nous voulons simplement dire que l'unité littéraire est parfois plus longue qu'elle ne semble. Parce qu'il était difficile d'inscrire un long document sur un seul parchemin, les œuvres plus longues étaient souvent divisées en petits « livres ». Ainsi, le passage de 1 Samuel à 2 Rois constitue une seule et même histoire (avec des parties plus petites). Les livres de 1 et 2 Chroniques représentent une autre histoire. Ensemble, Luc et Actes constituent une seule œuvre (bien que nos Bibles placent Jean entre les deux ; lisez Actes 1:1 et Luc 1:3).

Il arrive également que certaines histoires plus larges en contiennent des plus petites. Par exemple, plusieurs des histoires consignées dans Marc peuvent être lues comme des unités indépendantes contenant leurs propres leçons de morale.

LE CONTEXTE DU GENRE

Certains érudits ont soutenu que l'Église primitive a utilisé ces histoires pour la prédication au même titre que certaines portions de l'Ancien Testament. Si cette observation est vraie, les érudits modernes reconnaissent que nous devons aussi situer ces histoires plus petites dans leur contexte plus large afin d'en tirer le maximum. On peut suivre le développement et le suspense dans le « complot » de Marc, et retracer les thèmes de l'Évangile du début à la fin. Cela nous évite de mal les interpréter. Par exemple, on pourrait lire Marc 1:45 et présumer que si on est envoyé par Dieu et qu'on accomplit la mission de Dieu comme Jésus l'a fait, il est fort possible que l'on soit populaire avec les masses. Mais si on lit l'ensemble de l'Évangile, on s'aperçoit que la foule a plus tard réclamé l'exécution de Jésus (Marc 15:11-15). La morale n'est pas que l'obéissance à Dieu conduit toujours à la popularité mais que la popularité est éphémère car les foules sont très influençables. Jésus a donc affirmé qu'il était plus important de faire des disciples que d'attirer les foules (Marc 4:9-20).

- *Tirer des leçons de l'histoire*

Lire une histoire biblique comme une histoire vraie et ensuite apprendre des principes par analogie (apprendre par l'écoute comme, par exemple, les histoires des leçons que nos parents ont apprises dans la vie), ce n'est pas allégoriser. C'est lire ces histoires afin de les comprendre conformément à l'intention de l'auteur. Nous devons nous mettre à la place des premiers auditeurs de l'histoire, la lire dans le contexte du livre entier dans lequel elle apparaît et essayer d'y apprendre ce que les premiers auditeurs ont appris. Ce n'est qu'à partir de là que nous pourrons appliquer l'histoire aux situations et aux besoins actuels. De même, si nous passons outre à la signification ancienne, nous passerons également à côté de l'impact original de l'histoire. Une fois que nous avons compris ce qu'elle voulait dire à l'origine, nous devons alors réfléchir à la façon d'appliquer le passage à nos situations actuelles afin qu'il ait un impact similaire.

INTERPRÉTATION BIBLIQUE

La plupart des récits comprennent des personnages. On peut essayer de déterminer si les exemples de personnages étaient bons ou mauvais en utilisant plusieurs méthodes : (1) Lorsque l'auteur et les lecteurs étaient de la même culture et que cette dernière considérait un acte comme étant mauvais ou bon, l'auteur pouvait présumer que les lecteurs savaient ce qu'il voulait dire, à moins qu'il ne soit en désaccord avec les points de vue culturels. (2) Si vous lisez le livre en entier, vous pouvez remarquer des modèles de comportement. Une évaluation du comportement dans un cas pourrait s'appliquer à des cas semblables de comportement dans ce livre. (3) En soulignant de façon délibérée les différences des personnages, on pouvait généralement voir quels exemples étaient bons ou mauvais.

Parfois nous apprenons à partir d'une histoire en analysant et en contrastant les personnages positifs et négatifs qui la composent. C'est ce que nous pouvons faire dans 1 Samuel ; aux chapitres 1 et 2, nous apprenons qu'Anne, qui était méprisée par les quelques personnes qui la connaissaient, était une femme pieuse, alors qu'Éli, le souverain sacrificateur, avait compromis son appel. Anne offre de « renoncer » à son fils Samuel pour le consacrer à Dieu ; le sacrificateur Éli qui refuse de « renoncer » à ses fils pour Dieu finit par les perdre, eux et tout ce qui lui appartenait. Après cela, l'histoire compare le jeune Samuel, qui écoute la voix de Dieu et communique son message, aux fils coupables d'Éli qui se servent de leur ministère pour s'enrichir et se vautrer dans l'immoralité sexuelle. Finalement, Dieu exalte Samuel et tue les serviteurs hypocrites. Plus loin, 1 Samuel oppose David à Saül. En analysant les différences entre eux, nous pouvons tirer des principes qui nous permettront d'accomplir l'appel de Dieu et d'éviter bien des dangers.

De tels contrastes apparaissent aussi dans le Nouveau Testament. Par exemple, dans Luc 1, Zacharie était un vieux sacrificateur respecté qui servait dans le temple de Jérusalem. Mais lorsque l'ange Gabriel lui apparaît, Zacharie se met à douter et il perd l'usage de la parole pendant quelques mois. Par contraste, l'ange Gabriel apparaît ensuite à Marie avec un message encore plus remarquable, mais elle croit. Si l'on considère son sexe, son âge, son statut social et le fait qu'elle soit à Nazareth plutôt que dans le temple, la plupart des gens auraient eu une plus haute opinion de Zacharie que de Marie. Mais le récit nous montre que Marie a répondu avec une plus grande foi et que par conséquent elle a reçu une plus grande bénédiction que Zacharie. De même, nous avons précédemment noté un contraste entre les mages qui voulaient voir Jésus pour l'adorer et Hérode qui voulait le tuer.

Il n'est pas toujours facile de faire la distinction entre les exemples positifs et les exemples négatifs, et la plupart des personnages bibliques, à l'instar de la plupart des personnages des histoires et de la biographie grecques, contenaient un mélange de caractéristiques positives et négatives. La Bible nous parle de gens qui ont réellement vécu, et nous apprenons, à partir de cet exemple, à ne pas idolâtrer certaines personnes en les considérant comme parfaites et à ne pas les diaboliser en les considérant comme entièrement mauvaises. Avant Jésus, Jean-Baptiste était le plus grand de tous les prophètes (Matthieu 11:11-14) mais il se posait des questions quant à l'identité de Jésus : était-il véritablement l'accomplissement de la prophétie (Matthieu 11:2-3) ? Après tout, Jésus guérissait les malades mais le jugement qu'il annonçait ne lui semblait pas suffisamment sévère (Matthieu 3:11-12). Jean-Baptiste était un homme de Dieu, mais il ne savait pas que le royaume allait venir en deux étapes parce que son roi allait venir deux fois. Faire la différence entre les exemples positifs et les exemples négatifs demande beaucoup de travail, mais cela est très enrichissant. Ce procédé nous pousse à nous plonger plusieurs fois dans l'histoire entière jusqu'à ce que nous puissions y découvrir les modèles qui nous donnent la perspective de l'auteur inspiré. La meilleure façon pour nous d'arriver à mieux comprendre le cœur de Dieu est de nous imprégner de sa Parole.

Nous pouvons souvent faire une liste des attributs positifs que nous pouvons tirer des personnages bibliques, surtout si le texte les qualifie de personnes justes. Prenons l'exemple de Joseph dans Matthieu 1:18-25. Le texte dit expressément que Joseph était un homme « de bien » (Matthieu 1:19). Avant de citer les leçons que nous pouvons en tirer, nous devons mentionner l'arrière-plan. Vu l'âge moyen auquel les Juifs se mariaient au premier siècle, Joseph avait probablement moins de vingt ans, et Marie était certainement plus jeune, peut-être environ 15 ans. Joseph ne connaissait probablement pas bien Marie ; des sources suggèrent que les parents ne permettaient pas aux couples galiléens de passer beaucoup de temps ensemble avant leur nuit de noces. Aussi, légalement parlant, les « fiançailles » juives liaient deux personnes comme dans le cas du mariage ; elles ne pouvaient être rompues que par le divorce ou par la mort d'un partenaire. Si la femme était accusée d'infidélité dans un tribunal, son père devait rendre au fiancé la dot qu'il avait payée, et le fiancé devait garder l'argent que la jeune femme avait ou devait apporter dans le mariage. S'il avait cherché à divorcer de Marie en privé, Joseph aurait probablement perdu tout cet argent.

Le récit aborde en premier lieu le thème de *l'engagement*: Joseph était juste, même s'il avait fait le projet de rompre avec Marie parce qu'il pensait qu'elle lui avait été infidèle, et l'infidélité était un délit très grave. Le texte nous enseigne également la *compassion* : même si Joseph croyait (à tort) que Marie lui avait été infidèle, il voulait rompre avec elle en secret pour minimiser sa honte, renonçant ainsi à tout dédommagement financier et à toute vengeance. Ici la « bonté » de Joseph (Matthieu 1:19) comprend aussi la compassion pour les autres. Le passage insiste plus tard sur la *consécration* : Joseph était prêt à porter la honte pour obéir à Dieu. La grossesse de Marie allait lui apporter la honte, peut-être pour le restant de sa vie. Si Joseph l'épousait, les gens allaient penser qu'il était l'auteur de la grossesse ou bien, ce qui est peu probable, qu'il était faible sur le plan moral en refusant de la punir selon la coutume. Dans tous les cas, à long terme, Joseph s'est chargé de la honte de Marie en obéissance à la volonté de Dieu. Enfin, nous abordons le thème du *contrôle*. Dans leur culture, chacun présumait qu'un homme et une femme qui se retrouvaient seuls étaient incapables de résister à leurs pulsions sexuelles. Mais, en obéissance à Dieu, Joseph et Marie se sont abstenus de rapports sexuels, même une fois mariés, jusqu'à la naissance de Jésus pour accomplir l'Écriture qui promettait non seulement une conception virginale mais aussi une naissance virginale (Matthieu 1:23, 25). Ce paragraphe contient d'autres leçons de morale (par exemple, concernant l'importance de l'Écriture dans Matthieu 1:22-23), mais celles que nous venons d'aborder sont celles qui ressortent le plus de la vie de Joseph.

Nous avons à présent l'occasion d'appliquer l'étude de la Bible à notre propre vie. On peut prendre un passage comme Marc 2:1-12 et citer les types de leçons de morale que l'on peut en tirer. Par exemple, les quatre hommes qui ont amené leur ami ont reconnu que Jésus était seul capable de répondre à leur besoin, et ils ont refusé de laisser quoi que ce soit les empêcher d'arriver jusqu'à Jésus (Marc 2:4). Marc qualifie leur détermination de « foi » (Marc 2:5). Parfois, avoir la foi, c'est refuser de laisser quelque chose ou quelqu'un nous empêcher de rechercher Jésus pour nous-mêmes ou (comme dans le cas présent) pour les besoins d'un ami. Une autre leçon importante est que Jésus répond à leur foi d'abord par le pardon (Marc 2:5) parce que c'est la première priorité de Christ. Nous pouvons aussi noter en passant que les responsables religieux s'opposent à l'enseignement de Jésus (Marc 2:6-7). Les dirigeants religieux ne sont pas tous prêts à accepter ce que Dieu a à leur dire ! Bien que le pardon soit la première priorité de Christ, il est aussi prêt à accorder le miracle que ces hommes attendent et à démontrer sa puissance par des signes (Marc 2:8-12). Il n'était pas un rationaliste occidental qui doutait de la réalité du phénomène surnaturel !

On pourrait subdiviser certaines de ces leçons et peut-être même en tirer d'autres leçons. Mais, comme nous l'avons remarqué ci-dessus, nous devons toujours nous assurer que les leçons tirées sont *justes* à la lumière du contexte plus large. Comme nous l'avons noté plus haut, bien que Jésus ait été populaire (Marc 2:1-2), cela ne veut pas dire qu'un tel ministère engendrera systématiquement la popularité, car plusieurs ont ultérieurement demandé sa crucifixion (Marc 15:11-14). Nous ne devons pas non plus lire dans le texte quelque chose qui n'y est pas clairement mentionné. Par exemple, nous ne devons pas voir la réponse à « leur foi » dans Marc 2:5 comme signifiant que le Seigneur pardonnera les péchés des autres à cause de notre foi. Le texte ne dit pas que le paralytique n'avait pas de foi. (On suppose que s'il n'avait pas fait preuve de foi, il aurait protesté auprès de ses amis qui le faisaient descendre par le toit.)

Certains passages ne renferment pas autant d'applications que celui-ci. L'histoire de la découverte de l'abandon des tentes araméennes par les lépreux (2 Rois 7:3-10) fait partie d'une histoire plus large concernant la provision de Dieu pour Israël, le jugement de ceux qui doutaient de son prophète et la façon dont Dieu pouvait annuler le jugement qu'il avait prononcé contre la nation en faisant preuve d'une miséricorde extraordinaire selon son message prophétique. En même temps, cette unité plus petite fournit certaines perspectives qui entrent dans le cadre d'un modèle plus large de l'Écriture. Dieu n'a pas permis à des puissants (cf. 2 Rois 7:2) mais à des lépreux exclus de la ville (2 Rois 7:3) de faire une telle découverte, des gens désespérés qui n'avaient plus rien à perdre (2 Rois 7:4). La Bible indique que Dieu choisit souvent ce genre de personnes.

Parfois, lorsque je dirige des études bibliques, je prends un passage comme Marc 2:1-12, quelques versets à la fois, et je demande aux gens de réfléchir aux leçons que l'on pourrait tirer du texte ; ainsi, ils commencent à réfléchir sur la façon d'étudier la Bible. Lorsque les réponses s'éloignent trop du sujet, je les ramène au texte. On devient plus précis au fur et à mesure que l'on s'exerce, mais il faut être patient lorsqu'on enseigne aux étudiants à lire la Bible et à la comprendre. Alors que j'enseignais un cours d'école du dimanche pour des garçons âgés entre 10 et 13 ans, je leur ai simplement demandé de lire certains passages de l'Écriture ; ensuite, je leur ai donné l'arrière-plan et nous avons discuté de la Parole de Dieu. Cela leur a permis de tirer des leçons du texte. Conscients de leurs problèmes quotidiens, ils pouvaient réfléchir aux différentes façons d'appliquer ces leçons à leurs vies, des applications beaucoup plus appropriées que je n'aurais pu trouver moi-même. Après quelques semaines, j'ai confié la direction de la prochaine étude biblique à un garçon de 13 ans ; je lui ai simplement fourni l'arrière-plan. Il dirigea la discussion aussi bien que j'aurais pu le faire. Un autre garçon de 10 ans le fit la semaine d'après. Ce que je cherche à montrer ici, c'est qu'une fois que nous enseignons aux autres comment étudier la Bible, et aussi longtemps que nous sommes là pour les aider durant leur apprentissage, ils peuvent à leur tour aider les autres. Que Dieu nous préserve de garder nos connaissances pour nous-mêmes !

- *Pouvons-nous apprendre à « enseigner » à partir des récits ?*

Certains théologiens modernes ne croyaient pas vraiment à l'apprentissage de « la doctrine » ou (littéralement) de « l'enseignement » à partir d'un récit. Le passage de 2 Timothée 3:16 déclare clairement que toute Écriture est utile pour enseigner ; donc, pour éliminer la fonction narrative des récits, ces théologiens devaient également nier que ces récits faisaient partie de l'Écriture ! Mais comparés à d'autres genres littéraires, les récits constituent la plus grande partie de la Bible, et Jésus et Paul enseignent tous deux à partir des récits de l'Ancien Testament (par exemple : Marc 2:25-26 ; 10:6-9 ; 1 Corinthiens 10:1-11)[2].

Si aucun enseignement ne pouvait être tiré des récits, il

---

[2] Certains des éléments suivants sont tirés de l'appendice d'un de mes livres intitulé
[3] *Crucial Questions About The Holy Spirit* (Grand Rapids, MI, États-Unis : Baker Book House, 1996).

n'y aurait alors aucune raison d'avoir différents évangiles. Parce que Jésus a beaucoup agi et enseigné, aucun évangéliste ne pourrait nous dire tout ce qu'il a fait et dit (c'est ce que Jean 21:25 affirme de façon explicite). Au lieu de cela, chaque évangéliste insiste sur certains points concernant Jésus, de même que nous le faisons lorsque nous lisons ou prêchons à partir d'un texte biblique. Cela veut dire que lorsque nous lisons des histoires bibliques, nous apprenons non seulement les faits historiques au sujet de ce qui est arrivé, mais nous écoutons aussi la perspective de l'auteur inspiré sur ce qui est arrivé, c'est-à-dire les leçons à tirer de l'histoire. Lorsque l'auteur *prêche* à partir des histoires qu'il raconte, il nous donne souvent des indices qui nous permettent de reconnaître les leçons que nous devons en tirer. Par exemple, il choisit souvent des histoires avec un thème fondamental (ou des thèmes fondamentaux) qui accentuent de façon répétée des leçons particulières.

Toutefois, malgré certains exemples historiques considérables concernant l'utilisation des précédents historiques bibliques, plusieurs théologiens suggèrent qu'on est libre de trouver dans un récit seulement ce qui est clairement enseigné dans les portions « plus claires » et « didactiques » de l'Écriture. Bien que certains de ces théologiens figurent au nombre des exégètes les plus compétents des autres parties de l'Écriture, je dois protester ici que leur approche des récits bibliques enfreint les règles les plus fondamentales de l'interprétation biblique, et *en pratique*, elle met en péril la doctrine de l'inspiration biblique. Paul n'a-t-il pas dit que toute Écriture est inspirée et donc utile pour « enseigner » et pour « instruire » (2 Timothée 3:16) ? J'avoue que je ne comprends pas certaines portions de l'Écriture (par exemple, à quoi servent les généalogies du livre des Chroniques ?). Mais d'autres endroits obscurs ont pris un sens nouveau pour moi après avoir compris le contexte culturel qu'ils adressaient (par exemple, le plan du Tabernacle dans l'Exode). Certains textes sont plus utiles que d'autres pour aborder des situations ordinaires, mais *tous* les textes bibliques traitent une situation ou une autre.

LE CONTEXTE DU GENRE

Un des principes les plus fondamentaux de l'interprétation biblique est que nous devons nous demander ce que l'auteur voulait transmettre à ses contemporains. Ce principe s'applique tant aux récits comme les évangiles qu'aux épîtres comme Romains. S'il avait été possible d'écrire un évangile « neutre » capable de traiter toutes les situations de façon universelle, la Bible l'aurait sans doute inclus. Au lieu de cela, la Bible nous offre quatre évangiles, chacun insistant sur certains éléments différents des enseignements et de la vie de Jésus afin d'annoncer que Jésus a le pouvoir de répondre aux besoins des lecteurs de façons pertinentes (ce qui nous fournit aussi un modèle sur la façon dont nous devons annoncer la bonne nouvelle de Jésus à nos auditeurs). La méthode que Dieu a choisie pour nous donner la Bible est plus importante que la façon dont nous aurions souhaité qu'il nous la donne.

Plus important encore, nous devons d'abord lire chaque livre comme une seule unité parce que c'est ainsi que Dieu a originellement inspiré ces livres. Dieu a inspiré les livres de la Bible, comme Marc ou Éphésiens, l'un après l'autre, inspirant les auteurs à traiter certaines situations spécifiques. Les premiers lecteurs de Marc ne pouvaient pas se référer à l'épître aux Éphésiens ou à l'évangile de Jean lorsqu'ils voulaient comprendre un point obscur de l'évangile de Marc ; ils devaient lire et relire Marc en entier jusqu'à ce qu'ils saisissent la signification du passage en question. Lorsque nous lisons un passage consigné dans un de ces livres bibliques, nous devons le lire à la lumière du message et de l'argumentation globaux du livre. Nous devons aussi lire le livre à la lumière des passages qui le constituent.

Cela ne veut pas dire que nous ne pouvons pas comparer les résultats de notre étude de l'épître aux Éphésiens à ceux de notre étude de l'évangile de Marc. Mais lorsque nous avons recours à l'épître aux Éphésiens avant d'avoir terminé notre examen de l'évangile de Marc, nous ne tenons en quelque sorte aucun compte du caractère de l'évangile. Par exemple, l'opposition que Jésus rencontre lorsqu'il guérit un paralytique nous montre que nous pouvons nous attendre à être en butte à l'hostilité lorsque nous faisons la volonté de Dieu. Cette opposition à Jésus, qui commence dans les premiers chapitres de Marc et atteint son point culminant à la croix, est semblable aux souffrances auxquelles doivent s'attendre les croyants (Marc 8:31-38 ; 10:33-45 ; 13:9-13 ; 14:21-51). Marc appelle les chrétiens à persévérer. Le fait que Marc fournisse des exemples négatifs de ce principe (par exemple, Marc 14:31-51) renforce ce point (même si cela montre l'insuffisance des chrétiens à répondre à cet appel par leurs propres efforts).

La plupart des cultures mondiales enseignent des leçons à partir d'histoires. La plupart des théologiens qui remettent en question l'utilisation des récits sont, par contraste, des Occidentaux ou des personnes formées à l'occidentale, des rejetons du Siècle des Lumières. En fait, certains Occidentaux pensent même que les histoires bibliques ne sont pas à la portée de tous. Même aux États-Unis, les églises noires se sont spécialisées, et ce, pendant des générations, dans la prédication narrative. Dans la plupart des églises, les enfants grandissent en aimant les histoires bibliques jusqu'à ce qu'ils deviennent adultes et que nous leur enseignions qu'ils doivent maintenant penser de façon abstraite plutôt que d'apprendre à partir d'illustrations concrètes. Ce n'est pas parce notre méthode traditionnelle d'extraction de la doctrine biblique ne fonctionne pas bien avec les récits que les histoires bibliques n'ont aucun message à communiquer. Au contraire, cela montre combien notre façon d'appliquer la méthode traditionnelle d'interprétation est inadéquate, et ce, parce que nous ignorons une grande partie de la Parole de Dieu.

Lorsque les disciples de Jésus écrivaient le Nouveau Testament, chacun, selon sa propre culture, était conscient du fait que le récit communiquait des principes moraux. Les biographes et les historiens s'attendaient à ce que les lecteurs tirent des leçons de leurs exemples, que ces leçons soient négatives ou positives. Les étudiants récitaient ces histoires lors d'exercices réguliers à l'école élémentaire ; à des niveaux plus avancés d'éducation, ils apprenaient comment mettre ces exemples en application pour en tirer des leçons de morale.

Exiger l'utilisation des portions non narratives de la Bible pour interpréter les récits n'est pas seulement un manque d'égards pour les portions narratives, mais aussi une façon peu éclairée de les lire. Tout le monde reconnaît, par exemple, que les lettres de Paul sont des documents « de circonstance », c'est-à-dire qu'elles traitent de situations et d'événements bien particuliers. Ainsi, si la Sainte Cène n'avait pas été un sujet de controverse à Corinthe, nous n'aurions pas su grand-chose à son sujet, hormis ce qu'en disent Matthieu, Marc et Luc. Si nous interprétons les portions narratives en nous appuyant uniquement sur d'autres parties de la Bible, nous pourrions penser qu'aujourd'hui la Sainte Cène est entièrement facultative. Nous voyons que Jésus se base sur le récit pour *instruire* ses disciples à propos de la Sainte Cène ; cela étant, nous pouvons toujours protester que son objectif était de limiter son enseignement à un groupe de disciples trié sur le volet. C'est ainsi qu'il y a quelques centaines d'années, plusieurs protestants ont minimisé l'importance de la Grande mission ; de même, aujourd'hui, plusieurs chercher à minimiser l'importance des enseignements des évangiles et des Actes des apôtres au sujet des signes soutenant et confirmant l'évangélisation.

L'approche « doctrinale » traditionnelle est non seulement insuffisante pour interpréter les évangiles mais aussi non indiquée lorsqu'il s'agit d'interpréter les épîtres. La façon « narrative » d'interpréter les histoires bibliques nous montre en fait comment lire les épîtres selon l'intention originale de l'auteur. Paul a écrit pour adresser les besoins spécifiques des églises (et rarement pour simplement envoyer des salutations). Alors que les principes auxquels Paul a recours sont éternels et s'appliquent à une multitude de situations, Paul les exprime de façon concrète pour aborder ces situations spécifiques. Avant de pouvoir saisir ces principes, nous devons souvent reconnaître les situations qu'il a abordées. Les mots concrets que Paul associe à certaines situations constituent des études de cas qui nous montrent comment faire face aux situations similaires que nous pourrions rencontrer encore aujourd'hui. Les lettres pauliniennes présupposent une sorte de récit d'arrière-plan ; il répond aux événements et situations de ses auditeurs. *En d'autres termes, même les lettres de Paul doivent être considérées comme des exemples.* C'est de cette façon que Paul a lu l'Ancien Testament, tirant une théologie (surtout un enseignement moral) des exemples vétéro-testamentaires (1 Corinthiens 10:11).

Je soupçonne que plusieurs érudits (y compris moi-même, à mes débuts) ont eu du mal à extraire une théologie des récits, surtout à cause de notre formation académique occidentale. Dans le monde de l'académie théologique, on peut se contenter de traiter les problèmes importants comme la christologie et ignorer d'autres problèmes nécessaires, comme les abus domestiques et comment témoigner de Christ sur son lieu de travail. Mais les pasteurs, ceux qui ont l'habitude de rendre souvent témoignage et d'autres serviteurs de Dieu ne peuvent se permettre de passer outre aux problèmes qui dépassent les limites des catégories doctrinales traditionnelles. (Nous ne devons pas oublier que ces catégories doctrinales générales étaient établies par des théologiens médiévaux qui pouvaient souvent se permettre de se retirer des problèmes quotidiens avec lesquels la plupart de leurs contemporains luttaient. Les problèmes qu'ils traitaient étaient importants, mais ils ne touchaient que la surface !) Je crois que plus nous serons forcés d'aborder les mêmes genres de situation que rencontraient les auteurs bibliques, et mieux nous arriverons à interpréter leurs écrits. À partir de ce moment-là, nous devrons réadapter la vie et la foi de l'Église à l'Écriture.

Attention ! Nous ne devons pas oublier que toutes les actions humaines mentionnées dans l'Écriture ne sont pas censées être des exemples positifs, même si elles sont réalisées par des personnages généralement positifs. L'Écriture est réaliste

LE CONTEXTE DU GENRE

lorsqu'elle considère la nature humaine, et elle révèle clairement nos faiblesses afin que nous soyons réalistes en ce qui concerne nos faiblesses et notre besoin de toujours dépendre de Dieu. Abraham et Sara ont tous deux ri lorsqu'ils ont entendu la promesse de Dieu (Genèse 17:17 ; 18:12-15). David aussi a presque craqué sous la pression lors de la poursuite de Saül et de la mort de Samuel ; il aurait pu tuer Nabal et ses hommes si Abigaïl n'était pas intervenue (1 Samuel 25:32-34). Consterné en voyant que rien de ce qu'il faisait ne pouvait arracher le contrôle d'Israël de l'emprise maléfique de Jézabel, Élie demande la mort (1 Rois 19:9). Découragé en voyant que personne n'écoutait son message, Jérémie maudit le jour de sa naissance (Jérémie 20:14-18). Jean-Baptiste a douté de l'identité de Jésus peu avant son exécution (Luc 7:19, 23). Pierre a renié Jésus trois fois (Marc 14:72). Comme l'a dit Paul, nous portons ce trésor dans des vases de terre afin que les gens reconnaissent que la puissance vient de Dieu (2 Corinthiens 4:7). Jésus est le seul à n'avoir fait preuve d'aucune faiblesse morale ; il s'est même identifié à nous dans la tentation (Marc 1:12-13 ; 14:34-42). L'Écriture montre les faiblesses des hommes et des femmes de Dieu afin que nous puissions voir qu'il n'existe aucun être spirituel surnaturel parmi nous ; il s'agit simplement d'hommes et de femmes qui dépendent de la puissance de l'Esprit parfait de Dieu qui seul a le pouvoir de nous accorder la victoire.

- *Les paraboles*

Les paraboles sont un genre spécifique de récits qui diffère quelque peu des autres genres. Dans l'Ancien Testament et à l'époque de Jésus, des sages israélites ont utilisé diverses sortes d'enseignements graphiques pour communiquer leur sagesse de façon à encourager les auditeurs à la réflexion. Le proverbe fait partie de ces types d'enseignement, mais nous le traiterons plus tard. Les paraboles (*mashal* en hébreu) sont des comparaisons de longueur variable qui se prêtent parfois à l'allégorie (contrairement à la plupart des récits bibliques).

INTERPRÉTATION BIBLIQUE

À l'époque de Jésus, les enseignants juifs communiquaient souvent des leçons de morale et des principes en racontant des histoires dans lesquelles un ou deux (ou parfois plusieurs) personnages pouvaient symboliser autre chose dans la réalité. Souvent, ils racontaient des histoires au sujet d'un roi qui aimait son fils ; le roi représentait Dieu et le fils symbolisait Israël. Donc, lorsque Jésus raconte des paraboles, ses lecteurs savaient ce qu'elles étaient et comment les interpréter.

Même si les paraboles de Jésus étaient parfois des analogies élargies dont les vérités étaient applicables dans la réalité (par exemple, les quatre types de sol différents dont il est question dans la parabole du semeur, Marc 4:3-20), elles comprenaient souvent certains détails qui étaient simplement nécessaires pour donner un sens à l'histoire ou pour faire d'elle une histoire qui se raconte bien. C'est aussi le cas pour d'autres paraboles juives de l'époque. Par exemple, lorsque le pharisien et le publicain prient dans le temple (Luc 18:10), le temple ne « représente » rien de particulier ; il s'agissait simplement du lieu de prière de prédilection des habitants de Jérusalem. Lorsque le propriétaire de la vigne construit un mur autour de sa vigne (Marc 12:1), notre objectif n'est pas de déterminer la signification du mur. Il s'agissait simplement d'une caractéristique normale des vignes, et cela oblige le lecteur attentif à reconnaître que Jésus fait allusion à la parabole de l'Ancien Testament consignée dans Ésaïe 5:5 car, dans ce passage, la vigne représente Israël.

Dans l'histoire du fils prodigue, le père représente Dieu, le plus jeune frère symbolise les pécheurs, et l'aîné représente les scribes et les pharisiens. Mais les pourceaux ne « représentent » rien de particulier ; ils illustrent simplement la sévérité de la souffrance et de la souillure du fils prodigue. Les prostituées (Luc 15:30) ne représentent pas les faux enseignements ou l'idolâtrie ou autre chose dans ce genre ; elles montrent simplement la façon immorale dont le fils a dilapidé l'argent de son père.

LE CONTEXTE DU GENRE

À présent, nous allons étudier plus en détail la parabole du bon Samaritain (Luc 10:30-35). Dans cette parabole, un homme « descendait » de Jérusalem à Jéricho lorsqu'il tomba entre les mains de voleurs qui le chargèrent de coups, le pillèrent et l'abandonnèrent à demi mort. Un sacrificateur et un Lévite passèrent outre, mais finalement un Samaritain lui porta secours et le conduisit dans une hôtellerie. Pour saint Augustin, un grand penseur et un père de l'église venant de la côte d'Afrique du Nord, cette parabole était un symbole de l'histoire de l'Évangile : Adam est « descendu » parce qu'il est tombé dans le péché. Il a été maltraité par le diable et il n'a pas été aidé par la loi, mais il a été finalement sauvé par Christ qui est le bon Samaritain. On peut prêcher cette interprétation et s'attendre à ce que des personnes se convertissent puisque, après tout, on prêche le message de l'Évangile. Mais on peut prêcher l'Évangile sans l'attacher à cette parabole. En fait ce n'est pas du tout ce que veut dire la parabole dans le contexte de l'évangile de Luc.

Dans Luc 10:29, un docteur de la loi demande à Jésus qui est son « prochain » que la Bible lui demande d'aimer (cf. Luc 10:25-28). Jésus répond que son prochain pourrait même être un Samaritain ; l'amour véritable doit aller au-delà des limites raciales, tribales et même religieuses. Ce n'était probablement pas la réponse à laquelle s'attendait le docteur de la loi. La réponse est assez choquante même pour pas mal de personnes aujourd'hui ; cela peut expliquer pourquoi tant de gens refusent d'accepter une telle signification ! Mais pourquoi l'homme « descendait »-il de Jérusalem à Jéricho ? Tout simplement parce que Jérusalem était située à une plus haute élévation que Jéricho ! Qui plus est, de nombreux brigands rôdaient sur la route de Jéricho (comme beaucoup de routes) ; un homme voyageant seul était une cible facile, surtout la nuit. Le sacrificateur et le Lévite qui sont passés de l'autre côté de la route (Luc 10:31-32) l'ont probablement fait pour éviter de se « souiller » sur le plan rituel ; plusieurs enseignants juifs affirmaient qu'une personne était souillée pendant toute une semaine si son ombre touchait un mort, et, à moins d'être très près, il n'était pas facile de voir si quelqu'un « à demi mort » (Luc 10:30) était vraiment mort ou vivant.

Le but de l'histoire est de montrer que certaines personnes très religieuses ne se sont pas montrées très amicales mais que celui dont on n'attendait pas grand-chose a fait preuve de bienveillance et de gentillesse. Peut-être que si nous racontions l'histoire aujourd'hui, nous parlerions d'un moniteur d'école du dimanche ou d'un pasteur qui est passé outre, mais un musulman ou un membre d'une tribu hostile a secouru la personne. Nos auditeurs pourraient réagir avec hostilité face à une telle comparaison, mais c'est exactement ainsi que les auditeurs de Jésus ont réagi à sa comparaison. Le « prochain » du docteur de la loi pouvait être un Samaritain, le nôtre pourrait être une personne que nous sommes tentés de mépriser. Jésus nous dit d'aimer tout le monde.

- *Les récits narratifs et l'histoire*

Suivant l'influence du Siècle des Lumières occidental, plusieurs érudits occidentaux se sont mis à douter des miracles et par conséquent de l'historicité des récits bibliques. Une découverte après l'autre à partir du monde ancien a défié ce scepticisme ; de nouvelles tendances ont commencé à contester les anciens points de vue du Siècle des Lumières. Aujourd'hui, la plupart des érudits, chrétiens ou non, insistent davantage sur la *signification* du texte que sur sa relation avec l'histoire.

Mais l'Église primitive demandait aux leaders chrétiens de répondre aux objections soulevées contre la foi (2 Timothée 2:25-26 ; Tite 1:9) ; nous allons donc brièvement introduire certains de ces problèmes. Étant donné que la plupart de mes ouvrages sont basés sur les évangiles, ces derniers (dont j'affirme la crédibilité historique) m'aideront à illustrer les méthodes utilisées.

Si une personne sceptique mais honnête n'a aucune évidence pour ou contre la crédibilité des évangiles, doit-elle accepter les évangiles ou en douter ? Les érudits affirment de plus en plus que les évangiles sont des biographies anciennes, ce qui veut dire qu'au moins ils sont considérablement crédibles sur le plan historique. Ils entrent dans le cadre des caractéristiques des biographies anciennes et pas dans celui des autres genres. Ainsi, même un sceptique doit reconnaître leur crédibilité historique.

Après avoir soulevé certaines questions historiques, ces érudits du dix-neuvième siècle ont constaté que certaines parties de la Bible se chevauchaient, par exemple, les Rois et les Chroniques, ou Marc et Matthieu. Ils ont ainsi développé une méthode appelée « l'histoire de source » ; celle-ci s'attache à reconstruire les sources que les historiens bibliques ont utilisées. S'ils dépendaient clairement des premières sources, ils ne pouvaient donc pas inventer des choses de toutes pièces. Plusieurs passages bibliques mentionnent leurs sources (Nombres 21:14 ; Josué 10:13 ; 2 Samuel 1:18 ; 1 Rois 14:19 ; 1 Chroniques 29:29 ; 2 Chroniques 27:7) ; 1 et 2 Chroniques citent un « livre des Rois » à dix reprises (neuf d'entre elles à partir de 2 Chroniques 16 et au-delà). Vu que les auteurs des évangiles ont écrit à une période proche de celle des événements qu'ils décrivaient, lorsqu'il est probable que certaines sources relataient des événements semblables, ils n'ont pas eu besoin de citer leurs sources. Ils montrent clairement que ces sources étaient disponibles (Luc 1:1). Bien que certains débats restent encore ouverts, le point de vue de la majorité des érudits est que Matthieu et Luc ont tous deux utilisé Marc et d'autres sources qu'ils avaient en commun.

Cependant, hormis un tel consensus fondamental, la source de l'histoire fournit peu de points de vue généralement acceptés. Les approches « copier/coller » du début du vingtième siècle (dans lesquelles les sceptiques raccourcissaient l'Écriture à leur convenance) sont maintenant presque universellement rejetées, diminuant la valeur des commentaires qui ont suivi. Nous savons aussi que les conteurs méditerranéens de l'Antiquité s'aidaient de plusieurs sources variées, y compris des traditions orales ; nous ne pouvons donc pas toujours savoir quel récit provient de quelle source.

Certains autres érudits ont avancé une méthode appelée « histoire de forme » ; les œuvres et l'enseignement de Jésus ont été relatés sous plusieurs formes littéraires différentes. Certaines de ces formes distinctes (telles que les paraboles) sont claires, mais les historiens traditionnels ont trop spéculé sur la forme de prédilection de l'église, et la plupart de leurs premières spéculations ont été réfutées par des chercheurs plus récents.

Les érudits sont passés à l'histoire-rédaction, ou l'histoire éditoriale. Si Matthieu a utilisé Marc comme source, alors pourquoi Matthieu révise-t-il ou adapte-t-il Marc de la façon dont il l'a fait ? Les biographes anciens étaient entièrement libres de remanier leurs sources et de les reformuler. Une simple comparaison entre Matthieu, Marc et Luc indique qu'ils n'ont pas toujours suivi la même suite d'idées ou utilisé les mêmes mots pour décrire un même événement ; il faut s'attendre à de telles différences. Lorsque nous trouvons des modèles consistants dans la révision de Matthieu, nous pouvons alors identifier les points que Matthieu voulait accentuer et donc comprendre ce qu'il voulait communiquer à ses premiers auditeurs. Quoi qu'il en soit, certains historiens adeptes de la rédaction étaient trop sûrs d'eux pour pouvoir comprendre la raison de certains changements. Des érudits plus récents ont réalisé que certains changements étaient simplement d'ordre stylistique ou bien destinés à raccourcir un texte qu'ils jugeaient trop long !

Chacune des approches ci-dessus a quelque chose à apporter ; les érudits modernes en ont retenu deux. La première comprend des formes variées de la critique littéraire, une composante fondamentale de ce qui permet généralement de lire chaque livre comme un ensemble pour en comprendre la signification. La seconde est l'approche socio-historique qui accentue ce que nous avons appelé l'« arrière-plan ». Presque tous les érudits bibliques aujourd'hui, en allant des « conservateurs » aux « libéraux », reconnaissent la validité de ces deux approches.

2) - Les lois bibliques

Les lois bibliques ont beaucoup à nous enseigner sur la justice, même si nous devons tenir compte de la culture et de l'époque de l'histoire qu'elles traitaient. Ainsi, Dieu informe Israël qu'aucune autre nation n'a de lois aussi justes (Deutéronome 4:8), et le psalmiste célèbre la loi de Dieu et la médite continuellement (Psaume 119:97).

Certaines lois, comme les dix commandements, sont largement considérées comme des principes transculturels ; il est également difficile de trouver des comparaisons authentiques de ces lois dans d'autres collections légales anciennes du Proche-Orient. Mais la plupart de ces lois s'adressaient à l'ancien Israël ; il s'agissait de lois civiles qui régissaient la façon dont la société israélite devait fonctionner. Elles s'adressaient spécifiquement à une ancienne structure du Proche-Orient, et, aujourd'hui, nous devons être prudents lorsque nous recherchons les analogies appropriées qui nous montreront comment les appliquer.

La loi ancienne du Proche-Orient décidait des questions qui devaient être traitées. À l'instar de la loi mésopotamienne, les lois d'Israël traitaient plusieurs questions similaires. Le code d'Hammourabi et d'autres collections de lois parlaient du percement des oreilles (Exode 21:6), de la vente d'une personne à l'esclavage (Exode 21:7), du traitement des esclaves (Exode 21:9), des causes d'une fausse couche (Exode 21:22), du principe « œil pour œil et dent pour dent » (Exode 21:23-25), de la négligence en ce qui concerne un bœuf (Exode 21:28-36), de la dot (Exode 22:16-17), de la responsabilité locale pour le sang innocent (Deutéronome 21:9-10), et ainsi de suite.

En même temps, des différences importantes ont modifié la tradition légale du Proche-Orient de l'Antiquité. Dans d'autres sociétés, les membres de la classe sociale pauvre étaient plus durement sanctionnés que les membres des autres classes sociales ; la loi d'Israël a clairement éliminé cette injustice. Alors que, dans la loi babylonienne, l'homme qui causait la mort de la fille d'un autre devait faire exécuter sa propre fille, dans la loi israélienne, c'est l'homme coupable du crime qui devait mourir. Aucune autre société n'a protégé la terre ancestrale comme les lois israéliennes l'ont fait (Lévitique 25:24). Ces lois devaient empêcher une accumulation monopolistique de capital susceptible d'enrichir certaines personnes déjà riches aux dépens d'autres. Certaines offenses entraînaient des sanctions plus indulgentes dans la loi israélienne (par exemple, les voleurs qui commettaient leurs forfaits la journée étaient exécutés sous la loi babylonienne), et certaines avaient des sanctions plus sévères (par exemple, la loi israélienne était très sévère envers les enfants désobéissants). La loi babylonienne ordonnait la peine de mort pour ceux qui donnaient refuge aux esclaves fugitifs ; par contre, la loi de Dieu ordonnait à Israël de donner refuge aux esclaves fugitifs (Deutéronome 23:15).

Mais les lois vétéro-testamentaires, bien qu'améliorant les normes culturelles, ne communiquent pas toujours l'*idéal* parfait de la justice de Dieu. Dans n'importe quelle culture, les lois civiles apportent des normes minimales qui permettent aux gens de travailler efficacement, mais elles ne traitent pas tous les problèmes moraux ; par exemple, une loi peut dire « tu ne tueras point », mais Dieu seul peut mettre en vigueur les implications totales de cette loi au sein des normes morales (c'est-à-dire « tu ne devras pas vouloir tuer », Matthieu 5:21-26).

Nous pouvons prendre comme exemple la loi concernant la mort d'un esclave battu (Exode 21:20-21) ; là ou le propriétaire de l'esclave n'est pas exécuté si l'esclave survit un jour ou deux. D'une certaine façon, ceci se rapproche de la loi pour quiconque ne meurt pas immédiatement de ses blessures (Exode

21:18-19) ; mais dans le cas ci-dessus, la loi dit spécifiquement que cela est ainsi parce que l'esclave « appartient » au propriétaire. Puisque le thème de l'esclavage est traité dans l'épître à Philémon et dans celle aux Éphésiens (traité plus haut), il est peu probable que l'esclavage ait fait partie du plan de Dieu ! De même, bien que la loi condamne l'utilisation sexuelle de l'esclave, cela est condamné moins sévèrement que l'adultère du fait que la victime est une esclave (Lévitique 19:20 ; cf. Deutéronome 22:23).

Il y a deux siècles, certains ont essayé d'argumenter à partir de ces textes que Dieu est favorable à l'esclavage, bien qu'aucun texte ne vienne étayer leurs dires. Au lieu de cela, les textes parlent d'un système qui pratiquait déjà l'esclavage et de lois qui l'ont rendu plus humain. Des compatriotes israélites ne pouvaient pas être asservis de façon permanente. Ils devaient servir pour un temps et être ensuite libérés ; un capital leur était donné, ce qui leur permettait de démarrer dans la vie et de prendre soin d'eux-mêmes (Deutéronome 15:12-15). (Même Israël n'observait pas ce commandement divin ; cf. Jérémie 34:11-22.) Les chrétiens qui étaient contre l'esclavage citaient des principes bibliques toujours très larges (tels que le fait d'aimer son prochain comme soi-même, Lévitique 19:18, ou tous les hommes sont égaux devant Dieu, Actes 10:28). C'est ce dernier groupe d'interprètes qui a correctement formulé l'idéal de l'Écriture. Comment le savons-nous ?

Lorsque certains érudits ont cité Deutéronome 24 qui parle de la permission pour un homme de divorcer de sa femme, Jésus dit que la loi était une « concession » à l'état de péché humain (Marc 10:5), c'est-à-dire que Dieu n'a pas élevé le niveau jusqu'à son idéal ultime tout simplement parce qu'il agissait au sein de leur culture. Pour donner des lois qui puissent fonctionner dans une société pécheresse, Dieu a limité le péché au lieu de le prohiber entièrement. Mais la moralité que Dieu exige du cœur humain outrepasse de telles concessions. Dieu n'a jamais approuvé le divorce, sauf pour des raisons très limitées (Marc 10:9 ; Matthieu 19:9). D'autres concessions vétéro-testamentaires peuvent inclure la polygamie, la servitude compensatoire et peut-être même la guerre sainte. Dieu a travaillé au travers ou en dépit de ces pratiques, mais son idéal néo-testamentaire est meilleur. Les lois civiles et rituelles peuvent contenir certains absolus moraux, mais elles contiennent également des concessions temporelles et culturelles.

En même temps, dans l'Ancien Testament, certaines offenses étaient toujours passibles de la peine de mort, suggérant que Dieu les considérait comme suffisamment graves, et ce, quelle que soit la culture : le meurtre, la sorcellerie, l'idolâtrie, l'adultère, les rapports sexuels avant le mariage, les relations homosexuelles, la rébellion extrême contre les parents et d'autres offenses. Cela ne veut pas dire que nous devons exiger la peine de mort pour tous ces péchés aujourd'hui, mais nous devons cependant les considérer comme de graves offenses.

Lorsque l'on interprète les lois vétéro-testamentaires, nous devons tenir compte de la différence des époques et des cultures. De même que les contemporains de Moïse ne pouvaient pas ignorer la révélation que Dieu avait donnée à ce dernier en citant la première révélation à Abraham, nous devons aussi reconnaître qu'aujourd'hui certaines choses sont différentes à cause de la venue de Jésus. La nature humaine est plus ou moins la même ; la façon d'agir de Dieu ressemble beaucoup à sa façon d'agir dans l'Ancien Testament, mais aujourd'hui il lui arrive d'agir différemment. À l'époque de Moïse, Dieu a noyé les Égyptiens dans la Mer rouge ; à l'époque de Jésus, Dieu a provoqué une révolution spirituelle qui, en l'espace de trois siècles, a converti la plupart des empires romains et axoumites (Afrique de l'Est). L'ancienne alliance était bonne mais elle fonctionnait par la mort ; la nouvelle alliance, elle, fonctionne par la vie (2 Corinthiens 3:6).

La loi reste bonne et utile pour l'enseignement éthique si tant est que nous l'utilisions convenablement (Romains 3:27-31 ; 7:12 ; 1 Timothée 1:8-11). Mais une simple obéissance à

LE CONTEXTE DU GENRE

la loi sans la foi n'aboutit pas au salut. Dieu a toujours sauvé les hommes et les femmes par la grâce, par le moyen de la foi (Romains 4:3-12), et, depuis la venue de Jésus, il sauve les hommes et les femmes par la foi en Jésus-Christ. Aujourd'hui, lorsque nous considérons comment appliquer certains détails de la loi, nous devons aussi tenir compte d'autres facteurs. Certains exemples bibliques, comme l'ordre que Dieu donne concernant le repos, ont été donnés avant la Loi (Genèse 2:2-3 ; Exode 20:11), et Dieu nous donne aussi des commandements dans le Nouveau Testament (Jean 13:34 ; Actes 2:38 ; 1 Jean 2:7-11). Aussi, l'Esprit était à l'œuvre durant la période de l'Ancien Testament (1 Samuel 19:20-24 ; 1 Chroniques 25:1-2), mais il a commencé à agir différemment en Christ (Jean 7:39 ; Actes 1:7-8 ; 2:17-18).

3) - Les prières et les chants bibliques, surtout les Psaumes

Dans certains cas, le contexte des psaumes nous est donné (par exemple, 2 Samuel 22:1 pour le psaume 18 ; 2 Samuel 23:1-7) mais, dans la plupart des cas, nous n'avons rien. On peut dire que certains psaumes reflètent l'affliction postexilique (par exemple, psaume 89, surtout les versets 38 à 51), mais le contexte de certains autres psaumes, disons le psaume 150, est obscur, et on peut en déduire qu'il n'est pas aussi nécessaire que dans d'autres parties de la Bible. Dieu a inspiré les psaumes non seulement pour traiter certaines situations immédiates qui en sont à l'origine, mais aussi pour qu'ils soient utilisés plus tard dans l'adoration liturgique (2 Chroniques 29:30). La plupart des psaumes communiquaient différents types de circonstances. L'adoration était une activité primordiale dans le temple biblique (1 Chroniques 6:31-32 ; 15:16, 28-29 ; 16:4-6, 41-42 ; 2 Chroniques 8:14 ; Psaume 5:7 ; 18:6 ; 27:4 ; 28:2 ; 48:9 ; 63:2 ; 65:4 ; 68:24, 35 ; 73:17 ; 84:2, 10 ;

92:13 ; 96:6-8 ; 100:4 ; 115:19 ; 134:1-2 ; 135:2 ; 138:2 ; 150:1) ; elle était notamment rétablie en période de réveil (2 Chroniques 20:20-24 ; 29:25-27 ; 31:2 ; 35:2 ; Esdras 3:10-11 ; Néhémie 12:24-47). Les Lévites louaient Dieu surtout lors des sacrifices du matin et ceux du soir (1 Chroniques 23:27, 30) peut-être même durant les offrandes (Psaume 141:2 ; cf. Psaume 5:3 ; 88:13). Une telle adoration se faisait rarement dans le calme ; elle était joyeuse, célébrant les œuvres puissantes de Dieu (par exemple, Néhémie 12:27, 36, 43-46, et près d'une centaine de références dans les Psaumes).

Les chants ont toujours fait partie des moments d'adoration du peuple d'Israël (Exode 15:20-21). Ces chants pouvaient être utilisées durant les moments d'adoration inspirée, celle dirigée par l'Esprit (1 Samuel 10:5 ; 2 Rois 3:15 ; Habakuk 3:19 ; 1 Corinthiens 14:15). Dieu pouvait aussi utiliser des prophéties pour diriger la nature de l'adoration (2 Chroniques 29:25). Adorer dans l'Esprit pouvait inclure le fait de parler à Dieu et de l'écouter (2 Samuel 23:1-2 ; Psaume 46:1, 10 ; 91:2, 14). Ce qui est plus significatif, c'est que Dieu a institué dans le temple une adoration ordonnée et conduite par l'Esprit (1 Chroniques 27:1-7). Le Nouveau Testament développe plus loin l'importance de dépendre de l'Esprit de Dieu pour nous remplir de puissance en vue d'une adoration digne du Seigneur (Jean 4:23-24 ; Philippiens 3:3).

Dans l'ensemble, les psaumes n'étaient pas vraiment destinés à l'interprétation mais à la prière et au chant. Lorsqu'une personne est remplie de psaumes, ces psaumes l'aident à adorer Dieu de façon spontanée. (Compte tenu de l'influence qu'a eu la culture poétique et musicale de l'ancien Proche-Orient sur la façon dont les psaumes ont été présentés, il est fort possible que nos psaumes soient présentés différemment aujourd'hui, cf. 1 Corinthiens 14:26 ; Éphésiens 5:19. Les puritains n'utilisaient que les psaumes bibliques comme leur recueil de chants ; en ce qui nous concerne, nous demandons à Dieu de nous donner des chants contemporains adaptés à la musique de nos cultures respectives.)

Il est donc utile pour nous de présenter l'essentiel de divers types de psaumes et leurs utilisations. Douglas Stuart, coauteur avec Gordon Fee de *How to Read the Bible For All Its Worth* (Zondervan, 1993), cite plusieurs types de psaumes (pages 194-197). Nous avons suivi et adapté une grande partie de sa liste ici, bien que les psaumes se chevauchent et que l'on puisse diviser plusieurs de ces catégories de façons différentes. Plus de soixante de ces psaumes donnent des exemples individuels ou groupés sur la façon d'exprimer notre découragement, la souffrance ou le chagrin dans la prière à Dieu. On les appelle souvent « lamentations ». À l'heure actuelle, certains chrétiens pensent que nous ne devrions jamais admettre que nous sommes découragés ; cependant, bibliquement parlant, nous devons exprimer ouvertement nos problèmes à Dieu. Ces psaumes suivent souvent une structure cohérente ; la plupart comprennent une affirmation de la souffrance, une expression de la confiance en Dieu, un cri pour la délivrance, l'assurance que Dieu va nous délivrer et, enfin, la louange pour la fidélité de Dieu. Des prières comme celles-ci nous aident à faire face à notre souffrance au lieu de la laisser anéantir notre esprit.

Les psaumes d'actions de grâce servent à célébrer la bonté de Dieu à notre égard, et ils se rapportent donc, dans un certains sens, à divers types de souffrance (Jacques 5:13). Ceux qui avaient adoré dans l'ancien temple avaient parfois utilisé ces psaumes lors des sacrifices d'actions de grâce (Lévitique 7:7-11). Stuart énumère 16 psaumes d'action de grâce ; certains pour des individus et certains pour le peuple de Dieu (Psaumes 18, 30, 32, 34, 40, 65-67, 75, 92, 107, 116, 118, 124, 136, 138). Ceux-ci comprennent normalement un résumé d'introduction, la mention de la souffrance d'une personne, l'appel que le psalmiste lance à Dieu, une description de la délivrance de Dieu et la louange pour la délivrance. En plus de ceux-ci, il y a aussi d'autres psaumes que Stuart appelle « hymnes de louange » au travers desquels l'homme adore Dieu sans cependant insister sur l'action de grâce (Psaumes 8, 19, 33, 66, 100, 103, 104, 111, 113, 114, 117, 145-150). D'autres psaumes mettent l'accent sur la confiance en l'Éternel (Psaumes 11, 16, 23, 27, 62, 63, 91, 121, 125, 131).

Plusieurs psaumes concernent la célébration et l'affirmation des œuvres de Dieu en faveur de son peuple. D'autres psaumes insistent sur le couronnement de Dieu (Psaumes 24, 29, 47, 93, 95-99) ; nous pouvons les utiliser pour louer la puissance et le règne de Dieu. Les psaumes qui célèbrent le règne du roi d'Israël (Psaumes 2, 18, 20, 21, 45, 72, 89, 101, 110, 132, 144) sont utiles lorsque nous glorifions notre Dieu et Roi, Jésus, le Messie. Dans les cultures non royales, nous devons nous rappeler ce que signifie célébrer le règne que le Seigneur exerce sur nous. Certains psaumes mettent l'accent sur la ville sainte (Psaumes 46, 48, 76, 84, 87 122). Nous pouvons les utiliser pour célébrer la nouvelle Jérusalem promise et la grâce que Dieu a manifestée envers nous à la fois en ce qui concerne notre avenir et notre héritage dans la cité sainte.

Le travail des historiens, des prophètes et des sages bibliques est également compatible avec les psaumes. Certains psaumes glorifient l'œuvre de Dieu dans notre héritage de l'histoire d'Israël (Psaumes 78, 105, 106, 135, 136) ; certains ressemblent aux messages des prophètes, y compris une alliance légale qui invite le peuple de Dieu à l'obéissance (Psaume 50). Certains sont des psaumes de sagesse qui ressemblent à l'enseignement des sages (Psaumes 1, 36, 37, 49, 73, 112, 119, 127, 128, 133). Nous pouvons enseigner et apprendre au travers de notre adoration (Colossiens 3:16).

Les psaumes peuvent aussi exprimer notre dévouement passionné pour Dieu, un dévouement que nous confessons et qui n'est pas toujours fondé sur les sentiments mais que nous réaffirmons dans l'acte même de le confesser. Lorsque, au moyen du chant, nous disons à Dieu qu'il est plus important pour nous que toute autre chose, nous réaffirmons notre dévouement envers lui (par exemple, Psaumes 42, 63).

Les psaumes nous permettent d'exprimer l'angoisse, l'affliction, l'espoir, le désespoir et la joie dans la prière à Dieu. Certains psaumes sont pour les petites souffrances ; d'autres, qui se terminent par une note de désespoir (Psaume 89:49-51), sont encourageants seulement pour ceux qui sont affligés et qui ont besoin d'exprimer leur peine à Dieu. Même si nous savons que Dieu finira par nous délivrer (dans la vie ou dans la mort), nous devons lui faire part de nos sentiments. Les psaumes d'imprécation, tel que le Psaume 137 (qui annonce la bénédiction de celui qui tue les bébés de Babylone comme Babylone l'a fait avec les bébés d'Israël), se rangent dans cette catégorie (voir aussi Psaumes 12, 35, 58, 59, 69, 70, 83, 109, 140). Au lieu d'insister sur la signification littérale, nous devons considérer la fonction rhétorique de ces psaumes : il s'agit de prières pour la justification des opprimés et pour la manifestation de la justice divine. À l'instar du sang d'Abel qui criait pour qu'on lui fasse justice, l'opprimé ne se venge pas lui-même mais il demande justice (Genèse 4:10 ; Matthieu 23:25 ; Luc 11:51 ; Hébreux 11:4 ; 12:24). Cette pratique apparaît également dans le Nouveau Testament (Apocalypse 6:10 ; cf. 2 Timothée 4:14), quoique Jésus veuille que nous puissions complètement pardonner et aimer pleinement au point de prier pour le bien de nos ennemis (Matthieu 5:44 ; Luc 6:28).

Nous essayons de lire les psaumes selon leurs intentions, et donc selon leur fonction rhétorique. Ainsi, en lisant certains psaumes, on a l'impression que Dieu bénit le juste, alors que d'autres psaumes insistent sur les souffrances du juste. Les deux catégories de psaumes se trouvent dans le même psautier étant donné que ceux qui ont écrit et chanté les psaumes à l'origine ne considéraient pas ces deux catégories comme contradictoires ; ils ont utilisé les psaumes pour exprimer leurs cœurs devant Dieu, et Dieu a inspiré leur adoration et il s'en est réjoui.

Les psaumes peuvent donc inclure des invitations à l'adoration culminant dans un crescendo d'émotions. (« Alléluia », qui signifie « Louez l'Éternel », est littéralement un ordre de louer le Seigneur plutôt qu'un mot de louange particulier. Les musiciens lévites prophétisaient au peuple tout en le conduisant dans la louange, 1 Chroniques 25:1-2.) D'autres psaumes peuvent être des lamentations inspirées, fournissant des modèles acceptables lorsque nous voulons exprimer notre chagrin à Dieu. D'autres sont des prières pour la justification. Bien que nous devions bénir nos ennemis dans la prière (Luc 6:28), les prières pour la justification continuent jusqu'à l'époque du Nouveau Testament (Apocalypse 6:10 ; cf. 2 Timothée 4:14).

S'il est vrai que les psaumes se prêtent tout particulièrement à la prière, nous pouvons aussi les utiliser pour prêcher et enseigner du moment que nous reconnaissons qu'ils représentent des modèles pour différents genres de prière. Par exemple, le Psaume 150 nous dit où louer Dieu : dans son sanctuaire et au ciel, c'est-à-dire partout (Psaume 150:1, l'hébreu résume souvent le tout en contrastant des parties opposées.) Pourquoi devons-nous louer Dieu ? Pour ce qu'il a fait et pour ce qu'il est (Psaume 150:2). Comment devons-nous louer Dieu ? Avec des danses et avec des instruments (Psaume 150:3-5). Et enfin, qui doit louer Dieu ? Tout ce qui respire (Psaume 150:6).

Les psaumes peuvent aussi donner d'autres encouragements. Par exemple, le Psaume 2 prédit la victoire du roi d'Israël sur les nations qui se moquent de lui. Ceci nous rappelle en définitive que ce ne sont pas les personnes dans notre société, ou dans d'autres, qui exercent un pouvoir sur nous, c'est Dieu qui dirige tout et il manifestera sa toute-puissance ; aucun empire humain rebelle n'a jamais pu lui résister et ne le pourra jamais.

LE CONTEXTE DU GENRE

4) - Les proverbes

Les enseignants de la sagesse ou les sages enseignaient souvent en utilisant des expressions faciles à mémoriser appelées proverbes. La plupart des cultures connaissent bien ce genre littéraire ; en français, nous avons, nous aussi, beaucoup de proverbes comme, par exemple, « Une fois n'est pas coutume », et il en est de même des sociétés africaines traditionnelles.

Les proverbes sont des déclarations succinctes d'un principe général. En tant que tels, ils constituent des résumés de ce qui est normal ; il ne s'agit pas de promesses inconditionnelles adaptées à toutes les circonstances. Certains principes généraux peuvent effectivement s'opposer les uns aux autres dans la pratique, et ce, dans des situations particulières. Ainsi, dans Proverbes 26:4-5, on doit à la fois répondre à l'insensé selon sa folie et ne pas lui répondre selon sa folie. Par amour pour lui, vous devriez le corriger ; pour votre bien, faites attention à ne pas devenir comme lui. Les deux principes sont vrais et, pour faire justice aux deux, nous devons tenir compte de la dimension de l'Écriture plutôt que de prendre un texte et de l'interpréter à travers les autres sans d'abord considérer la signification de chaque texte individuellement.

Celui qui prêche à partir des proverbes doit rassembler différents proverbes sur le même sujet et les prêcher tous ensemble. Ceci est important car une grande partie du livre des Proverbes se compose d'adages qui ne suivent aucun ordre précis ; par conséquent, les règles normales de contexte ne s'appliquent pas ici. Mais le contexte plus large du genre s'applique. Ainsi il peut s'avérer utile de rassembler différents proverbes traitant le même sujet.

En ignorant leur genre, certains ont utilisé des proverbes isolés comme des promesses inconditionnelles qu'ils « revendiquent » alors avec certitude. (D'autres, comme les amis de

Job, ont utilisé les principes généraux des proverbes sur le succès du juste pour traiter d'incrédules ceux qui ne remportent pas un tel succès. Cette approche se méprend complètement sur la nature des proverbes.) Certains ont aussi abouti à des doctrines étranges en prenant des proverbes individuels hors du contexte de l'ensemble des proverbes traitant un même sujet.

Par exemple, en se basant sur certains proverbes (sur d'autres textes pris hors contexte), il y en a qui disent que nous pouvons créer des choses d'une simple parole. Ils font remarquer que la langue a pouvoir de vie ou de mort ; elle peut blesser ou guérir (Proverbe 18:21 ; 12:18). Mais lorsqu'on compare d'autres proverbes qui disent que la langue a pouvoir de guérison ou de vie, leur signification devient claire : on peut édifier ou blesser les autres d'une simple parole ; on peut se créer des ennuis ou bien s'aider soi-même par la façon dont nous parlons aux autres (Proverbes 12:14 ; 13:2-3 ; 18:20 ; 21:23). D'autres déclarations consignées dans le livres des Proverbes au sujet de la guérison concernent le bien-être de ceux qui choisissent des messagers dignes de confiance (Proverbes 13:17), qui ont un cœur calme ou joyeux (Proverbes 14:30 ; 17:23), qui reçoivent de bonnes nouvelles (Proverbes 25:25) ou entendent des paroles encourageantes (Proverbes 16:24). Plusieurs passages mettent en évidence la valeur thérapeutique de la langue, surtout dans les relations (Proverbes 12:25 ; 15:1, 4, 23 ; 25:11-12, 25). Les Égyptiens et les Mésopotamiens avaient, eux aussi, des proverbes au sujet de la langue et des paroles susceptibles d'apporter la guérison ou la mort, pas dans le sens de créer des choses par la parole, mais dans celui de se créer des problèmes ou de s'en sortir (voir, par exemple, *les Paroles d'Ahiqar*).

Nous devons également noter la « fonction rhétorique » des proverbes. Les sages de l'Antiquité donnaient des proverbes comme principes généraux sous la forme de déclarations succinctes. Les proverbes étaient écrits sous forme poétique (la première ligne était souvent l'opposée de la seconde) ; il s'agissait de courts résumés dans lesquels il était impossible d'énu-

LE CONTEXTE DU GENRE

mérer toutes les exceptions possibles aux principes qu'ils articulaient. Ils pouvaient utiliser l'humour, l'hyperbole (une déclaration rhétorique exagérée), l'ironie et d'autres moyens de communiquer de façon graphique. Les proverbes étaient censés être mémorables et pratiques ; ce n'était pas des déclarations détaillées de philosophie, et certainement pas du tout des garanties légales. Ils ont été écrits dans un but, et nous devons le respecter.

Nous voulons brièvement mentionner d'autres types de littérature de la sagesse. Job et le livre de l'Ecclésiaste défient tous deux le genre de sagesse conventionnelle que l'on trouve dans les Proverbes. Qu'arrive-t-il lorsque le juste souffre et que le méchant prospère ? Le fait que ces livres fassent partie de la Bible nous rappelle que les principes généraux contenus dans les Proverbes ne sont que des principes ; il ne s'agit pas de garanties que nous devons « réclamer » comme si Dieu était obligé de se plier à nos demandes. (Bien que Dieu réponde souvent à nos prières de foi, y compris une foi renforcée par de tels principes. Mais c'est une autre affaire.) Le fait que la Bible renferme un large éventail de perspectives peut aussi nous encourager à élargir l'étroitesse de nos vues : Dieu peut envoyer vers nous plusieurs chrétiens avec différents genres de sagesse, et nous devons être suffisamment sages pour accepter toutes sorte de sagesse. Il peut nous arriver de rencontrer des personnes prudentes et sceptiques (comme le cynisme de l'Ecclésiaste), des personnes qui ont appris à travers les souffrances de Job et des personnes qui ont connu les principes généraux de la fidélité de Dieu à l'égard du juste. Nous devons tous les accueillir et les aider à travailler ensemble dans le corps de Christ de même que les différents livres de la Bible s'assemblent les uns aux autres dans un même canon.

5) - La littérature romantique

Bien que certains psaumes aient été utilisés lors des noces royales (Psaume 45), la plus grande partie de la littérature romantique biblique est consignée dans le Cantique des cantiques. À travers l'histoire, plusieurs interprètes ont eu du mal à accepter que l'Écriture sacrée consacre une telle attention à un sujet aussi « séculaire » que la romance conjugale, alors ils ont interprété le Cantique des cantiques de façon allégorique centrant l'attention sur la relation entre Dieu et Israël, ou Christ et l'Église. Cependant, le livre a plus de sens dans sa signification littérale. (Il existe certaines comparaisons entre le mariage de Christ à l'Église et la romance humaine, mais les allusions probables aux relations sexuelles, à un désaccord conjugal et à la jalousie n'entrent pas dans le cadre de cette interprétation !)

Dieu nous a donné ce cantique parce qu'il accorde une grande valeur à l'amour conjugal et qu'il veut que les maris et les femmes apprécient leur amour les uns pour les autres. Certains aspects du langage romantique qui ne nous sont pas familiers constituaient la norme du langage romantique à cette époque. (Par exemple, les chants d'amour égyptiens considéraient la venue du printemps et la voix des tourterelles dans les campagnes comme une période romantique, Cantique des cantiques 2:12.)

Le cantique traite plusieurs aspects pratiques de l'amour romantique conjugal (à travers l'exemple spécifique du roi et de sa jeune femme). Par exemple, il affirme sa beauté (Cantique des cantiques 1:9-10, 15 ; 2:2 ; 4:1-15) ; elle affirme son attirance (Cantique des cantiques 1:16 ; 2:3 ; 5:10-16). Ils participent au banquet des noces (Cantique des cantiques 2:4) ; ils se fâchent et se réconcilient (Cantique des cantiques 5:2-8). Il est également dit que nous devons prendre garde à ne pas provoquer la jalousie (Cantique des cantiques 8:6).

Ce livre est utile pour conseiller les couples et pour prêcher sur le mariage. Ce n'est que lorsque nous avons appliqué ces leçons à nos propres mariages que nous pouvons trouver dans le cantique des principes conjugaux qui peuvent être appliqués à notre relation avec Dieu.

6) - Les enseignements de Jésus

Les enseignements de Jésus ne sont pas un genre littéraire aussi général que la poésie ou le récit ; en fait, il s'agit d'un mélange d'éléments appartenant à différentes sortes de genres littéraires. Jésus était, entre autres, un Juif sage. Il utilisait donc souvent le style d'enseignement utilisé par les enseignants juifs de son époque comme, par exemple, les déclarations rhétoriques exagérées, les proverbes de la sagesse et les paraboles. En même temps, Jésus était un prophète et, en tant que tel, il lui arrivait de faire des oracles (« Malheur à toi, Capernaüm » ... !) Bien entendu, en tant que Messie, Jésus était bien plus qu'un prophète ou un sage, et il parlait souvent avec une plus grande autorité qu'aucun prophète ou sage ne l'avait fait avant lui. Mais il a aussi utilisé beaucoup de techniques didactiques qui étaient familières à son peuple et à son époque.

Prenons l'exemple de l'enseignement de Jésus sur le divorce. Plusieurs personnes présument que ce que Jésus a dit à une occasion particulière peut s'appliquer à chaque situation. Mais si cela est souvent le cas, parfois Jésus lui-même exprime des points de vue différents pour différents types de situations. Ainsi, nous reconnaissons que bien que Jésus veuille que nous l'aimions plus que nos parents, nous les « haïssons » seulement en comparaison avec notre amour pour lui (Luc 14:26) ; ailleurs, il nous demande de pourvoir à leurs besoins dans leur vieillesse (Marc 7:10-13).

Certains citent le verset où Jésus dit que le remariage est un adultère (Marc 10:11-12 ; Luc 16:18), mais à quel type de verset fait-on allusion ici ? Lorsque Jésus dit que celui qui convoite la femme d'un autre doit arracher son œil de peur de finir en enfer (Matthieu 5:28-29), nous ne prenons pas ce verset au sens littéral. Alors devons-nous prendre littéralement sa parole au sujet du remariage qui suit (Matthieu 5:31-32) ? La seule façon de vérifier ceci est de l'examiner dans le contexte de tous les enseignements de Jésus sur le sujet.

Tout d'abord, nous devons étudier le « pourquoi » de l'enseignement de Jésus. À l'époque de Jésus, les pharisiens débattaient entre eux les raisons qui autorisaient un mari à divorcer de sa femme. L'école la plus stricte disait qu'un homme avait le droit de divorcer de sa femme si elle lui était infidèle, mais l'école la plus clémente disait qu'il pouvait la renvoyer si elle brûlait son pain. Dans la Palestine juive (par opposition aux lois romaines), les maris pouvaient divorcer de leurs femmes pour presque n'importe quelle raison. Par contre, les femmes ne pouvaient pas divorcer de leurs maris ou empêcher ces derniers de rompre avec elles. Jésus était en train de défendre la partie innocente de l'injustice : le mari qui divorce de sa femme et qui se remarie commet un adultère « contre elle », contre sa femme (Marc 10:11). Ceci était un péché non seulement contre Dieu, mais aussi contre une autre personne innocente (cf. aussi Malachie 2:14).

Examinons la signification de ce verset sur le plan littéral. « L'adultère » au sens littéral du terme renvoie à l'infidélité d'un(e) époux/épouse à son/sa conjoint(e). Pour que le remariage devienne adultère contre un(e) ex-époux(se), il faut qu'au regard de Dieu, ils soient toujours mariés. Si nous prenons cela littéralement, cela implique que le mariage ne peut être dissout et donc que les chrétiens doivent rompre tous les deuxième et troisième mariages. (Fait intéressant, malgré le scandale que cela aurait causé dans la société ancienne, nous ne trouvons aucune mention dans le récit néo-testamentaire d'une personne ayant rompu son remariage.) Mais est-ce là une déclaration littérale ou une des affirmations exagérées et délibérées de Jésus destinées à attirer l'attention des gens sur ce qu'il cherchait à enseigner, comme lorsqu'il est fait allusion au fait d'arracher son œil, au chameau passant par le trou d'une aiguille ou à la foi de la taille d'un grain de moutarde ? Nous pouvons facilement répondre à cette question en examinant les autres paroles de Jésus sur le même sujet.

Dans le même contexte que Marc 10:11, Jésus dit aussi : « Que l'homme donc ne sépare pas ce que Dieu a joint » (Marc 10:9). Dans Marc 10:11, le mariage ne peut pas être brisé ; dans Marc 10:9, il ne devrait pas et ne doit pas être brisé, bien qu'il puisse l'être. La différence dans la signification est celle-ci : l'un dit qu'il est toujours marié à sa première épouse, l'autre dit que l'on doit rester marié à sa première épouse. Le premier est une déclaration, le second est une demande. Cependant, le mariage ne peut être les deux à la fois ; il est donc possible que Marc 10:11 contienne une exagération délibérée (une hyperbole) alors que Marc 10:9 communique son intention véritable : nous préserver du divorce et ne pas briser de nouveaux mariages.

D'autres paroles de Jésus nous aident encore plus. Par exemple, Jésus lui-même n'a pas pris Marc 10:11 au sens littéral. Il a reconnu que la Samaritaine avait été mariée cinq fois, et non qu'elle s'était mariée une fois et avait commis l'adultère par la suite (Jean 4:18). En outre, Jésus lui-même permet une exception dans deux des quatre passages dans lesquels il parle du divorce. Un disciple de Jésus ne doit pas briser son mariage, mais si son partenaire le brise par infidélité sexuelle, Jésus ne punit pas la personne innocente (Matthieu 5:32 ; 19:9). Dans ce cas-là, le mariage peut être brisé, mais une seule personne est coupable. (Parce que la loi juive et la loi romaine exigeaient le divorce pour cause d'adultère, Marc et Luc pouvaient sous-entendre cette exception sans avoir à la spécifier de façon explicite.) Lorsque Paul dit que Jésus interdisait le divorce, il dit aux chrétiens de ne pas divorcer de leurs époux/épouses, que ceux ou celles-ci soient chrétiens ou pas (1 Corinthiens 7:10-14). Mais si l'époux (ou l'épouse) se sépare, le frère ou la sœur n'est pas responsable du comportement de son partenaire (1 Corinthiens 7:15). L'expression « n'est pas lié » (1 Corinthiens 7:15, paraphrase) renvoie à la formulation des anciens contrats juifs de divorce permettant à une personne de se remarier. Ainsi Paul applique l'enseignement de Jésus afin d'insister sur l'importance de la fidélité au sein du mariage, et non pour parler de la dissolution du mariage. Les chrétiens ne doivent jamais briser leur mariage, mais si le mariage est brisé contre leur volonté, nous ne devons pas non plus les punir. Jésus cherchait à défendre une épouse innocente et non à envenimer la situation.

Cependant, même si Jésus n'appelle pas vraiment les chrétiens à briser leur remariage, cela ne veut pas dire que nous ne devrions pas prendre au sérieux ce qu'il dit. Le but d'une hyperbole n'est pas de nous entendre dire : « Oh ! Ce n'est qu'une exagération, nous devons l'ignorer », mais d'attirer notre attention sur ce point et de nous forcer à considérer la sévérité de sa demande. Une repentance authentique, exprimée par la restitution, annule les péchés passés. Mais on ne peut préméditer un péché et s'attendre à ce que la repentance soit authentique. Les chrétiens ne sont pas responsables des mariages brisés contre leur volonté, mais ils doivent devant Dieu faire tout leur possible pour faire fonctionner leur mariage. Dans cet exemple, nous nous sommes efforcés de montrer à quel point nous devons être attentifs aux paroles de Jésus et examiner tous ses enseignements afin de voir lorsqu'il parle littéralement et lorsqu'il exagère son point de façon parabolique. Mais les exagérations ne doivent pas être ignorées. Elles sont destinées à attirer notre attention sur le sujet traité ! Nous devons aussi ajouter deux mots d'avertissement. Jésus lui-même utilise des principes tels que la « compassion plutôt que le sacrifice » (Matthieu 9:13 ; 12:7) et le fait de chercher le cœur du message (Matthieu 5:21-22 ; 23:23-24), mais nous devons aussi être honnêtes lorsque nous traitons ce qu'il dit : la véritable crainte de Dieu fera de nous des personnes intègres dans notre recherche de la vérité au lieu d'essayer de justifier notre façon de vivre (cf. Proverbes 1:7).

7) - Les Évangiles

Les évangiles sont un genre spécifique de récit, mais au lieu de les traiter comme des récits seulement, nous apportons ici certains points spéciaux. Les évangiles entrent dans le cadre des biographies anciennes. (Certains érudits du vingtième siècle ont discuté cette prémisse, mais des érudits plus récents sont graduellement revenus au point de vue historique selon lequel les évangiles sont des biographies anciennes.)

Les biographes anciens ont suivi des conventions littéraires assez standard dans leurs écrits, bien que certaines diffèrent de la façon dont les biographies sont rédigées de nos jours. Par exemple, les biographes anciens commençaient parfois les biographies de leurs sujets par l'âge adulte (comme dans Marc ou Jean) ; parfois ils arrangeaient leur histoire de façon thématique plutôt que chronologique (par exemple, l'enseignement de Jésus consigné dans l'évangile de Matthieu). (C'est pour cela que l'ordre des événements varie d'un évangile à un autre.) Quoi qu'il en soit, les biographes ne pouvaient pas créer de nouvelles histoires au sujet de leurs héros ; ils pouvaient choisir les histoires dont ils voulaient parler et les formuler selon leur style d'écriture. On acceptait mal ceux qui inventaient des histoires. En outre, les auteurs n'étaient pas obligés de citer leurs sources mot pour mot mais ils devaient fidèlement communiquer la signification de leurs paroles. Connaître de tels détails au sujet des différents types de récits anciens nous aide à être encore plus précis lorsque nous apprenons des principes d'interprétation des récits. (Nous pouvons également identifier d'autres types de récits bibliques de façon plus spécifique que nous l'avons fait. Par exemple, le livre des Actes représente un genre spécial de livre historique qui existait au premier siècle.)

INTERPRÉTATION BIBLIQUE

Nous allons faire quelques commentaires sur la fiabilité historique des évangiles en tant que biographies anciennes ; nous allons utiliser Luc 1:1-4 comme exemple. Nous savons, à partir de Luc 1:1, qu'à l'époque où Luc écrivait, plusieurs sources écrites (d'autres évangiles) circulaient déjà. (La plupart de ces évangiles n'existent plus. À part ceux qui sont compris dans le Nouveau Testament, tous les évangiles du premier siècle ont été perdus. Les soi-disant « évangiles perdus », dont parlent certains, sont des falsifications, des romans ou des collections appartenant à des époques plus récentes.) Luc lui-même écrit à l'époque de certains apôtres, et plusieurs personnes avaient déjà écrit avant lui ! Les évangiles étaient rédigés alors que les enseignements de Jésus étaient encore présents dans la mémoire des gens.

En outre, il existait plusieurs histoires orales sur Jésus qui étaient transmises par les témoins oculaires (Luc 1:2). Plusieurs sociétés africaines ont des membres (appelés griots dans certains endroits) qui se rappellent des siècles d'informations concordant avec des notes écrites par des voyageurs européens. Le peuple méditerranéen ancien excellait dans la mémorisation. Les enfants scolarisés apprenaient par mémorisation, l'accent étant mis sur les paroles d'enseignants célèbres. Les orateurs mémorisaient régulièrement des discours qui duraient pendant des heures. Les enseignants demandaient à leurs étudiants (leurs disciples) de mémoriser et de propager leurs enseignements car cela était le devoir principal des disciples. Les étudiants prenaient régulièrement des notes ; souvent les anciens enseignants attestaient que les étudiants rapportaient fidèlement leurs enseignements tels qu'ils leur avaient été donnés. (Pour en savoir plus, voir l'introduction du livre de Craig Keener, *Matthew* [InterVarsity, 1996], ou le volume plus détaillé du même commentaire rédigé pour Eerdmans.)

Ensuite, nous pouvons faire confiance au témoignage de ces témoins oculaires. Les apôtres occupaient des positions de leadership dans l'Église primitive. Le livre des Actes et les épîtres de Paul affirment que le frère de Jésus et les apôtres jouaient un rôle prépondérant à Jérusalem. (Nul n'avait de raison d'inventer de telles personnes, la propagation du christianisme a bien commencé quelque part ; en plus, des sources diverses confirment ces faits. Aujourd'hui, personne ne nie leur existence.) À cause de leurs responsabilités, les disciples ne pouvaient pas inventer des histoires sur Jésus qui contredisaient ce qu'ils rapportaient à son sujet. Personne ne peut donc les accuser de mentir au sujet de Jésus. Ils étaient tellement convaincus qu'ils disaient la vérité à son sujet qu'ils étaient prêts à mourir pour leurs déclarations. D'ailleurs, ils ne mouraient pas simplement pour leurs convictions, ils mouraient pour ce qu'ils avaient vu et entendu lorsqu'ils étaient avec lui.

En outre, Luc avait l'occasion d'analyser leurs déclarations (Luc 1:3, selon la traduction grecque et la plupart des traductions). En ce temps-là, lorsque cela était possible, Luc a vérifié ses sources en interviewant des témoins. Le livre des Actes, à certains endroits, est rédigé à la première personne du pluriel (« nous »), indiquant que Luc voyageait avec Paul ; ces parties comprennent leur voyage à Jérusalem et en Palestine où ils sont restés pendant deux ans (Actes 21:15-17 ; 24:27 ; 27:1). Cela lui a donné l'occasion d'interviewer notamment Jacques, le plus jeune frère de Jésus, et d'autres (Actes 21:18).

Enfin, Luc lui-même n'aurait pu inventer de telles histoires. Il confirme des récits pour Théophile ; il n'introduit pas de nouveaux récits (Luc 1:4). Cela veut dire que certains témoins oculaires étaient encore vivants et que Théophile connaissait déjà les histoires que Luc mentionne. Cela nous confirme encore que, même sur une base purement historique, les évangiles sont dignes de confiance. (De même, Paul peut rappeler à ses lecteurs les miracles dont ils avaient eux-mêmes été témoins, souvent lors de son ministère, ou par la mention que d'autres témoins du Christ ressuscité sont encore vivants et peuvent par conséquent être interrogés : 1 Corinthiens 15:6 ; 2 Corinthiens 12:12 ; Galates 3:5.)

8) - Les Épîtres

Lorsque nous lisons les épîtres bibliques, nous devons d'abord les lire comme des lettres adressées à des personnes qui existaient du vivant de l'auteur, car c'est ce qu'elles affirment de façon explicite (par exemple, Romains 1:7). Ce n'est qu'après avoir compris les épîtres dans leur propre contexte historique que nous pouvons considérer comment les appliquer à nos situations actuelles. Contrairement à ceux qui affirment que les épîtres demandent moins d'interprétation que d'autres parties des Écritures, elles figurent réellement au nombre des parties de la Bible les *plus* étroitement liées à leur situation historique.

Par exemple, comment pouvons-nous appliquer les enseignements de 1 Corinthiens à une situation culturelle différente ? La promesse d'une résurrection future (1 Corinthiens 15) semble être assez simple. La controverse la plus frappante dans plusieurs cultures, plusieurs églises et plusieurs parties du monde concerne le port du voile par les femmes (1 Corinthiens 11:2-16), bien que cette pratique ne soit plus en vigueur culturellement parlant. Mais que dire de la nourriture sacrifiée aux idoles (1 Corinthiens 8:10) ? Dans les cultures où les sacrifices de nourriture aux idoles ne sont plus de mise, comme cela est le cas dans une grande partie du monde occidental, sommes-nous libres d'ignorer ces chapitres ? Ou bien y a-t-il ici des principes transculturels qui pourraient éventuellement s'adapter à d'autres cultures ?

Comme nous l'avons noté ci-dessus de façon plus détaillée, dans le cadre de l'étude biblique, l'arrière-plan culturel n'est pas facultatif ; nous devons tenir compte de la situation d'origine pour comprendre la Bible dans son intégralité. Ceci s'applique tout autant, sinon plus, aux épîtres qu'au reste de la Bible, étant donné qu'elles étaient adressées à des peuples ou à des assemblées qui faisaient face à des situations bien particulières. Certains passages sont difficiles à comprendre parce que le public d'origine savait déjà de quoi on parlait, et nous ne sommes

LE CONTEXTE DU GENRE

pas toujours capables de le savoir (2 Thessaloniciens 2:5). Dans de tels cas, nous devons apprendre l'humilité ! Après tout, si Paul avait vécu avec les Corinthiens pendant 18 mois (Actes 18:11), on peut s'attendre à ce qu'il fasse allusion à certains points qui nous échappent (1 Corinthiens 1:16 ; 3:4 ; 15:29). Mais même dans ces types de cas, nous pouvons souvent saisir le point général du passage dans son ensemble, et c'est ce dont nous avons le plus besoin. Des recherches ultérieures de l'arrière-plan révèlent plus de détails, mais il y aura toujours des choses que nous ne comprendrons pas, et ce, jusqu'à ce que Jésus revienne (1 Corinthiens 13:12).

Les auteurs des épîtres bibliques suivaient souvent des normes de « rhétorique », c'est-à-dire les usages se rapportant à la façon de parler et d'écrire de l'époque. Connaître certaines de ces coutumes peut nous aider à mieux comprendre les épîtres (par exemple, pourquoi Paul commence-t-il souvent ses épîtres par l'expression : « que la grâce et la paix vous soient données de la part de Dieu notre Père et du Seigneur Jésus-Christ », associant Christ à la divinité du Père ?). En même temps, ces auteurs ne montraient pas simplement leurs capacités d'écriture. Ils posaient des questions, rectifiaient des problèmes et encourageaient les chrétiens à faire face aux situations qu'ils rencontraient. Une fois que nous comprenons la situation, nous pouvons en général comprendre comment l'auteur la traitait. Ces auteurs appliquaient des principes éternels aux situations concrètes de leur époque ; pour que cela ait le même impact aujourd'hui, nous devons appliquer ces principes à nos situations actuelles en tenant compte des différences culturelles.

Lorsque nous les appliquons, nous devons faire en sorte de trouver les analogies appropriées entre les situations auxquelles Paul était confronté et nos situations actuelles. Par exemple, certains interprètes croient que Paul interdisait à la plupart des femmes de l'église d'enseigner parce qu'elles étaient en général illettrées ; par conséquent, elles pouvaient être facilement égarées (1 Timothée 2:11-12). Dans cette culture, l'ordre qu'il donne et selon lequel elles devaient « apprendre » (« en silence, avec une entière soumission », 1 Timothée 2:11, était la façon appropriée pour tous les novices d'apprendre) a en fait émancipé les femmes qui ne recevaient pas d'instruction directe sauf lorsqu'elles assistaient aux services religieux. Il est important de savoir si c'est ce qui est dit dans ce passage ou non : si ce n'est pas le cas, on peut donc en conclure aujourd'hui que les femmes ne doivent jamais prêcher ou diriger d'études bibliques (bien que cela remette en question d'autres textes comme Romains 16:1-2, 7 ; Philippiens 4:2-3 ; Juges 4:4 ; 1 Corinthiens 11:4-5). Si c'est le cas, l'analogie aujourd'hui serait que les personnes illettrées, hommes ou femmes, ne doivent pas enseigner la Bible.

Dans un de ses chapitres sur les « Épîtres »[3], Gordon Fee suggère deux principes généraux d'interprétation des épîtres. D'abord, « la signification d'un texte doit correspondre à la signification qu'elle avait pour son auteur ou ses lecteurs d'origine » (p. 64). Il note, par exemple, qu'on ne peut affirmer que, dans 1 Corinthiens 13:10, le terme « parfait » renvoie à l'accomplissement du Nouveau Testament puisque les lecteurs de Paul n'avaient aucun moyen de savoir qu'il y aurait un Nouveau Testament. Ensuite, « lorsque nous partageons des détails comparables (c'est-à-dire des situations de vie semblables et spécifiques) avec ceux du premier siècle, la Parole de Dieu à notre égard est la même que sa Parole à leur égard » (p. 65). Les murmures, les plaintes, l'immoralité sexuelle et la convoitise seront toujours mauvais, peu importe que ces pratiques soient largement acceptées ou non au sein de la culture.

Que faisons-nous des textes qui traitent de situations totalement étrangères aux situations que nous rencontrons aujourd'hui ? Les Juifs et les gentils chrétiens étaient divisés en ce qui concerne les lois alimentaires et les jours saints ; dans

---

[3] Tiré de son ouvrage « *How to Read the Bible For all Its Worth* » (Zondervan, 1993) écrit en collaboration avec Doug Stuart.

LE CONTEXTE DU GENRE

Romains 14, Paul les avertit de ne pas se diviser à cause de tels problèmes secondaires. Si nous évoluons dans des milieux où nous ne connaissons aucun chrétien qui observe les fêtes de l'Ancien Testament ou qui s'abstienne de manger de la viande de porc, devons-nous tout simplement ignorer ce chapitre ? Le conseil que donne Paul dans ce chapitre fonctionne à partir d'un principe plus large. Le principe est que nous ne devrions pas nous diviser les uns les autres sur des questions secondaires, des questions qui ne sont pas au cœur de l'Évangile et de la moralité chrétienne.

Paul a écrit à des assemblées réelles et spécifiques. Parce qu'il ne s'attendait pas à ce que des chrétiens d'autres siècles lisent ses lettres dans des cultures et des situations différentes (cf. Marc 13:32), il n'a pas pris le temps d'aborder les différences entre les principes transculturels sur lesquels il avait basé ses conseils et les conseils pratiques qu'il tenait à communiquer aux assemblées de l'époque. Fee énumère plusieurs principes permettant de distinguer les principes transculturels des exemples spécifiques que la Bible nous donne et dont nous avons adapté le plus important ici. Premièrement, nous devons chercher le « noyau » ou le principe transculturel du texte. Ceci est important afin que nous continuions à mettre l'accent sur l'Évangile de Christ et que nous ne devenions pas légalistes sur des détails, comme l'étaient certains ennemis de Jésus. Deuxièmement, la Bible présente certains problèmes comme des normes morales transculturelles, comme dans le cas de la liste des vices de Paul (Romains 1:28-31 ; 1 Corinthiens 6:9-10). Mais dans des cultures différentes, la Bible approuve différentes coutumes en termes du travail des femmes hors de la maison (Proverbes 31:16-24 ; 1 Timothée 5:14) ou des formes variées de ministère (Juges 4:4 ; Philippiens 4:3 ; 1 Timothée 2:12). Si différents passages permettent différentes pratiques, nous considérons ces pratiques comme des lignes de conduite se rapportant à une culture spécifique et pas comme un principe transculturel immuable.

Troisièmement, nous devons comprendre les options culturelles qui s'offraient à l'auteur. Par exemple, les auteurs bibliques ont écrit à une période où personne n'essayait d'abolir l'esclavage. Le fait que les auteurs de la Bible n'ont pas explicitement abordé un problème que personne ne soulevait ne suggère pas qu'ils se seraient rangés du côté des partisans de l'esclavage si la question avait été soulevée. D'un autre côté, les Grecs de l'époque de Paul avaient des points de vue variés sur les rapports sexuels avant le mariage, l'homosexualité et ainsi de suite, mais la Bible condamne ces pratiques à l'unanimité. Quatrièmement, nous devons tenir compte des différences de situation. Au premier siècle, les hommes étaient de loin plus aptes que les femmes à recevoir une éducation, y compris l'éducation biblique. Paul aurait-il appliqué ces principes de la même façon aujourd'hui, alors que nous vivons à une époque où les femmes et les hommes bénéficient des mêmes chances d'éducation ? Les principes de Gordon Fee ressemblent à ceux que nous avons articulés plus haut concernant l'utilisation de l'arrière-plan culturel.

Nous allons étudier un exemple frappant qui montre que la situation dans laquelle se trouve Paul doit être prise en compte. Dans deux textes, Paul exige que les femmes gardent le « silence » dans l'église (1 Corinthiens 14:34-35 ; 1 Timothée 2:12). Si nous insistons pour prendre ce verset au pied de la lettre, alors les femmes ne devraient même pas chanter dans l'église ! Peu d'églises aujourd'hui vont aussi loin dans la signification de ces versets, mais est-ce qu'elles ignorent la signification du passage ? Pas nécessairement. Dans d'autres textes, Paul fait l'éloge des femmes qui travaillent pour le Seigneur (Philippiens 4:2-3) et, dans Romains, il vante les mérites de plus de femmes que d'hommes pour leurs services (même s'il mentionne plus d'hommes !) Qui plus est, il lui est même arrivé d'utiliser des termes qu'il adressait à ses compagnons d'œuvre à certaines femmes : « compagnon d'œuvre » (Prisca, Romains 16:3) ; *diakonos* (« servante », diaconesse, Phoebé, Romains 16:1) et même « apôtre » (Junias, selon certaines traductions,

LE CONTEXTE DU GENRE

Romains 16:7). Il accepte même que les femmes prient et prophétisent avec leurs têtes couvertes (1 Corinthiens 11:4-5). Comment peuvent-elles prier et prophétiser si plus tard, dans la même épître, il leur demande de garder le silence (1 Corinthiens 14:34-35) ? La Bible se contredit-elle ici ? Paul s'est-il contredit dans une même épître ?

Il faut savoir que les deux textes se rapportant au silence ne s'adressent probablement pas à tous les types de silence ; ils traitent de situations particulières. Le seul genre de discours qui est spécialement mentionné dans 1 Corinthiens 14:34-35 parle de poser des questions (1 Corinthiens 14:35). Dans les cultures juive et grecque, il était naturel pour les gens d'interrompre les enseignants et les conférenciers en leur posant des questions, mais il était impoli pour des personnes illettrées de le faire, notamment lorsqu'il s'agissait de femmes. Souvenons-nous que les femmes étaient en général moins éduquées que les hommes ; en fait, dans la culture juive, on enseignait aux garçons à réciter la loi de Dieu, une éducation à laquelle les filles n'avaient pas droit. En ce qui concerne 1 Timothée 2:11-12, les érudits débattent encore la façon dont Paul utilise l'arrière-plan vétéro-testamentaire. (Il applique des exemples de l'Ancien Testament de différentes façons dans différents passages, voir l'exemple d'Ève dans 2 Corinthiens 11:3.) Chose intéressante : les épîtres de Paul à Timothée à Éphèse sont les seules épîtres bibliques où nous apprenons que les faux enseignants ciblaient spécifiquement les femmes pour propager leurs faux enseignements (2 Timothée 3:6). En fait, ils avaient certainement pour cibles des veuves (1 Timothée 5:9) qui étaient propriétaires de maison afin d'utiliser leurs demeures comme église. Un des termes grecs utilisés dans 1 Timothée 5:13 signifie la plupart du temps colporter des « absurdités » ou des idées fausses. Ceux qui connaissaient mal la Bible étaient naturellement les plus susceptibles d'accepter les faux enseignements ; ceux qui ne connaissent pas la Bible ne doivent pas enseigner. Quelles que soient les conclusions que l'on puisse tirer de tout ceci, il est difficile d'accepter que Paul ait pu empêcher les femmes de chanter dans l'église !

Mais Fee met également en garde contre le fait d'élargir l'application au-delà du point soulevé dans le texte. Si la loi est résumée par l'amour (Romains 13:8-10), alors l'application correcte du texte est que nous devons aimer notre prochain comme nous-mêmes, un principe qui a potentiellement un nombre infini d'applications. Mais certaines personnes ont déclaré que ce principe vidait la loi de tout contenu moral de telle sorte que l'adultère et le vol sont acceptables du moment où ils sont motivés par l'amour. Il est évident qu'une telle application déforme la signification du texte, mais ce n'est pas la seule. Par exemple, il nous arrive de citer 1 Corinthiens 3:16 : « Vous êtes le temple de Dieu » comme un argument contre le fait de fumer parce que fumer, c'est mauvais pour le corps. Dans son contexte, le texte signifie qu'en tant qu'Église, nous sommes le temple de Dieu, sa demeure (1 Corinthiens 3:9-15), et quiconque détruit ce temple en causant la division est passible du jugement de Dieu (1 Corinthiens 3:17). Ce texte s'applique même aux chrétiens non fumeurs dans la mesure où nous manquons d'amour envers les autres chrétiens ! 1 Corinthiens 6:19 serait un peu mieux : « Votre corps est le temple du Saint-Esprit ». Ce verset se réfère à notre corps individuel qui doit être utilisé pour le Seigneur seulement (1 Corinthiens 6:20). Mais l'enseignement original que Paul voulait communiquer, c'est que nos corps ne doivent pas être unis aux prostituées (1 Corinthiens 6:15-17). Ce texte doit être utilisé dans le contexte de l'immoralité sexuelle ! Si nous essayons d'appliquer ce principe au fait de fumer, alors nous devons aussi l'appliquer à la gloutonnerie, au manque d'exercice physique, à la mauvaise nutrition et à d'autres problèmes qui portent atteinte à notre corps. Notre extrapolation du principe de Paul dans ce verset peut être légitime, mais c'est certainement secondaire à l'objectif de Paul, un objectif primordial pour nous : si nous sommes unis à Christ, nous devons éviter toute immoralité sexuelle.

Les différentes épîtres ont été écrites de différentes façons mais, en général, nous devons les lire soigneusement et dans l'ordre, du début jusqu'à la fin. L'épître aux Romains développe un argument bien précis tout au long du livre (comme nous l'avons noté plus haut). Le passage de 1 Corinthiens aborde plusieurs questions interdépendantes réparties dans plusieurs paragraphes à travers plusieurs chapitres (1 Corinthiens 1-4 nous disent que l'église est surtout divisée en ce qui concerne les orateurs les plus habiles ; 1 Corinthiens 5-7 parlent principalement des questions sexuelles ; 1 Corinthiens 8-11 parlent surtout des questions alimentaires ; 1 Corinthiens 12-14 parlent des dons spirituels). Entraînez-nous à identifier cet argument en trouvant des titres pour chaque paragraphe et en montrant comment ces paragraphes s'associent les uns aux autres, développant une argumentation continue.

Voici un résumé de nos directives pour comprendre et remettre en contexte les lettres de la Bible :

Distinguer les principes des applications ; remettre en contexte

1)- *Lire les lettres comme des lettres adressées à des personnes réelles.*

2)- *Étudier la situation ; comment l'auteur a-t-il traité la situation ?*

    a) Quelle est la culture et (en fonction des conclusions tirées) quelle est la situation spécifique qu'il traite ?

    b) La critique rhétorique : a-t-il présenté son argument sous un format particulier pour des raisons culturelles ?

    c) Déterminer comment il traite la situation (d'accord, pas d'accord, un mélange des deux).

3)- *S'agit-il d'une application transculturelle ou bien l'élément transculturel ressort-il simplement du principe sous-jacent à cette application ?*

a) Dans des cultures ou des situations différentes, la Bible présente-t-elle des enseignements parallèles ?

b) L'auteur est-il d'accord ou pas avec les points de vue culturels de la majorité ?

c) S'il est d'accord sur certains points, *peut-être* accepte-t-il certains éléments moralement neutres de sa culture dans le but de nouer un rapport positif avec elle.

d) S'il n'est pas d'accord sur certains points (ou s'il prend une position ferme et que sa culture maintient des points de vue différents), il fait probablement ressortir une norme transculturelle.

4)- *Pour avoir un impact équivalent, nous devons appliquer le principe à des situations équivalentes aujourd'hui.*

a) Quelles sont les situations actuelles que l'on pourrait considérer comme des quasi-analogies de celles des premiers auditeurs ?

b) Quelles sont les situations actuelles (dans nos vies, dans la vie des autres, dans la société, etc.) qui sont semblables à bien des égards à la situation originale ?

c) Quelles sont les autres situations que le principe devrait aborder (à condition que nous ayons correctement vérifié le principe sous-jacent à l'application) ?

d) Assurez-vous que votre application correspond à celle que l'auteur aurait donnée s'il avait vécu à notre époque. Qu'aurait-il dit de cette situation ?

9 - *La prophétie*

Les livres historiques de la Bible contiennent plusieurs prophéties. Nous avons aussi des livres constitués principalement de prophéties avec simplement quelques résumés historiques à l'intérieur, tels que Jérémie, Ésaïe, Ézéchiel, Osée ou

Nahum. Dans les livres historiques, lorsque les prophéties concernent un roi ou une période particulier/particulière de l'histoire d'Israël, cela est clairement mentionné. Dans ce cas-là, nous les étudions comme nous étudierions d'autres actions divines dans les récits historiques (voir la discussion ci-dessus). Mais notre façon d'interpréter les livres prophétiques ne fournit pas un arrière-plan intégral des situations qu'ils traitent ? Nous donnons ci-dessous certains principes qui pourront s'avérer utiles.

1)- Identifier la cible et les circonstances de la prophétie selon le contexte.

Pour vérifier les situations abordées par les prophéties, on peut en général découvrir le domaine spécifique dans lequel un prophète a prophétisé en regardant au début du livre qui d'habitude (bien que pas toujours) énumère les règnes des dirigeants sous lesquels le prophète a prophétisé. Ensuite, on peut se tourner vers 1 et 2 Rois et 1 et 2 Chroniques pour apprendre ce qui se passait en Israël à cette époque.

2)- Utiliser la loi et les premiers prophètes comme arrière-plan.

Les prophètes avaient pour mission de ramener la nation d'Israël à Dieu et à l'alliance qu'elle avait conclue avec lui. Plusieurs jugements prononcés sont l'accomplissement des avertissements de la malédiction consignée dans Deutéronome 27-28. Leur langage reprend et fait régulièrement écho au langage des premiers prophètes de leur génération. Beaucoup de prophètes répètent plusieurs fois le même message fondamental mais, cette fois-ci, de manière créative, nouvelle et poétique. Certaines cultures environnantes déclaraient avoir des prophètes, mais aucune ne pouvait se vanter d'avoir une succession de prophètes annonçant le même message fondamental, d'une génération à l'autre. (Par exemple, la ville de Mari avait des prophètes qui, lorsqu'ils faisaient des reproches « moraux » au roi, se contentaient de l'avertir qu'il était en danger de perdre un combat parce qu'il ne versait pas suffisamment d'argent dans les caisses du temple. L'Égypte avait des auteurs prophétiques qui dénonçaient les injustices des anciens dirigeants, ce qui se rapproche un tant soit peu de la succession prophétique de la Bible sans toutefois lui ressembler entièrement.)

3)- Avant l'exil, lorsque les prophètes prophétisaient, ils le faisaient sous forme poétique.

Le fait que les prophètes prophétisaient souvent sous forme poétique nous invite à interpréter leurs prophéties d'une manière bien particulière. Pour commencer, la plus grande partie de la poésie ancienne était riche en symbolisme formulé de façon à attirer l'attention. La majorité des gens savait que tous les détails n'étaient pas à prendre littéralement. Il fallait plutôt essayer de saisir le point fondamental. Certains détails restaient même délibérément obscurs jusqu'à leur accomplissement, mais assez clairs en rétrospective, de manière à ce que l'on puisse reconnaître à la fois la sagesse de Dieu et la folie des hommes qui ne le comprenaient pas.

Ensuite, la prophétie israélienne impliquait un certain parallélisme, comme dans les psaumes et les proverbes. (Lors de la traduction de certaines Bibles anciennes, ce principe ne fut pas reproduit, mais la quasi-totalité des traductions plus récentes arrange les prophéties bibliques en vers comme tout autre type de poésie, ce qui permet de reconnaître la forme poétique de façon assez facile.) Certains chants et poésies modernes équilibrent le son par rime et par rythme, mais les Israélites équilibraient surtout les idées. Ainsi, la seconde ligne pouvait répéter l'idée de la première ligne (soit en utilisant les mêmes mots, soit en utilisant des mots semblables qui devaient légèrement développer l'idée). Parfois la seconde ligne pouvait donner un point opposé (par exemple, si la première ligne dit que la mémoire du juste sera bénie, la seconde peut noter que le nom du méchant sera pourri). Dans de tels cas, nous ne devons pas lire des idées différentes dans les lignes parallèles. Certains prédicateurs ont même prêché sur des points opposés à partir de versets parallèles mais, dans la poésie d'origine, ces versets séparés ne constituaient pas des idées séparées ; il s'agissait simplement d'un moyen d'exprimer la même idée de façons variées.

4)- La prophétie s'est-elle déjà accomplie ? Y a-t-il des éléments qui ne se sont pas encore réalisés ?

Ici, il convient de vérifier les parties historiques de la Bible et autres informations historiques pour voir si une prophétie s'était accomplie. Souvent, les prophéties sont des moyens poétiques permettant de donner un sens général, alors que l'application particulière reste ambiguë (Ésaïe 37:29, 33-37). Dieu ne donne pas la prophétie pour satisfaire notre curiosité, mais pour nous dire ce dont nous avons besoin. Nous ne devons donc pas attendre l'accomplissement littéral de chaque détail comme si les prophéties étaient écrites en prose plutôt que sous forme poétique (bien que parfois Dieu ait accompli les détails de façon littérale). Ainsi, par exemple, tous les érudits s'accordent pour dire que Jérémie a prophétisé avant la chute de Jérusalem, annonçant à l'avance le jugement qui allait s'abattre sur son propre peuple. Ceci était inhabituel dans l'ancien Proche-Orient, où l'on s'attendait à ce que les prophètes soient patriotiques et encouragent leur peuple à remporter la victoire. Mais Jérémie (et Deutéronome) a prophétisé le rétablissement d'Israël dans son territoire. Lorsque les Assyriens avaient emmené les gens en captivité, personne n'était revenu et personne ne s'attendait à ce que les choses soient différentes avec les Babyloniens. Mais une génération après la mort de Jérémie, les exilés judéens sont revenus dans leur pays. Il s'agissait d'un accomplissement remarquable auquel personne ne s'attendait et qui ne peut être considéré comme une coïncidence ; ceci valide la prophétie de Jérémie, même si certains détails étaient destinés à un usage poétique. Le style d'écriture de Jérémie nous montre que beaucoup de ses détails sont purement poétiques, une façon graphique de communiquer son message (par exemple : Jérémie 4:7-9, 20-31). (Certaines parties du livre de Daniel comprennent plus de détails en prose. Ils ont eu lieu exactement comme Daniel l'avait prédit.)

Quelques prophéties ne se sont jamais réalisées et ne se réaliseront jamais (par exemple : Jérémie 46:13 ; Ézéchiel 29:19 ; 30:10) parce que les gens ont réagi aux menaces ou ont accepté les promesses de Dieu. Dieu donne beaucoup de prophéties conditionnelles (Jérémie 18:7-10).

Parmi les prophéties qui se sont accomplies, une partie s'accomplira dans le futur. Ceci est dû au fait que la façon dont Dieu agit envers les êtres humains suit certains modèles cohérents, car Dieu et la nature humaine sont restés les mêmes. Ainsi, par exemple, le temple a été jugé à plusieurs reprises lors des « abominations du dévastateur » par les Babyloniens (587 avant J.-C.), par Antiochos Épiphanes (deuxième siècle avant J.-C.), par Pompée (premier siècle avant J.-C.), par Titus (premier siècle après J.-C.) et par Adrien (deuxième siècle après J.-C.). (En se référant d'avance à la destruction du temple par Titus, Jésus pouvait parler d'une abomination du dévastateur qui allait avoir lieu en l'espace d'une seule génération, Matthieu 23:36-38 ; 24:1-3, 15, 34 ; ceci s'est accompli quarante ans après la prédiction de Jésus.) Parce qu'il y a beaucoup d'empereurs malveillants dans l'histoire, le « mystère de l'iniquité agit déjà » (2 Thessaloniciens 2:7) ; parce qu'il y a encore des trompeurs, il y a déjà des antéchrists (1 Jean 2:18).

Lorsqu'une prophétie ne s'accomplissait pas mais qu'elle parle des promesses inconditionnelles de Dieu, quelle partie de cette prophétie sera réalisée dans le futur ? Par exemple, le retour des Israélites de Babylone était un véritable miracle, bien que Cyrus ait eu besoin de moins de persuasion divine que Pharaon pour permettre à ses captifs de rentrer chez eux. Quoi qu'il en soit, les prophéties exaltées d'Ésaïe sur les déserts remplis de fleurs de lys ne se sont pas accomplies ; Israël est resté un très petit royaume. (Cette déception paraissait aussi difficile que celle qu'avait connue la génération qui avait erré dans le désert après la délivrance miraculeuse de l'esclavage en Égypte.) Cer-

LE CONTEXTE DU GENRE

tains aspects de la prophétie d'Ésaïe se sont accomplis au travers du ministère de Jésus, à la fois sur le plan physique et spirituel (par exemple : Ésaïe 35:5-6 ; 61:1-2 ; Matthieu 11:5 ; Luc 4:18-19). Mais l'histoire suggère aussi que Dieu préserve Israël pour une raison bien précise. Une fois de plus, Israël a été dispersé une génération après la crucifixion de Jésus (Luc 21:20-24). Mais le peuple juif n'a jamais disparu ; en revanche, les Hittites, les Édomites, les Philistins et d'autres nations ont été assimilés dans d'autres peuples.

À première vue, la venue de Jésus peut sembler être moins spectaculaire que la délivrance du peuple d'Israël lors du premier exode ou du retour de Babylone mais, quelques siècles plus tard, les oppresseurs de Judée se sont convertis au Dieu d'Israël, un événement beaucoup plus remarquable que ce qui est arrivé avec Pharaon ou Cyrus. Aujourd'hui, près de la moitié de la population mondiale reconnaît qu'il y a un Dieu. Bien qu'une grande partie de cette foi soit insuffisante, et ce, à plusieurs égards, il convient de noter que comparée à l'époque de Jérémie ou de Jésus, cela apparaît comme un miracle étonnant. Nous pouvons ainsi nous attendre à l'accomplissement des promesses futures de rétablissement, bien que nous ne puissions pas comprendre le langage symbolique des anciens prophètes pour en saisir tous les détails. Ceux qui ont été greffés dans l'héritage et l'espérance bibliques par la foi (Romains 2:26-29 ; 11:17-24) prennent part à ces promesses futures.

Cependant, nous devons être prudents lorsque nous parlons du « double accomplissement ». Bon nombre des « accomplissements secondaires » de l'Écriture consignés dans le Nouveau Testament sont effectivement des applications ou analogies vétéro-testamentaires, et non des revendications attestant d'un premier accomplissement. Ainsi, par exemple, lorsque Osée dit : « J'appelai mon fils hors d'Égypte », il est clair qu'il parle d'Israël lors de l'Exode (Osée 11:1). Lorsque Matthieu applique ceci à Jésus, il établit une analogie entre Israël et Jésus ; ce dernier est un reflet de l'histoire d'Israël et il est victorieux : il a été tenté pendant 40 jours dans le désert (de même qu'Israël l'a été pendant 40 ans). Mais Jésus n'a pas succombé aux tentations auxquelles Israël a succombé. (Noter le contexte des versets qu'il tire du Deutéronome.)

L'ensemble de l'Ancien Testament rend témoignage à Christ parce qu'il révèle le caractère de Dieu, le salut qu'il nous offre au moyen de la grâce, sa façon d'envoyer des libérateurs, ses principes d'expiation, d'alliance et de promesse, ses objectifs pour son peuple, etc. Lorsque nous saisissons le caractère véritable de Dieu, nous arrivons dès lors à reconnaître en Christ le libérateur promis ; c'est ce que Dieu désirait avant tout lorsqu'il a inspiré l'Écriture de l'Ancien Testament.

Mais cela ne veut pas dire que nous sommes libres d'attribuer de nouveaux « accomplissements » à l'Écriture ; les auteurs du Nouveau Testament étaient animés d'une inspiration spéciale, mais nous ne pouvons pas en dire autant. Nous ne nions pas avoir besoin d'être conduits par l'Esprit dans la compréhension de l'Écriture, nous affirmons simplement que si nous disons : « la Bible dit… », nous devons nous en tenir à ce qu'elle dit de façon explicite. Si nous lisons dans la Bible des choses qui n'y sont pas, nous devons être honnêtes et dire : « ceci est mon point de vue et non celui de la Bible » ou « j'ai l'impression que Dieu me conduit dans cette direction ». La façon la plus sûre de lire l'Écriture est de rechercher sa seule signification. Puisqu'il nous reste encore tant de choses à comprendre dans la Bible, nous n'avons aucune raison d'aller chercher des significations « cachées » !

5)- Nous devons nous méfier des « spécialistes de la prophétie » qui affirment que chaque détail du texte biblique s'accomplira durant notre génération.

À travers la majorité de l'histoire de l'Église, et surtout au cours des deux derniers siècles, plusieurs interprètes ont réinterprété les prophéties bibliques pour les appliquer à leur propre génération. Ainsi, chaque décennie, ou presque, et au fur et

LE CONTEXTE DU GENRE

à mesure que les évènements évoluaient, ils devaient réviser leur interprétation de l'Écriture. Dans de tels cas, les enseignants ne lisaient pas l'Écriture selon sa propre autorité, mais ils l'interprétaient à la lumière des derniers événements. Cela pose un problème étant donné qu'ils le faisaient en s'appuyant sur deux hypothèses : d'abord, toute prophétie s'applique à la dernière génération (ce qui n'est pas vrai bibliquement parlant). Ensuite, nous faisons partie de la dernière génération. Mais la plupart des générations dans l'histoire croyaient être la dernière ! Dieu dit qu'en ce qui nous concerne, nous pouvons (ou non) faire partie de cette génération (Marc 13:32). Nous devons être toujours prêts (Marc 13:33-37). Dans le Nouveau Testament, les « derniers jours » comprennent la période située entre la première et la seconde venue, y compris le premier siècle (Actes 2:17 ; 1 Timothée 4:1 ; 2 Timothée 3:1 ; Hébreux 1:2 ; Jacques 5:3 ; 2 Pierre 3:3).

La plupart des interprètes qui déclarent que « tout ceci s'accomplira de nos jours » utilisent des *textes* bibliques qui sont assez généraux pour avoir été « accomplis » de façon similaire à plusieurs autres reprises. Un certain nombre de livres (par exemple : Richard Kyle, *The Last Days Are Here Again* [Baker, 1998]) examinent l'histoire des erreurs souvent commises par *chacun* des groupes impliqués dans l'interprétation prophétique. La plupart de gens savent que certains groupes qui ont prédit de façon répétée la fin du monde avaient tort, mais ceux qui restent gravés dans notre esprit sont les groupes qui refusaient de reconnaître leur erreur. Toutefois, à partir de quelques pères de l'Église jusqu'à certains réformateurs et plusieurs spécialistes de la prophétie, la même erreur se perpétue. Nous devons apprendre non seulement à partir de l'histoire mais aussi des avertissements de Jésus (Marc 13:32 ; Actes 1:7).

10 - L'Apocalypse

L'Apocalypse est un genre particulier de prophétie ; étant donné son importance et l'intérêt qu'elle suscite, nous avons consacré une section entière à cette discussion. L'Apocalypse est un mélange de prophétie et de littérature apocalyptique (un genre unique de prophétie qui apparaît dans Daniel, certaines parties d'Ésaïe, d'Ézéchiel et de Zacharie) présenté sous la forme d'une missive.

Un livre comme l'Apocalypse soulève de sérieuses différences d'opinion, et nous devons être charitables dans nos désaccords. Quoi qu'il en soit, nous allons l'étudier et voir ce que les méthodes mentionnées ci-dessus peuvent nous enseigner, et comment elles peuvent nous aider à aller au-delà de plusieurs points de vue qui ont largement circulé. Lire le livre de l'Apocalypse dans son ensemble (tout en tenant compte du contexte du livre entier) et à la lumière de son arrière-plan (l'Ancien testament et d'autres textes) va nous aider à éviter ou à corriger plusieurs des erreurs communes dont nous avons souvent héritées.

L'Apocalypse n'est pas un livre obscur. Son but n'est peut-être pas de satisfaire notre curiosité en ce qui concerne les détails sur la fin des temps, mais c'est certainement un livre très pratique qui présente les exigences que Dieu impose à nos vies. Ainsi, il s'ouvre en promettant une bénédiction à ceux qui tiennent compte de son message et qui lui obéissent (Apocalypse 1:3), ce qui revient à dire que nous devrions suffisamment comprendre le message du livre pour lui obéir ! Un ange avait dit à Daniel que son livre serait scellé et tenu secret jusqu'à la fin des temps (Daniel 12:9) ; l'ange a dit à Jean de ne pas sceller son livre parce que la fin des temps était proche (Apocalypse 22:10). Le livre de l'Apocalypse est peut-être « caché » aux yeux de ceux qui pensent qu'ils ont besoin d'une clé spéciale pour pénétrer et ouvrir les enseignements d'une autre personne.

LE CONTEXTE DU GENRE

Ceux qui essaient de l'interpréter à la lumière des événements actuels auront également du mal à le comprendre, ce qui nous oblige à réajuster nos interprétations tous les deux ans environ. Mais ce livre n'a aucun secret pour ceux d'entre nous qui le lisent d'un bout à l'autre et le comprennent en tenant compte du contexte du livre entier. Toute Écriture est utile pour enseigner et pour instruire dans la justice à partir de la période où elle a été écrite (2 Timothée 3:16-17) ; alors quelles que soient les autres significations qu'il pourrait y avoir, le livre de l'Apocalypse doit être applicable à nos vies aujourd'hui.

A- Une multitude de contresens

Au cours des deux siècles passés, les gens ont trop souvent utilisé « l'herméneutique journalistique » pour comprendre le livre de l'Apocalypse, c'est-à-dire qu'ils l'ont interprété à la lumière des événements mondiaux. C'est pour cette raison que beaucoup d'enseignants dans le domaine de la prophétie doivent souvent revoir leur interprétation du livre. Il n'y a rien de mal à ce qu'ils reconnaissent que Jésus peut revenir bientôt et qu'ainsi la prophétie puisse s'accomplir de nos jours ; en fait, nous approuvons. Mais déclarer que certains événements actuels sont bel et bien l'accomplissement d'un passage biblique mène à la désillusion lorsque la Une d'aujourd'hui finit dans la poubelle de demain.

Un exemple d'herméneutique journalistique renvoie aux interprétations relatives aux « rois qui viennent de l'Orient » (Apocalypse 16:12). Au début du $20^{\text{ème}}$ siècle, plusieurs interprètes nord-américains pensaient que les « rois qui viennent de l'Orient » renvoyaient à l'Empire ottoman, situé en Turquie. Il est évident que les sept églises d'Asie Mineure occidentale n'auraient jamais considéré la Turquie comme faisant partie des « rois qui viennent de l'Orient » puisque l'Asie Mineure et la Turquie moderne ne font qu'un ! Mais, aux yeux des interprètes occidentaux d'il y a plus d'un siècle, les Turcs semblaient être le peuple le plus menaçant de l'empire de « l'Orient ». Après le démembrement de l'Empire ottoman à la fin de la Première Guerre mondiale, le nouvel empire menaçant de « l'Orient » était le Japon impérial (un empire qui menaçait aussi la Corée, la Chine, les Philippines et le reste de l'Asie). Après la défaite du Japon impérial à la fin de la Deuxième Guerre mondiale, c'est à la Chine communiste que les interprètes occidentaux ont attribué ce terme.

Le seul facteur commun à chacune de ces interprétations était que ces rois hostiles se trouvaient à « l'Est » de ceux qui interprétaient le passage. Parfois les interprétations peuvent aussi révéler des sentiments anti-asiatiques qui sont impies et anti-bibliques. Pour les premiers lecteurs de l'Apocalypse de Jean, qui étaient donc « les rois qui viennent de l'Orient » ? L'Empire parthe constituait la plus grande menace militaire pour tous les habitants de l'Empire romain, surtout en Asie Mineure. Le roi parthe montait un cheval blanc et on l'acclamait en tant que « roi des rois et seigneur des seigneurs ». L'Euphrate séparait l'Empire romain de l'Empire parthe (cf. Apocalypse 9:14 ; 16:12). Bien que les Parthes aient régné dans la région de l'Iran et de l'Iraq, la géographie est moins importante que l'image : les ennemis les plus redoutés de l'Empire allaient l'envahir. En fin de compte, ce sont les barbares venant du Nord, et non l'Empire oriental, qui ont vaincu l'Empire romain ; quoi qu'il en soit, Rome a succombé à une invasion, et la conquête demeure un avertissement effrayant de jugement pour chaque génération et dans chaque lieu (Apocalypse 6:1-4).

D'autres erreurs d'interprétation prophétique abondent. La secte des Témoins de Jéhovah a faussement prédit que le retour de Christ et d'autres événements de la fin des temps auraient lieu en 1874, 1881, 1910, 1925, 1975 et 1984. Il est même arrivé à de vrais chrétiens de commettre des erreurs en fixant des dates, ce qui est contraire aux enseignements de notre Seigneur (Marc 13:32). Le père de l'Église, Hippolyte, avait conclu que le Seigneur reviendrait vers l'an 500. Saint Martin de Tours croyait que l'antéchrist était déjà vivant à son époque ; Martin est mort en l'an 397. Donc si l'antéchrist des derniers temps est encore en vie, il doit être vraiment vieux !

D'autres ont fait des interprétations « prophétiques » des événements que l'on considère assez naïves. En 1920, certains spécialistes de la prophétie ont adhéré au message d'un ouvrage intitulé : *Les Protocoles des anciens de Sion*, comme une confirmation de leurs enseignements. À présent, on sait que cet ouvrage est une contrefaçon utilisée par les nazis. Dans les années 1970, plusieurs chrétiens étaient inquiets au sujet d'un ordinateur en Belgique appelé « la bête » ; ils ne savaient pas que cet ordinateur existait seulement dans un roman. Aux alentours des années 1980, j'ai entendu un professeur de prophétie qui expliquait que d'ici deux ans, l'Union soviétique allait envahir l'Iran, devenir le maître de la provision mondiale de pétrole et précipiter une guerre mondiale. Inutile de dire que l'accomplissement de sa prédiction se fait attendre.

Plusieurs livres (y compris celui de Richard Kyle, *The Last Days Are Here Again* [Baker, 1998] ; de Dwight Wilson, *Armageddon Now! The Premlilenarian Response to Russia and Israel Since 1917* [Grand Rapids : Baker, 1977]) ont compilé d'innombrables déclarations prononcées par des spécialistes de la prophétie au fil de l'histoire, et surtout au cours des derniers 150 ans, au sujet de divers événements contemporains. Ces enseignants avaient occasionnellement raison (aussi souvent que les astrologues) ; ils avaient tort dans la plupart des cas.

Ci-dessous, je donne un échantillon des erreurs commises récemment ; cette liste est tirée de l'introduction de mon commentaire sur le livre de l'Apocalypse (*Revelation, NIV Application Commentary* [Grand Rapids : Zondervan, 2000]).

- Christophe Colomb a voyagé vers le Nouveau Monde dans l'espoir de précipiter la venue du nouveau ciel et de la nouvelle terre dont il est fait mention dans la Bible.

- Pendant la Réforme, Melchior Hoffman a fait exprès d'être arrêté à Strasbourg parce qu'il croyait que cette ville allait bientôt devenir la nouvelle Jérusalem.

- Pendant la Réforme également, Thomas Müntzer a soutenu la révolte paysanne de 1524, croyant que cela allait précipiter le jugement dernier. Les paysans furent vaincus et Müntzer fut exécuté. Pendant cette période, les spéculations sur la fin des temps étaient fortement ancrées dans la société au point que certains sont morts pour leurs convictions.

- Lors de la persécution des premiers dirigeants baptistes en Angleterre par le roi James I, ceux-ci croyaient vivre la dernière tribulation.

- Plusieurs Américains croyaient que le roi George III (probablement l'un des dirigeants anglais les plus pieux, comme l'a reconnu John Wesley) était l'antéchrist de la fin des temps.

- Plusieurs serviteurs de Dieu aux États-Unis s'attendaient à ce que la guerre civile établisse le royaume de Dieu. Certains de ces serviteurs souhaitaient voir Dieu mettre en déroute leurs ennemis.

- William Booth, leader apostolique de la fin du dix-neuvième siècle et fondateur de l'Armée du Salut, faisait un travail extraordinaire pour Dieu ; il était convaincu que l'Armée du Salut « avait été choisie par Dieu comme l'agence principale qui allait établir une fois pour toutes » le royaume de Dieu.

Plus récemment, les chrétiens américains ont acheté plus de 3 millions de copies du livre d'Edgar Whisenant, *88 Reasons Why the Rapture Could be in 1988* [88 raisons pour lesquelles l'enlèvement aura lieu en 1988]. Le patron de l'une de mes amies qui travaillait dans une librairie chrétienne la poussait à vendre autant de copies de ce livre que possible avant la fin 1988 ; plus personne ne l'achèterait en 1989. Et il avait raison ; la nouvelle version du livre dans laquelle l'auteur avait révisé la venue de Jésus pour 1989 n'a pas fait recette. Qu'on ne dise pas que les chrétiens américains sont facilement trompés – du moins pas deux fois de suite par le même auteur l'année suivante. Mais le monde était aux aguets : le journal de l'université où je préparais ma thèse de doctorat se moqua des prédictions erronées. D'autres ont prédit le retour du Seigneur pour des dates variées dans les années 1990 ou en l'an 2000. Comme l'a fait remarquer un auteur, tous ceux qui ont prédit les temps et les saisons n'avaient qu'une seule chose en commun : ils ont tous eu tort !

Les interprètes se sont souvent basés sur deux hypothèses : d'abord, nous faisons partie de la dernière génération ; ensuite, toutes les prophéties s'appliquent à la dernière génération. La première hypothèse est toujours possible, mais on ne peut jamais l'affirmer de façon dogmatique ; chaque génération à la recherche de « signes » potentiels a espéré être la dernière génération. (Sur le plan biblique, la dernière génération a besoin de faire plus qu'espérer : nous devons à tout prix terminer la tâche d'évangélisation mondiale.) La deuxième hypothèse est tout simplement fausse ; plusieurs prophéties se sont déjà accomplies dans la Bible et d'autres s'accompliront lorsque Jésus reviendra. Elles n'appartiennent pas toutes à la dernière génération précédant le retour de Christ.

Divers points de vue concernant le livre de l'Apocalypse

Traditionnellement parlant, les lecteurs ont adopté l'une des approches suivantes pour interpréter le livre de l'Apocalypse :

1- L'approche prétériste : ceux qui croient que tout s'est accompli au premier siècle.

2- L'approche historiciste : ceux qui croient que le livre de l'Apocalypse a prédit les détails de l'histoire subséquente consignée dans les livres d'histoire.

3- L'approche idéaliste : ceux qui croient que le livre de l'Apocalypse contient des principes intemporels.

4- L'approche futuriste : ceux qui croient que le livre de l'Apocalypse parle de l'avenir.

L'interprétation historiciste a été largement abandonnée parce que l'histoire ne s'adapte pas très bien au profil du livre de l'Apocalypse. (Ceci est vrai même pour les lettres aux sept églises qui ont été considérées par quelques-uns comme des étapes de l'histoire de l'Église. À l'heure actuelle, très peu d'érudits acceptent ce mouvement d'interprétation, même dans la tradition « dispensationaliste » où elle était autrefois couramment acceptée. Le dispensationalisme a aussi beaucoup changé depuis sa création.

Pour ce qui est des autres courants d'interprétation, ils sont tous valables si tant est que nous n'utilisons pas un point de vue pour exclure les autres. Il est vrai que le livre de l'Apocalypse, comme les autres livres bibliques, a d'abord été écrit pour un public des temps anciens (point de vue prétériste) ; à l'instar de Paul qui, à travers les épîtres, s'adresse à certaines églises, le livre s'adresse de façon explicite aux sept églises d'Asie Mineure (Apocalypse 1:4) ; qui plus est, le livre de l'Apocalypse est écrit en grec et utilise des symboles que les lecteurs du premier siècle comprenaient. Mais cela ne veut pas dire que le livre ne parle pas du futur ou n'articule pas des principes utiles pour des générations ultérieures.

Le livre de l'Apocalypse renferme des principes intemporels relatifs à l'Église de toutes les générations. Il parle de l'avenir, en plus du présent et du passé. Les lecteurs peuvent être en désaccord en ce qui concerne la partie du livre de l'Apocalypse qui se réfère au futur, mais presque tous sont d'accord sur le fait que le passage d'Apocalypse 19-22 parle du futur.

LE CONTEXTE DU GENRE

De même, au moins une partie du livre se réfère au passé : la prise de l'enfant dans Apocalypse 12 (qui, d'après la majorité, représente Jésus) a déjà eu lieu.

Cependant, outre ces points, les lecteurs sont arrivés à des conclusions étonnement différentes concernant les enseignements de l'Apocalypse à travers l'histoire. Nous pouvons illustrer cette divergence en commentant sur le « Millenium », la période de 1000 ans mentionnée dans Apocalypse 20. Plusieurs lecteurs influencés par une tradition particulière peuvent être surpris d'apprendre que des personnes qu'ils respectent dans l'histoire de l'Église adhéraient à d'autres interprétations. Cette surprise nous enseigne quelques leçons : Dieu n'utilise pas ses serviteurs sur la base unique de leurs points de vue sur la fin des temps, et nous devons toujours recourir à la Bible pour voir ce qu'elle nous enseigne. Le fait que toutes les personnes que nous connaissons partagent un certain point de vue ne veut pas dire que ce point de vue est correct ; il y a 150 ans, la majorité des chrétiens adhéraient à un point de vue différent, et 100 ans plus tôt, un autre courant d'interprétation était mis en valeur.

Après que le livre de l'Apocalypse ait été terminé, les pères de l'Église primitive (les responsables de l'Église primitive au cours des premiers siècles) étaient pré-millénaristes, c'est-à-dire qu'ils croyaient que Jésus reviendrait avant les 1000 ans mentionnés dans l'Apocalypse. En outre, ils étaient tous post-tribulationnistes, c'est-à-dire qu'ils croyaient tous soit qu'ils vivaient à l'époque de la Grande Tribulation, soit que cette dernière appartenait au futur et que Jésus ne reviendrait chercher son Église qu'après la fin de la Tribulation. Mais quelques siècles plus tard, pendant la période de Saint Augustin, la plupart des chrétiens sont devenus amillénaristes. Plusieurs croyaient que la fin de la persécution des chrétiens décrétée par l'empereur Constantine marquait le début du Millénium ; plusieurs s'attendaient à ce que Jésus revienne 1000 ans après Constantine. Un autre point de vue amillénariste, plus courant de nos jours et plus facile à défendre à partir des Écritures, est que le Millénium représente la période située entre la première et la seconde venue, avec Christ au pouvoir jusqu'à ce que ses ennemis soient sous ses pieds. La plupart des chrétiens médiévaux et la majorité des réformateurs (y compris Luther et Calvin) étaient amillénaristes. La plupart des mouvements religieux fondés durant la période de prédominance de l'amillénarisme sont amillénaristes aujourd'hui. Cela est aussi vrai des églises fondées par des missionnaires amillénaristes dans diverses parties du monde. Par contraste, les églises fondées par des missionnaires pré-millénaristes sont en général pré-millénaristes. John Wesley croyait qu'Apocalypse 20 parlait de deux milleniums différents : l'un au ciel et l'autre sur la terre.

La plupart des dirigeants des grands réveils du dix-huitième siècle – et surtout ceux du réveil spirituel américain du dix-neuvième siècle – étaient post-millénaristes, y compris Jonathan Edwards et Charles Finney. Pendant les réveils qui ont amené beaucoup de personnes à Christ au début du dix-neuvième siècle aux États-Unis, les gens étaient convaincus que « cette bonne nouvelle du royaume » serait « prêchée dans le monde entier. Alors la fin viendrait » (Matthieu 24:14, paraphrase). Charles Finney, qui a amené environ un demi-million de personnes à Christ et qui a aidé à diriger le mouvement contre l'esclavage, était post-millénariste. Les post-millénaristes croyaient qu'ils allaient établir le royaume de Dieu sur la terre au travers de l'Esprit de Dieu ; alors Jésus reviendrait pour régner. À l'heure actuelle, beaucoup de chrétiens considèrent le post-millénarisme comme un optimisme naïf ; il s'agit là d'un point de vue dominant des chrétiens américains du dix-neuvième siècle.

Un autre point de vue a vu le jour au dix-neuvième siècle et était populaire au vingtième siècle. Ce point de vue est appelé le pré-millénarisme dispensationaliste. Pendant ou autour des années 1830, John Nelson Darby a inventé un système d'interprétation qui divisait les Écritures entre ce qui s'applique à Israël (l'Ancien Testament, les évangiles, l'Apocalypse et une

LE CONTEXTE DU GENRE

grande partie du livre des Actes) et ce qui s'applique directement à l'Église (surtout les épîtres). Au moyen de ce système, il affirmait que les dons spirituels n'étaient pas pour la période de l'Église et qu'il y aurait une venue séparée pour l'Église (avant la tribulation) et une pour Israël (après la tribulation). Une fois introduit, ce point de vue a été répandu grâce à la Bible d'étude de Scofield ; il était surtout populaire au début du vingtième siècle. L'échec de l'optimisme post-millénarisme du dix-neuvième siècle et la désintégration de l'ancien consensus évangélique aux États-Unis rendaient ce point de vue séduisant. Après tout, qui se plaindrait d'être enlevé au ciel avant la tribulation plutôt qu'après ?

Pour l'instant, nous n'avons pas assez de temps pour débattre en faveur de ce point de vue (ou contre), mais nous souhaitons simplement signaler que la plupart des gens qui adhèrent à cette opinion ignoraient que personne dans l'histoire de l'Église n'avait partagé ce point de vue avant 1830. À l'heure actuelle, certains pensent que ce point de vue est clair, mais les chrétiens ont lu la Bible pendant plus 1700 ans sans pour autant le remarquer ! Chaque point de vue cite des versets pour défendre sa position, mais chacun de ces versets doit être examiné dans le contexte de sa signification. Cela comprend des points de vue qui sont très largement répandus aujourd'hui, comme le dispensationalisme, et nous devrions nous rappeler que de tels points de vue très populaires de nos jours étaient très rares, voire inconnus, dans l'histoire plus ancienne. Aujourd'hui la plupart des érudits qui adhèrent à l'autorité de la Bible sont soit amillénaristes, soit anti-dispentionalistes (généralement post-tribulationnistes), pré-millénaristes, ou autres.

À mon avis, les pré-millénaristes peuvent facilement expliquer Apocalypse 20 et les amillénaristes peuvent expliquer d'autres passages sur la fin des temps. (Pour plusieurs d'entre eux, la question est de savoir s'il faut interpréter les textes les plus explicites à la lumière de textes moins explicites, ou l'inverse). Puisque la question sera résolue au moment du retour de Jésus, je ne vois pas la nécessité d'argumenter là-dessus. Il est ridicule de se quereller avec d'autres chrétiens à cause de ce type de divergence ! Alors pourquoi est-ce que je soulève cette question ? Seulement dans le but de nous aider à être plus charitables vis-à-vis de ceux qui adhèrent à une interprétation de l'Apocalypse différente de la nôtre. Si nous nous disputons avec nos frères et sœurs à cause d'une différence d'interprétation, alors nous risquons de nous quereller avec une grande partie du corps de Christ. L'Église véritable est unie sur les questions essentielles qui sont nécessaires pour suivre Jésus, mais au-delà, c'est notre amour et notre unité qui montrent le caractère de Dieu au monde (Jean 13:34-35 ; 17:20-23).

Le plus important, c'est d'abord des questions pratiques que la méthode enseignée ci-dessus peut nous aider à comprendre. Certaines questions sont très pratiques et aucun chrétien digne de ce nom ne les remet en question : par exemple, nous savons tous que nous devons être prêts pour le retour de notre Seigneur. Il convient d'ajouter qu'il existe d'autres questions pratiques que les interprètes qui ne tiennent aucun compte de l'arrière-plan ou des méthodes de contexte du livre ignorent. Voici un échantillon de ces questions.

L'utilisation du Symbolisme ?

Certains affirment que nous devons prendre à la lettre tout ce qui se trouve dans le livre de l'Apocalypse. Mais ce livre est rempli d'images que nous ne pouvons prendre littéralement. Est-ce qu'une femme était littéralement enveloppée du soleil au chapitre 12, verset 1, avec la lune littéralement sous ses pieds et douze étoiles sur sa tête ? Est-ce que Babylone est littéralement la mère de chaque prostituée dans le monde (Apocalypse 17:5) ? Le livre de l'Apocalypse nous dit même ce que représentent certains de ces symboles, clarifiant le fait que le livre contient beaucoup de symboles (Apocalypse 1:20). Dieu pouvait créer le genre de monstres décrits dans Apocalypse 9, mais ils ressemblent aux sauterelles mentionnées dans la prophétie

LE CONTEXTE DU GENRE

de Joël dans laquelle elles sont simplement une description poétique d'une invasion de sauterelles ou d'une armée envahissante (ou une combinaison des deux).

Nous pourrions donc répondre en ces termes : interprétez de façon littérale le plus de symboles possible. Mais pourquoi serait-ce le cas ? N'est-il pas mieux d'être logiques dans la façon dont nous interprétons le reste de l'Apocalypse qui, de toute évidence, contient beaucoup de symboles ? La façon appropriée de lire les récits narratifs est généralement de les lire littéralement mais, comme nous l'avons fait remarquer précédemment, la poésie hébraïque ou les prophéties de l'Ancien Testament données sous forme poétique ne se prêtent pas vraiment à ce type de lecture. Le même principe s'applique aux prophéties du Nouveau Testament qui utilisent le même mode de communication symbolique utilisé par plusieurs prophéties vétéro-testamentaires. Certaines affirmations peuvent être littérales (nous affirmons que les sept églises sont, par exemple, des églises littérales), mais d'autres (comme la femme enveloppée du soleil) ne le sont pas. Certains érudits font remarquer que le mot grec pour « faire connaître » ou « communiquer » (Apocalypse 1:1) suggère que l'un des termes utilisés pour révéler le message à Jean montre qu'il a reçu le message sous forme de symboles. (Un terme apparenté au mot « signe » peut avoir ce sens dans Apocalypse 12:1, 3 ; 15:1).

Le symbolisme était souvent utilisé par les auteurs juifs de l'époque de Jean (par exemple, 1 Enoch décrit les anges en train de féconder les femmes comme les étoiles fécondaient les vaches) qui imitaient le style d'écriture des prophètes de l'Ancien Testament (en écrivant une forme de littérature appelée plus tard apocalyptique). De même que les enseignants juifs utilisaient des devinettes pour susciter la réflexion, les écrits apocalyptiques utilisaient des prophéties énigmatiques pour lancer un défi aux lecteurs. Même si nous n'avons que l'Ancien Testament comme arrière-plan, nous devrions nous attendre à une abondance de symbolisme prophétique (voir surtout Zacharie, Ézéchiel et plusieurs prophéties contenues dans le livre de Daniel et celui d'Ésaïe).

Le contexte du livre entier

Le livre de l'Apocalypse établit un contraste qui revient souvent entre deux villes : Babylone et la nouvelle Jérusalem. Babylone est une prostituée (Apocalypse 17:5) ; la nouvelle Jérusalem est une nouvelle mariée (Apocalypse 21:2). Babylone est parée d'or et de pierres précieuses (Apocalypse 17:4) comme une prostituée qui cherche à nous séduire avec son offre de gratification coupable et temporaire. La nouvelle Jérusalem est bâtie d'or pur et ses portes sont ornées de perles (Apocalypse 21:18, 21). Aucune personne sensée ne préférerait Babylone à la nouvelle Jérusalem ; seuls ceux qui ont foi dans les promesses de Dieu attendent la ville d'en haut et résistent à la tentation présente.

À l'époque de saint Augustin (un théologien nord-africain, 354-430 après J.-C.), Rome est tombée aux mains des envahisseurs barbares ; les chrétiens étaient épouvantés. Saint Augustin a opposé Rome à la ville de Dieu. Les villes et les empires terrestres enveloppés de splendeur vont périr, mais la ville de Dieu est éternelle, et sa promesse à notre égard est infaillible. Le monde demande à ce que l'on prenne la marque de la bête si l'on veut vendre ou acheter (Apocalypse 13:17) mais, à ceux qui refusent de se compromettre avec la nourriture de ce monde (Apocalypse 2:14, 20), Dieu promet la nourriture éternelle (Apocalypse 2:7, 17) et la manne, même lorsque le monde les persécute (Apocalypse 12:6). Ceux qui se croient riches peuvent être pauvres dans ce qui est important (Apocalypse 3:17), tout comme ceux qui semblent être pauvres peuvent être riches dans ce qui importe (Apocalypse 2:9). Jésus offre l'or véritable de la nouvelle Jérusalem à ceux qui s'en remettent à lui plutôt qu'aux richesses du monde (Apocalypse 3:18).

LE CONTEXTE DU GENRE

Que pouvons-nous apprendre de la nouvelle Jérusalem ? Certaines traductions expliquent que la nouvelle Jérusalem s'étend sur environ 2 400 km dans chaque direction, et que sa hauteur est égale à sa largeur et à sa longueur (Apocalypse 21:16). Cela signifie que la ville se trouve à environ 2 395 km au-dessus de la montagne la plus haute du monde, dans un lieu où l'air est déjà rare, et par conséquent où il est difficile de respirer. Il est vrai que Dieu peut changer les lois physiques s'il le désire, mais il y a un autre indice qui montre que les mesures spécifiques associées à la nouvelle Jérusalem sont symboliques : dans une ville mesurant environ 2 400 km, le mur mesure seulement 80 mètres.

Ces mesures apparemment disproportionnées peuvent s'expliquer ainsi : lorsqu'on lit le verset en grec, ou dans une traduction très littérale, ou dans la note de bas de page de la plupart des traductions : la nouvelle Jérusalem mesure 12 000 stades et 144 coudées. Lorsqu'un lecteur du livre de l'Apocalypse arrive au chapitre 21, il a déjà rencontré ces chiffres. Apocalypse 7:4-8 et 14:1-5 parlent de 144 000 hommes juifs chastes, 12 000 issus de chaque tribu. Parce que, dans la Bible, « Jérusalem » se réfère autant au peuple (les habitants de Jérusalem) qu'au lieu géographique, il est tout naturel de vouloir établir un lien entre ces passages, à savoir : voici les habitants de la nouvelle Jérusalem qui se tiennent sur la montagne de Sion (14:1), ceux qui vont vivre dans la nouvelle Jérusalem ! La ville appartient à ceux qui ont souffert pour elle, ceux qui « ne se sont pas souillés avec des femmes » (Apocalypse 14:4) et qui n'ont pas couché avec Babylone la prostituée. Est-ce que cela veut dire que seuls les hommes juifs vivront dans la nouvelle Jérusalem ? Est-ce que les chrétiens non juifs en seront exclus ? Bien au contraire !

La liste des tribus dont il est question dans le passage d'Apocalypse 7:4-8 ressemble aux listes de recensement militaire que l'on trouve dans l'Ancien Testament, suggérant ici la présence de l'armée de la fin des temps. Les armées juives étaient composées d'hommes, et beaucoup de Juifs s'attendaient aussi à ce que cette armée soit chaste avant la bataille. Le livre de l'Apocalypse parle d'une manière surprenante de ce groupe qui a « vaincu » (Apocalypse 15:2-4 ; cf. 14:3). La bête peut vaincre les serviteurs de Dieu humainement parlant (Apocalypse 11:7 ; 13:7), mais ils ont vaincu en refusant de désobéir au Seigneur qui remportera la victoire finale (Apocalypse 12:11). Dans le livre de l'Apocalypse, est-il question d'une armée littérale composée de 144 000 Juifs ? On peut l'interpréter de cette façon et cela aura un sens. Après tout, la Bible parle du peuple juif qui se tournera vers Dieu à la fin des temps (Romains 11:16) mais, dans le contexte de l'Apocalypse, je pense qu'une autre interprétation s'impose.

Ailleurs, le livre de l'Apocalypse parle des Juifs spirituels (Apocalypse 2:9 ; 3:9). De même, dans le monde ancien, les chandeliers (le symbole que Jean utilise pour parler des églises dans Apocalypse 1:20) sont des symboles de la foi juive. Parfois un(e) deuxième vision ou rêve reprenait le message d'une première vision (par exemple, Genèse 37:7, 9 ; 40:1-7), et c'est probablement la même chose ici : dans le paragraphe suivant, cette armée triomphante composée des 144 000 Israélites finit par devenir une foule innombrable venant de toutes les nations (Apocalypse 7:9-17). Les promesses données à cette foule dans Apocalypse 7:15-17 sont les promesses que Dieu a faites à Israël dans l'Ancien Testament. En suivant le roi d'Israël, ces païens ont été greffés sur l'héritage et sur les promesses d'Israël ; par conséquent, ils sont juifs au sens spirituel du terme. Le contexte du livre entier clarifie le lien qui existe entre ces deux paragraphes. Deux chapitres plus tôt, Jean « entend » parler du lion de la tribu de Juda, un symbole que le judaïsme a utilisé pour parler du Messie guerrier. Mais lorsque Jean se retourne, il « voit » un agneau immolé – celui qui a remporté la victoire par sa propre mort (Apocalypse 5:5-6). À présent, Jean « entend » parler des 144 000 (Apocalypse 7:4), mais lorsqu'il se retourne, il « voit » une multitude innombrable (Apocalypse 7:9) ; il s'agit peut-être de la multitude des martyrs qui ont pris part aux souffrances de Christ.

LE CONTEXTE DU GENRE

Ceci correspond à ce que dit le texte. Les 144 000 sont « des serviteurs de Dieu » (Apocalypse 1:1 ; 22:3). Est-ce qu'il y a seulement 144 000 serviteurs de Dieu ? Est-ce que tous sont juifs sur le plan ethnique, et tous sont des hommes ? Seuls des serviteurs de Dieu habiteront la nouvelle Jérusalem, mais les serviteurs de Dieu sont composés des disciples de Jésus d'origine juive et païenne. La nouvelle Jérusalem appartient à tous ceux qui se sont confiés en Christ (Apocalypse 21:7-8, 14, 27), et elle offre la même promesse suggérée dans ce passage aux chrétiens d'origine païenne (Apocalypse 21:4 et 7:17). Les Témoins de Jéhovah utilisent indûment le chiffre 144 000 en lui attribuant une signification littérale, mais donnent au passage sur les hommes juifs une signification figurée. Plusieurs chrétiens prennent les deux éléments à la lettre. Cependant, dans le contexte du livre de l'Apocalypse, les deux éléments sont probablement symboliques ; le message adressé à l'Église est beaucoup plus profond que ne le réalisent la plupart des chrétiens.

Le contexte du livre entier propose un nouveau regard sur la signification qu'attache le livre de l'Apocalypse à la marque de la bête. Devons-nous prêcher sur ce sujet en mettant simplement les gens en garde contre un événement à venir, ou est-ce que cela a quelque chose à nous enseigner dans le présent ? Contrairement à l'enseignement que la plupart de gens ont reçu, en continuant à lire un peu plus loin, on se rend compte que cette marque peut ne pas être visible à l'œil nu. Nous devons prendre note des autres marques dont il est question dans le livre de l'Apocalypse. Par exemple, les croyants deviendront des piliers dans le temple futur de Dieu. À l'instar des autres piliers anciens sur lesquels des noms étaient inscrits, le nom de Dieu et celui de la nouvelle Jérusalem seront inscrits sur nous (Apocalypse 3:12 ; cf. Apocalypse 2:17). Le nom de Dieu et celui de l'Agneau seront inscrits à jamais sur nos fronts (Apocalypse 22:4), peut-être comme une marque d'esclave ou toute autre sorte de marque montrant à qui nous appartenons. Lorsque Jésus revient, son nom est écrit sur sa cuisse (Apocalypse 19:12-13, 16), peut-être pour permettre à Jean de lire son titre dans la vision. Babylone la grande a un nom écrit sur son front (Apocalypse 17:5). De même que Babylone n'est pas une femme prise au sens littéral, nous tenons compte du fait que l'inscription fait partie de la vision et qu'elle n'est pas littéralement apposée sur la tête d'une femme.

De même que Dieu a apposé une marque sur les justes (Ézéchiel 9:4-6), il a mis un sceau sur les 144 000 pour les protéger pendant son jugement (Apocalypse 7:3). Comme dans Ézéchiel, il s'agit d'une marque que Dieu seul peut voir. Puisque, à l'origine, la Bible n'était pas divisée en chapitres, les premiers lecteurs auraient tout de suite remarqué le contraste entre les 144 000 et le reste du monde (Apocalypse 13:16 à 14:5). Ceux qui suivent la bête portent son nom (Apocalypse 13:17) ; ceux qui suivent l'Agneau portent son nom (Apocalypse 14:1). La bête, qui est la progéniture de son maître, le dragon, a sept têtes et dix cornes (Apocalypse 12:3 ; 13:1 ; 17:3, 7). La seconde bête est une contrefaçon délibérée de l'Agneau (à comparer avec Apocalypse 5:6) : elle a deux cornes comme l'Agneau mais elle communique le message du dragon (Apocalypse 13:11). Une petite armée de 144 000 individus suit l'Agneau véritable ; le reste du monde (dont l'armée compte pas moins de 200 millions d'individus, Apocalypse 9:16) suit la bête. Chaque disciple porte une marque permettant de l'identifier soit à l'Agneau, soit à la bête. Quoi qu'il en soit, le but de la prédication est clair : nous devons à tout prix nous ranger dans le camp de Dieu et non dans celui du monde.

Arrière-plan

Jean a probablement écrit ce livre alors qu'il était en exil (Apocalypse 1:9) durant le règne de l'empereur romain Domitien. Ce dernier exigeait qu'on adore sa statue comme s'il était dieu, et les premiers chrétiens ont refusé de le faire. Il s'agissait d'un problème pressant en Asie Mineure occidentale où se trouvaient les sept églises ; certaines des églises étaient déjà persécutées (Apocalypse 2:9-10, 13 ; 3:9). Pour les premiers lecteurs du livre de l'Apocalypse, ses avertissements au sujet de l'adoration de l'image de la bête (Apocalypse 13:15) étaient vraiment d'actualité ! Mais certaines des autres églises se compromettaient avec le même système mondial qui, dans d'autres parties du monde, persécutait et assassinait leurs frères et sœurs en Christ (2:14, 20 ; 3:2, 15-18).

Les sept églises d'Asie Mineure (Apocalypse 1:4) étaient aussi réelles que toute autre église à laquelle Paul s'était adressé. Les églises sont situées dans les sept villes les plus importantes de la province romaine d'Asie, et elles sont arrangées précisément dans l'ordre dans lequel un messager venant de Patmos aurait distribué les lettres. Beaucoup de problèmes traités (comme la richesse et l'eau tiède de Laodicée) abordent des problèmes qui se rapportaient à ces églises particulières. Cela ne veut pas dire que le message est uniquement applicable aux églises mentionnées ; Jésus invite chaque personne à écouter le message qu'il adresse à chacune de ces églises (Apocalypse 2:7). Mais nous apprenons à partir de leurs exemples de la même façon que nous apprenons à partir des églises auxquelles Paul s'était adressé. Nous devons tenir compte de l'arrière-plan afin de comprendre les problèmes que l'auteur voulait traiter.

Ci-dessus, nous avons parlé de Babylone. Ce nom ne doit pas être pris au sens littéral, de même que les parents des faux prophètes n'avaient pas nommé leurs enfants « Balaam » ou « Jézabel » (Apocalypse 2:14, 20). Comme l'ont reconnu la plupart des chrétiens à travers l'histoire, à l'époque de Jean, le nom « la Babylone » faisait référence à Rome. Tout le monde savait que Rome était une ville située sur sept collines (Apocalypse 17:9). Rome avait même un festival annuel appelé « les sept montagnes » ; ce festival célébrait sa fondation. Les importations dont il est question au chapitre 18:12-13 font précisément allusion aux échanges commerciaux de Rome. À l'époque de Jean, Rome était le seul empire mercantile qui gouvernait les rois de la terre par voie maritime (Apocalypse

17:18 ; 18:15-19). Plus important encore, les sources juives (et probablement 1 Pierre 5:13) appelaient déjà Rome « Babylone », et ce, parce que Rome, comme Babylone, avait assujetti le peuple de Dieu et détruit le temple.

L'association de la « Babylone » du livre de l'Apocalypse à Rome a des implications poignantes. Dans Apocalypse 18:2-3, Jean entend un chant funèbre qui est adressé à Babylone (tout comme le chant funèbre sur la Babylone littérale dans Ésaïe 21:9). Rome, l'empire le plus puissant que le monde ait jamais connu, semblait prêt à écraser la petite église de Jésus-Christ. Rome a exilé Jean, qui était avancé en âge, sur l'île de Patmos (Apocalypse 1:9). Mais Jean entend un chant funèbre sur ce puissant empire ! Les premiers chrétiens ont fait preuve d'une foi incroyable lorsqu'ils ont cru en cette promesse, à savoir que leur oppresseur allait tomber. Jean a marché sur la trace des premiers prophètes qui avaient prophétisé contre l'Assyrie, la Babylone littérale et ainsi de suite, et leurs prophéties s'étaient réalisées. L'Assyrie, Babylone, Rome et tous les autres empires de l'histoire passée étaient maintenant en ruine. En revanche, l'Église de Jésus-Christ, que tant d'empires ont menacé de détruire, est plus répandue que jamais ! À l'époque où l'Église était établie principalement dans quelques villes de l'Empire romain, Jean a prophétisé l'essor d'une Église de toute tribu, peuple et nation (Apocalypse 5:9 ; 7:9) ; et cette prophétie s'est accomplie.

Mais si, pour les premiers lecteurs de l'Apocalypse de Jean, « Babylone » renvoyait à Rome, cela était simplement dû au fait que Rome la représentait à l'époque de Jean. Si Rome symbolisait la nouvelle Babylone à cette période-là, d'autres nouvelles Babylone ou nouvelles Rome, d'autres empires méchants allaient venir usurper le rôle légitime du royaume de Dieu à venir. Ces empires n'ont pas besoin d'être situés en Italie pas plus que Rome, à savoir la nouvelle Babylone, ne se situait au Moyen-Orient. En d'autres termes, Babylone est la ville du monde, comme la ville appelée « Sodome » et « Égypte » dans

Apocalypse 11:8. Le système mondial, dans sa rébellion contre Dieu, est opposé à la nouvelle Jérusalem. De même que la première Babylone est tombée, de même que Rome est tombée, les autres Babylone et les autres Rome de l'histoire tomberont, elles aussi. Les derniers empires s'écrouleront le jour où le royaume de ce monde deviendra le royaume de notre Dieu et de son Christ (Apocalypse 11:15).

L'arrière-plan romain nous permet de comprendre le méchant roi dont il est question dans Apocalypse 13:1-3 et 17:10-11. Le premier empereur qui a officiellement persécuté l'église était Néron. Il faisait brûler les chrétiens vivants pour qu'ils éclairent ses jardins la nuit. Lorsque Néron fut assassiné, le credo selon lequel il allait revenir s'était tellement répandu que quelques imposteurs proclamant être Néron ont fait leur apparition. Quelques années avant la rédaction du livre de l'Apocalypse, un faux Néron a même persuadé les Parthes de le suivre à travers l'Euphrate pour envahir l'Asie Mineure. Plusieurs érudits ont suggéré que la tête blessée à mort qui est revenue à la vie (Apocalypse 13:3) est un « nouveau Néron ». Cela ne veut pas dire que Néron (l'original) est revenu à la vie (pas plus que les personnages dont il est question dans Apocalypse 11:3-6 ne sont Moïse ou Élie ressuscités). Cela veut simplement dire qu'il viendra « avec l'esprit et la puissance » de Néron (cf. Luc 1:17), c'est-à-dire qu'il est comparé à Néron, le terrible persécuteur. Ainsi, le livre de l'Apocalypse utilise le langage de son époque pour dire que « le futur dictateur sera comme Néron, un homme méchant qui persécutera les chrétiens comme Néron l'avait fait auparavant ». Une invasion parthe venant de l'autre côté de l'Euphrate était une image horrifiante à l'époque de Jean, et un nouveau Néron était un signe annonciateur des souffrances à venir.

Deux autres facteurs soutiennent cette association à Néron. Le livre de l'Apocalypse parle du retour d'un roi du passé (Apocalypse 17:10-11). Le règne de Néron précédait le règne du roi qui régnait à l'époque de la rédaction du livre de l'Apocalypse. En outre, lorsqu'on épelle le nom Néron en hébreu, le chiffre 666 apparaît. Que ce soit Néron ou pas, le dirigeant mondial des derniers temps sera un homme pervers et mauvais ! Le caractère de cet homme est déjà à l'œuvre à travers ceux qui font le mal (2 Thessaloniciens 2:7 ; 1 Jean 2:18). Ne sous-estimons jamais le mal, et n'oublions pas qu'au bout du compte, le Dieu juste est maître de toutes choses (Apocalypse 17:17).

Autres applications des images de l'Ancien testament

Nous avons déjà vu que le lion s'est avéré être un agneau. Nous pouvons aussi observer une nouvelle application des fléaux de l'Exode aux jugements du livre de l'Apocalypse (chapitres 8, 9 et 16) ou de la ville appelée « Sodome » et « Égypte ». Le livre de l'Apocalypse ne prétend pas « prédire » les fléaux de l'époque mosaïque, et la ville dont il parle n'est pas non plus une Sodome ou une Égypte littérale du passé (comme si elle pouvait être les deux à la fois !)

Dans Apocalypse 21:16, la hauteur de la nouvelle Jérusalem est égale à sa largeur et à sa longueur ; cela veut dire que la ville se présente sous la forme d'un cube. Ceci évoque probablement le Lieu très saint de l'Ancien Testament où seul le souverain sacrificateur pouvait entrer une fois par an. Cependant, dans la nouvelle Jérusalem, tous ceux qui croient en Jésus jouiront de la présence de Dieu comme dans le Lieu très saint sauf que nous y aurons directement accès (une gloire que nos corps mortels actuels ne peuvent pas supporter. Mais ce sera différent lorsque nous aurons des corps glorifiés !) Le Tabernacle de Dieu sera parmi nous et il demeurera avec nous, et nous serons son peuple (Apocalypse 21:3).

Ézéchiel a prophétisé la présence d'un nouveau temple glorieux dont jaillerait un fleuve d'eau bordé d'arbres fruitiers (Ézéchiel 47). Mais le livre de l'Apocalypse déclare qu'il n'y aura pas de temple dans la nouvelle Jérusalem (Apocalypse 21:22). Cela ne veut pas dire que l'Apocalypse contredit Ézéchiel ; l'Apocalypse parle plutôt d'une réalité supérieure au symbolisme d'Ézéchiel. Ézéchiel montrait que la gloire du temple futur surpasserait celle de l'ancien temple. La promesse de l'Apocalypse n'est pas moins importante que celle d'Ézéchiel ; elle est simplement plus grande : Dieu et l'Agneau sont le temple (Apocalypse 21:22), et le fleuve coule de leur trône (Apocalypse 22:1). Le fleuve est le fleuve de la vie (Apocalypse 22:1) et les arbres d'Ézéchiel sont l'arbre de vie (Apocalypse 22:2). Rappelant la Genèse, ces nouveaux détails attirent notre attention sur une promesse supérieure à celle d'Ézéchiel. Le jardin d'Éden original comprenait un fleuve et l'arbre de vie, mais une malédiction s'était abattue sur lui. La nouvelle Jérusalem a un fleuve et un arbre de vie, mais il n'y aura plus de malédiction (Apocalypse 22:3). Le paradis sera pour toujours dans la présence de Dieu.

La présence de Dieu n'est pas seulement une promesse pour la nouvelle Jérusalem du futur, mais aussi pour les croyants au ciel. Nous allons à présent étudier la façon dont le ciel sera agencé d'après les scènes de l'Apocalypse : par exemple, l'arche (Apocalypse 11:19) ; l'autel des sacrifices (Apocalypse 6:9) ; l'autel pour l'encens (Apocalypse 8:3-5 ; 9:13 ; 14:18) ; les lampes (Apocalypse 4:5) ; la mer de verre (Apocalypse 15:2) et les harpes (Apocalypse 5:8 ; 14:2 ; 15:2). Comment le ciel est-il décrit ? Il ressemble à un temple (le temple de l'Ancien Testament contenait tous les meubles mentionnés ci-dessus). Ainsi, il n'est pas surprenant de trouver des gens adorant Dieu au ciel. Le livre de l'Apocalypse le dépeint symboliquement comme un temple pour nous rappeler quelle sera notre activité principale. Nous ne sommes jamais aussi près du ciel sur cette terre que lorsque nous adorons Dieu, une activité que nous continuerons à pratiquer dans sa présence.

Dans Apocalypse 6:9-11, il nous est parlé des « âmes sous l'autel », des martyrs qui sont morts alors qu'ils annonçaient le message de Jésus. Pourquoi sont-ils sous l'autel ? Le sang de certains sacrifices était répandu au pied de l'autel dans l'Ancien Testament (Lévitique 4:7). Ces serviteurs de Dieu, en mourant pour l'Évangile, ont pris part aux souffrances de Christ. De même que l'Agneau a été sacrifié (Apocalypse 5:5-6), ces serviteurs de Christ sont devenus des sacrifices vivants avec lui.

Prenons un autre exemple, peut-être l'exemple le plus controversé, à savoir la longueur de la période de la tribulation dont il est question dans l'Apocalypse. Les 1 260 jours (Apocalypse 11:2-3 ; 12:6, 14 ; 13:5) doivent-ils être pris au sens littéral ou figuré ? Que ce soit l'un ou l'autre, plusieurs facteurs nous avertissent de ne pas interpréter l'Apocalypse de façon littérale avant d'avoir examiné le tout. La durée mentionnée dans l'Apocalypse renvoie aux chiffres similaires consignés dans le livre de Daniel (par exemple, Daniel 7:25 ; 12:7, 11), bien qu'il soit possible qu'elle aborde une question différente que celle traitée par Daniel. Dans le livre de Daniel, cette période parle de l'abomination du dévastateur (Daniel 11:31 ; 12:11). Jésus montre qu'au moins un de ces fléaux a eu lieu avant la rédaction du livre de l'Apocalypse, c'est-à-dire durant la génération de Jésus (Mathieu 24:15, 34 ; Marc 13:14, 30). Ceux qui revendiquent qu'ici le terme « génération » signifie « race » donnent aux mots grecs une signification erronée ; le terme signifie toujours « génération » dans les Évangiles.

L'abomination littérale dont il est question dans le livre de Daniel avait déjà été accomplie avant la rédaction de l'Apocalypse. (Le livre de l'Apocalypse a été rédigé plus de 2 décennies après la destruction du temple.) En outre, la chronologie de Daniel repose sur une réutilisation symbolique de la prophétie des « 70 ans » de Jérémie, vers la fin des 70 ans (Daniel 9:2-3, 24). Si Daniel pouvait réutiliser de façon symbolique un chiffre consigné dans le livre de Jérémie, alors pourquoi le livre de l'Apocalypse ne ferait-il pas la même chose avec un chiffre se trouvant dans le livre de Daniel ? Plusieurs contemporains juifs de Jean réutilisaient de façon symbolique la période de temps mentionnée dans le livre de

LE CONTEXTE DU GENRE

Daniel ; tout le monde aurait donc compris cette méthode si l'Apocalypse l'avait utilisée.

Cela ne voulait pas dire que le livre de Daniel ne pouvait pas être pris au sens littéral sur ce point mais seulement que le livre de l'Apocalypse utilise ce chiffre différemment. Nous avons déjà vu que, d'après Jésus, au moins une des abominations dont il est parlé dans le livre de Daniel s'est accomplie littéralement avant la rédaction du livre de l'Apocalypse. Sachant que, dans la plupart des cas, le livre de l'Apocalypse utilise les chiffres (comme 12 000 et 144) de façon symbolique, il est possible qu'il emprunte le chiffre utilisé dans le livre de Daniel dans le but de nous en dire davantage sur la *nature* du temps et non pas sur sa *longueur*. Jusqu'ici nous avons seulement affirmé que cela est possible, et pas que l'Apocalypse utilise réellement la période de façon symbolique. Comment pouvons-nous savoir si le livre de l'Apocalypse utilise ce chiffre de façon symbolique ou à la lettre ?

Dans Apocalypse 12:1-6, le dragon (le diable) s'oppose à une femme et au fils qu'elle a enfanté. Lorsque l'enfant fait paître les nations avec une verge de fer, la femme fuit dans le désert pendant 1 260 jours. La plupart des exégètes sont d'accord pour dire que l'enfant représente Jésus (cf. Apocalypse 12:17 ; 19:15) ; si c'est le cas, le coup d'envoi de la période des 1 260 jours a été donné lorsque Jésus a été exalté au ciel (plus de 60 ans avant la rédaction du livre de l'Apocalypse). Cela commence avec la première venue et s'achève avec la seconde venue. Pour le judaïsme, la dernière tribulation représentait la période directement avant la fin (parfois 3 ans et demi, ou sept ans, ou quarante ans, ou même 400 ans), mais en tant que chrétiens, nous sommes convaincus que nous sommes déjà à la fin des temps. Le Messie est déjà venu une fois et, parce que nous vivons durant la période située entre sa première et sa seconde venue, nous vivons dans la période de la fin des temps ; nous sommes dans l'attente du retour de notre Seigneur. De même que le lion est l'Agneau, le départ et le retour de Christ forment la période de la tribulation ; toutes les attentes juives prennent une nouvelle signification à la lumière de la venue de Christ.

Il est fort probable que, juste avant la fin, la tribulation s'intensifie ; mais le message que l'Apocalypse cherche à faire passer, du moins dans ce passage, a une signification plus large pour nous. À l'heure actuelle, nous vivons à une période de tribulation, mais nous pouvons prendre courage car Jésus a vaincu le monde (Jean 16:33). La femme et ses enfants étaient dans le désert (Apocalypse 12:6, 17), ce qui nous montre la nature de la période intermédiaire. Les Israélites ont vécu dans le désert entre leur délivrance de l'Égypte et l'héritage qui les attendait dans la Terre promise. Grâce à l'exaltation de Christ, nous aussi nous avons goûté au salut ; Satan ne peut plus nous accuser (Apocalypse 12:10), mais nous devons toujours persévérer dans ce monde jusqu'au retour de Christ (Apocalypse 12:11-12).

Nous n'avons pas le temps de voir s'il s'agit de la seule signification relative à la période de la tribulation traitée dans l'Apocalypse. (J'ai traité cette question en détail dans mon commentaire sur le livre de l'Apocalypse.) Mais la « fin des temps » *actuelle* semble être le thème du chapitre 12, et le Nouveau Testament considère souvent la période actuelle comme la période de la fin des temps. Depuis les premiers apôtres, nous sommes dans la période des « derniers jours » (Actes 2:17 ; 1 Timothée 4:1 ; 2 Timothée 3:1 ; Jacques 5:3 ; 1 Pierre 1:20 ; 2 Pierre 3:3). Les Juifs considéraient la fin des temps comme la période des « douleurs de l'enfantement du Messie », mais Jésus a enseigné que les douleurs de l'enfantement avaient déjà commencé et que la fin viendrait seulement après que nous ayons terminé notre mission, à savoir celle de prêcher l'Évangile à toutes les nations (Mathieu 24:6-8, 14). Paul déclare que même la création souffre les douleurs de l'enfantement avec nous afin de donner naissance au nouveau monde (Romains 8:22-23). Le fait de savoir que nous vivons dans les temps de la fin devrait avoir un effet sur notre façon de vivre. Depuis la Pentecôte, nous vivons à l'ère de l'effusion de l'Esprit ; Jésus a marqué le commencement de notre ère et il en marquera également la fin. Par conséquent, nous devons avoir le regard fixé sur celui qui nous a envoyés, sur la nature de notre mission, sur ce que nous devons faire et vers qui nous devons aller.

Conclusion des chapitres 1-7

Un principe général d'interprétation de n'importe quel texte consiste à chercher à le comprendre à la lumière de son contexte intégral, c'est-à-dire le contexte du livre dans lequel il apparaît (ses thèmes et son plan ou son argumentation), et de son arrière-plan historique. Un autre principe consiste à tenir compte du genre d'écriture du livre. Par exemple, nous considérons le livre de Marc comme une biographie ancienne, Actes comme un livre d'histoire ancienne, Ésaïe comme un livre de prophétie (poétique dans sa forme) et les Psaumes comme une collection de chants, de prières et de louanges. De même, nous considérons le livre de l'Apocalypse comme un livre prophétique ou apocalyptique riche en symboles. Chaque type de littérature renferme certaines caractéristiques. Par exemple, la plupart des écrits doivent être interprétés littéralement tout en tenant compte des figures de rhétorique symboliques présentes dans la poésie et la prophétie.

Dès que les connaissances mentionnées ci-dessus auront été assimilées, il est utile d'avoir à disposition des ressources extérieures qui faciliteront l'étude de l'arrière-plan (comme l'*IVP Bible Background Commentary*, *New Testament* ; et pour plus de détails, le Nouveau Dictionnaire Biblique d'Emmaüs) et clarifieront certaines traductions à l'aide de mots et d'expressions grecques et hébraïques. Mais, plus que tout, ce cours s'est attaché à développer des compétences dont l'interprète a besoin pour pouvoir aller plus loin. Elles peuvent être résumées en trois catégories : contexte littéraire, contexte culturel et contexte de genre (type d'écriture).

CHAPITRE 8

LA « SITUATION SOCIALE » DU LECTEUR

Pour ceux d'entre nous qui acceptent la Bible comme étant la Parole de Dieu, notre but est toujours d'écouter ce que Dieu disait dans les Écritures. Parce que nous sommes convaincus que Dieu a inspiré les auteurs bibliques, nous cherchons d'abord la signification dans ce que les auteurs originaux sous l'inspiration divine ont communiqué à leurs auditeurs. Cependant, quelle que soit la façon dont un texte est appliqué, nous pouvons être sûrs que sa signification originale était correcte, et cela nous fournit un modèle sur la façon d'appliquer l'Écriture aux situations que nous rencontrons aujourd'hui.

INTERPRÉTATION BIBLIQUE

Pour certains étudiants en littérature, l'important n'est plus de savoir ce que voulait dire l'auteur, mais de voir comment un lecteur comprend un texte. Bien que ce ne soit pas la question abordée ici, il s'agit tout de même d'une question intéressante qui mérite notre attention. (Le but premier de l'interprétation biblique, c'est de comprendre ce que l'auteur voulait dire parce que nous croyons que les auteurs bibliques étaient inspirés par le Saint-Esprit.) Différents lecteurs comprennent les textes différemment, et c'est souvent ainsi à cause des cultures et des traditions auxquelles ils appartiennent. La sensibilité à cette question nous aide à mieux comprendre pourquoi les gens interprètent les textes comme ils le font. Parfois cela peut même mettre à jour nos propres préjugés ou les idées que nous avons acceptées comme des faits établis tout simplement parce que nous présumons que tout le monde adhère à notre mode de pensée.

Par exemple, le pasteur d'une église qui pratique le baptême des nourrissons peut lire un passage sur le baptême, par exemple, le baptême de la « famille » du geôlier (Actes 16:33), et en déduire un argument en faveur du baptême des nourrissons. Une personne qui ne pratique pas le baptême des nourrissons peut objecter que nous ne savons pas s'il y avait des bébés dans la famille du geôlier et qu'il est dit que tous ont entendu et cru (Actes 16:31-32). Dans les débats bibliques modernes, chacun lit les passages choisis à la lumière d'autres passages qui, selon eux, soutiennent leur point de vue. Cela ne veut pas dire que nous ne devrions pas essayer de soutenir une position plutôt qu'une autre, mais observons simplement que nous penchons naturellement vers les positions qui nous ont été enseignées. Reconnaître l'histoire des divers courants d'interprétation peut nous aider à éviter de lire la Bible avec des idées préconçues. L'histoire de l'Église est une sécurité importante qui nous aide à élargir nos propres points de vue. Nous pouvons identifier l'arrière-plan de ces derniers et considérer la façon dont il nous influence en bien ou en mal. Nous pouvons aussi nous lancer un défi : comment peut-on dire que le point de vue d'un passage de la Bible est « évident » si personne dans l'histoire n'y a jamais pensé auparavant ? Cela ne veut pas dire non plus que les points de vue majoritaires que l'on retrouve dans l'histoire de l'Église sont toujours corrects. Parfois ces majorités reflètent simplement les cultures des chrétiens qui ont écrit la plus grande partie des interprétations ! Mais l'histoire de l'Église nous permet d'être plus prudents.

Reconnaître les différents arrière-plans (« situations sociales ») des divers interprètes peut aussi enrichir notre façon de lire la Bible. Des personnes appartenant à des contextes différents poseront différents types de questions. Ainsi donc, nous pouvons parfois apprendre à partir des questions posées *du moment que nous suivons les règles du contexte mentionnées plus haut.* Par exemple, les théologiens européens médiévaux ont insisté sur ce que dit la Bible sur des questions comme la nature de Dieu, Christ, le salut et les anges. Ce sont des questions légitimes ; qui plus est, les questions se rapportant à Christ et au salut sont au cœur du Nouveau Testament et du christianisme. Mais le chrétien qui est esclave au Pakistan et qui chaque jour est battu sur le lieu de son travail aimerait également savoir ce que dit la Bible au sujet de la justice, de la souffrance et de la consolation. Ces questions ne se contredisent pas et peuvent aboutir à des conclusions légitimes. La Bible est assez volumineuse pour traiter ces deux types de questions.

Écouter la voix de différents interprètes de l'Écriture appartenant à des cultures différentes peut nous aider à identifier une variété de questions et de problèmes que nous n'avions pas considérés auparavant. Bien entendu, nous devons d'abord étudier la Bible dans son propre contexte afin de ne pas être tentés de lui faire répondre à des questions qu'elle n'aborde pas. Nous ne devons pas la forcer à dire des choses qu'elle ne dit pas ; par conséquent, nous devons nous efforcer de la lire à la lumière de son contexte culturel initial. Pour certaines de nos questions, elle ne fournit que des principes généraux. Mais c'est seulement en posant des questions que nous découvrirons ce qui est caché. Un conseil cependant : les hypothèses culturelles de certaines personnes peuvent les influencer à mal interpréter la Bible. Certains Occidentaux commencent par des hypothèses « anti-surnaturalistes » de leur culture. En conséquence, ils ignorent ou essaient d'expliquer autrement les miracles qui sont dans la Bible, bien que les actes puissants de Dieu soient manifestes à travers toute la Bible et au cœur même du christianisme biblique. En permettant à leurs préjugés culturels de diriger leur foi en ce que l'Écriture dit réellement, ils ne considèrent pas le texte biblique avec une honnête humilité. En revanche, la plupart des Africains qui acceptent à la fois la réalité de Dieu et d'un royaume démoniaque ne font pas la même erreur.

Dans plusieurs cultures, les femmes ont posé des questions au sujet des rôles sociaux que les hommes ont négligés dans la Bible, et elles ont apporté des conclusions utiles. Les érudits latino-américains ont soulevé des questions de justice que plusieurs érudits occidentaux n'avaient pas remarquées. Les érudits asiatiques ont remarqué des principes de communauté, d'honneur et de honte, de famille et du fait de sauver la face. De même, des interprètes africains, afro-américains et antillais ont posé des questions sur la présence africaine dans la Bible et dans l'histoire de l'Église, ainsi que sur l'esclavage, des questions que plusieurs interprètes européens traditionnels n'avaient pas abordées. C'est vers ces questions d'interprétation afrocentrique et d'interprétation relative à l'esclavage que nous nous tournons brièvement comme un exemple de la façon dont les situations sociales peuvent aider les gens à poser des questions utiles. Après cela, nous nous pencherons brièvement sur d'autres questions soulevées lors de la mise en application de l'Écriture.

1) - L'interprétation afrocentrique

Il s'agit simplement d'un exemple de chrétiens vivant dans des cultures particulières et posant des questions, elles aussi, bien particulières. Je donne cet exemple parce que c'est l'un de ceux que je connais le mieux.

À l'instar des interprétations traditionnelles eurocentriques, il existe aussi plusieurs formes extrêmes d'interprétation afrocentrique qui altèrent le récit biblique ; par exemple, nous avons ceux qui déclarent que tous les personnages vétérotestamentaires étaient noirs (comme certains Européens ont affirmé qu'ils étaient blancs). Mais si par « afrocentrique » nous renvoyons simplement au fait de poser des questions se rapportant à l'histoire africaine, alors nous sommes prêts à explorer des questions que certains érudits eurocentriques ont ignorées. Dans ces sections, nous tirons nos informations du livre de Glenn Usry et Craig Keener, *Black Man's Religion,* (Downers Grove, Il, États-Unis : InterVarsity Press, 1996), et de celui de Craig Keener et Glenn Usry, *Defending Black Faith*, (Downers Grove : Intervarsity Press, 1997). Là encore, nous ne nous identifions pas avec des personnages de la Bible sur une base raciale uniquement ; sinon seuls les Juifs pourraient s'identifier à certains personnages bibliques ! Mais il convient de noter la présence d'un certain nombre d'Africains dans ces passages.

Avant de nous mettre à la recherche de tous les Africains mentionnés dans la Bible, nous devons d'abord établir ce à quoi nous nous référons lorsque nous utilisons le terme « Africain ». Techniquement parlant, le terme *Africain* renvoie à une personne ou à une chose située entre l'Afrique du Nord et l'Afrique du Sud. Mais ces limites sont quelque peu arbitraires sur le plan historique, ayant été traditionnellement tracées par les Européens. Israël n'est pas trop loin au nord de l'Égypte, donc un léger réagencement des cartes pourrait faire entrer Israël en Afrique ! Quoi qu'il en soit, Israël ne peut être en Europe car les limites traditionnelles le placent en Asie, à la frontière de l'Afrique. Différents critères pourraient s'appliquer à différentes limites, certains d'entre eux n'étant pas du tout utiles sur le plan historique. Par exemple, en se basant sur certains traits génétiques, on pourrait affirmer que les Norvégiens et les Foulani appartiennent à un seul et même groupe et que la plupart des Africains et des Japonais appartiennent à un autre groupe !

Mais en ce qui concerne la question des Africains modernes, il serait bon d'inclure toute personne entre l'Afrique du Nord et l'Afrique du Sud. Un érudit eurocentrique a protesté lorsque des auteurs africains ont déclaré que l'ancienne Égypte faisait partie de leur héritage, mais curieusement ce même homme déclarait avoir des liens historiques avec la Grèce antique alors qu'il vit dans une région de l'Europe du Nord que les Grecs connaissent à peine et qu'ils considèrent comme étant primitive et arriérée.

Nous pouvons d'abord étudier la Nubie ancienne, un empire dont les origines remontaient à 3000 ans avant Jésus-Christ, et qui, selon la majorité des érudits, était un empire africain dont le peuple avait une peau entièrement noire. Ce royaume est typiquement appelé « Cusch » dans l'Ancien Testament hébreu ; parfois il est traduit par « Éthiopie ». Le terme ne renvoie pas seulement à l'Éthiopie moderne, mais à toute l'Afrique au sud de l'Égypte. À certains moments de l'histoire de l'Égypte, les Nubiens ont conquis l'Égypte et les pharaons nubiens ont régné sur son trône. L'un d'entre eux était Tirhaka, un allié du roi Ezéchias, un roi juste (2 Rois 19:9). Moïse a épousé une cuschite, ou une femme nubienne. Lorsque sa sœur s'est plainte à ce sujet, Dieu l'a frappée d'une lèpre temporaire pour lui enseigner une leçon (Nombres 12:1-10). Le roi David avait un messager qui était nubien (2 Samuel 18:21). Un des alliés les plus proches de Jérémie (et Jérémie en avait peu) n'était pas originaire de Judée mais un immigrant africain qui travaillait à la cour royale (Jérémie 38-39). Il est également possible que Sophonie le prophète et certains autres personnages de l'Ancien Testament aient été des immigrants africains adoptés par Israël (Sophonie 1:1, si « Cuschi » ici veut dire « un Cuschite », une lecture possible du texte hébreu). Avec l'Égypte, la Nubie était appelée un jour à reconnaître le seul vrai Dieu (Psaume 68:31 ; cf. Ésaïe 19:24-25).

LA « SITUATION SOCIALE » DU LECTEUR

L'Égypte joue un des rôles les plus importants dans la Bible ; elle y apparaît beaucoup plus souvent que Rome. Certains ethnographes européens du dix-neuvième siècle, connaissant les grandes œuvres accomplies par l'Égypte mais aveuglés par leurs préjugés raciaux, remettaient en cause le fait que les Égyptiens avaient un teint noir. Mais un examen des œuvres d'art égyptiennes anciennes montre que, au moins à cette époque, les Égyptiens avaient un teint brun rougeâtre et certains étaient entièrement noirs (surtout ceux qui habitaient dans le sud, vers la Nubie). Sourdes aux préjugés modernes, les personnes de couleurs de peau différentes se mélangeaient librement en Égypte, produisant ce qui est souvent appelé une population « afroasiatique », c'est-à-dire des mariages mixtes entre Asiatiques et Africains.

De tels mélanges ont effectivement eu lieu dans l'ancien Israël. La femme de Joseph, Asnath, la mère des tribus d'Éphraïm et de Manassé, était égyptienne (Genèse 41:45, 50 ; 46:20). La « multitude des gens de toute espèce » qui quitta l'Égypte avec Israël (Exode 12:38) comprenait des personnes d'origine égyptienne. Mais étant donné le comportement de la multitude dans le désert, ils ne constituent peut-être pas nos modèles préférés ! D'un autre côté, on peut dire que plusieurs Israélites avaient probablement un peu de sang égyptien. Plusieurs des serviteurs d'Abraham étaient des dons de la part de Pharaon (Genèse 12:16), des esclaves donnés à Isaac (Genèse 25:5) et à Jacob (Genèse 27:36). Bien que seuls 70 descendants directs de Jacob se soient rendus en Égypte (Genèse 46:27), il est possible que le nombre de serviteurs ait été encore plus important. Lorsque Pharaon a asservi les enfants d'Israël (Exode 1:11), il n'a probablement pas libéré leurs serviteurs ; au contraire, les serviteurs ont été absorbés dans le peuple d'Israël.

Dans le Nouveau Testament, le premier païen converti au christianisme était originaire d'Afrique ; il s'agissait d'un officier de la cour de Kandake (« Candace », dans la plupart des traductions, était un titre pour la reine mère). Il était venu d'un célèbre royaume nubien connu sous le nom de Méroë qui existait depuis 750 avant Jésus-Christ et était connu des Romains et d'autres peuples (Actes 8:26-40). Cette conversion était un exemple méridional des « extrémités de la terre » (Actes 1:8), symbolisant une moisson future plus importante dans l'histoire de l'Église. La Nubie s'est plus tard convertie au christianisme par le biais des missionnaires égyptiens au 5ème et au 6ème siècle de notre ère. Elle a maintenu son indépendance en tant qu'empire chrétien jusqu'en 1270 ; ensuite elle l'a regagnée du 14ème au 16ème siècle jusqu'à ce que des faiblesses internes permettent sa conquête par des invasions arabes venant du nord. Au début de la période arabe en Égypte, lorsque les Arabes pensaient aux chrétiens, ils ne pensaient pas aux Européens avec lesquels ils avaient peu de contact, mais aux Africains.

Les traductions françaises qualifient l'officier royal d'« Éthiopien », mais « Éthiopie » était un terme grec qui était appliqué à toute l'Afrique située au sud de l'Égypte (ce que l'hébreu appelle « Cusch »). Ici, il s'applique à la Nubie où les Kandake régnaient, et non à l'Éthiopie moderne. Cette dernière s'est convertie au christianisme bien avant la Nubie. Les missionnaires syriens Frumence et Édésius y ont prêché l'Évangile, et l'empereur axoumite Ezanas a fini par se convertir et par conduire son empire au christianisme vers 333 de notre ère, à peu près à la même époque où les Romains se sont, eux aussi, convertis au christianisme. Certains chrétiens éthiopiens étaient déjà présents comme observateurs au Concile de Nicée en l'an 325 (avec 6 évêques arabes). Plus tard l'Éthiopie a dû défendre les chrétiens égyptiens contre l'oppression arabe durant certaines périodes d'extrémisme.

Les leaders de l'église d'Antioche, la première église importante à envoyer des missionnaires, étaient multiculturels (Actes 13:1). En plus de Paul (un juif né en Turquie mais élevé à Jérusalem), Barnabas (un juif originaire de Chypre) et Manahen qui avait été « élevé » avec Hérode (peut-être en tant qu'esclave [ce qui constituait un statut social élevé], et plus tard libéré), les deux autres leaders sont probablement originaires d'Afrique du Nord. L'un est Siméon, appelé « Niger », un terme traduit par « noir ». « Niger » était un nom latin courant utilisé comme surnom, comme c'est le cas ici ; il pouvait donc faire allusion à son teint noir. L'autre leader était appelé Lucius de Cyrène. Nous ne savons pas quel était son arrière-plan ethnique puisque la population de Cyrène était constituée d'un mélange de Juifs, de Grecs et d'autochtones cyrénéens. Mais la ville de Cyrène était certainement située en Afrique du Nord.

L'Afrique du Nord a continué à jouer un rôle important au début du christianisme. L'Empire romain n'était pas un empire européen dans le sens moderne du terme, mais plutôt un empire « méditerranéen » qui comprenait l'Europe du Sud, l'Afrique du Nord et l'Asie de l'Ouest. Plus de la moitié des pères de l'église les plus proéminents (Cyprien, Augustin, etc.) étaient originaires d'Afrique du Nord, comme l'a dit un érudit allemand du 19ème siècle : « C'est à travers l'Afrique que le christianisme est devenu la religion de l'Empire romain ». Tertullien, un théologien d'Afrique du Nord, a inventé le terme « Trinité » pour décrire la doctrine biblique ; il est connu comme le « père du christianisme latin ». Le principal défenseur de la Trinité était Athanase d'Égypte ; ses ennemis l'appelaient le « nain noir », suggérant qu'il était de petite taille et d'un teint exceptionnellement noir. Après les invasions européennes en Afrique du Nord, un évêque nord-africain s'est échappé en bateau pour l'Italie ; un portait de lui y a été retrouvé indiquant clairement qu'il était noir.

En fin de compte, l'Église a fini par décliner en Afrique du Nord. Elle était déchirée par des luttes internes entre chrétiens professants (par exemple, la controverse donatiste, les querelles avec les Byzantins), et plus tard elle a été écrasée par les hérésies chrétiennes (par exemple, les envahisseurs ariens, les barbares venant de l'Europe du Nord, qui étaient convertis à une forme très défectueuse du christianisme, ont opprimé les chrétiens orthodoxes d'Afrique). De même, en Nubie, une perte graduelle du clergé, due à un manque de centres de formation biblique adéquats, a conduit à l'affaiblissement de la Nubie et à son déclin. Dans les deux cas, les Arabes ont conquis les terres sur lesquelles les églises s'étaient déjà affaiblies elles-mêmes. Mais la Bible et l'histoire de l'Église primitive nous rappellent ce qu'une grande partie du monde a oublié jusqu'aux réveils modernes de l'Évangile en Afrique, à savoir que le christianisme est une foi ancienne de l'Afrique, même avant d'avoir été accepté par l'Europe du Nord.

2) - L'esclavage et l'interprétation biblique

Les gens ont pris divers textes religieux hors de leurs contextes historiques originaux pour justifier leurs propres comportements. Cette pratique n'a jamais été aussi flagrante que lorsque les textes religieux ont été utilisés pour justifier l'esclavage. Parfois ces textes (comme Éphésiens 6 traité ci-dessus) étaient réellement destinés à limiter les horreurs de l'esclavage dans les cultures qui pratiquaient l'esclavage. Mais ces textes ont été plus tard mal utilisés pour justifier l'esclavage lui-même. C'est pour cela qu'il est si important de comprendre ce qu'un texte voulait dire à l'origine au lieu de se baser sur une traduction de l'interprétation du texte. Comme nous le verrons brièvement, certains esclaves ont fait entendre leur voix concernant la signification de l'Écriture, mais les propriétaires d'esclaves n'en ont tenu aucun compte parce que le péché avait aveuglé leurs esprits.

Les gens cherchaient à expliquer l'esclavage en s'appuyant sur des bases religieuses tant dans le monde arabe que dans le monde occidental. La tradition arabe déclare que Mahomet possédait des esclaves, mais rien ne laisse penser que l'esclavage ait empiré à cause de lui. En fait, il l'a peut-être limité. Après que les Arabes aient conquis l'Empire sassanien en 642, ils ont pris à leur charge le trafic d'esclaves en Afrique de l'Est. Vers le 9ème siècle, plusieurs textes arabes (cités par Bernard Lewis dans *Race and Slavery in the Middle East* [Oxford, 1990]) révèlent un préjugé racial contre les Africains, disant que les Africains ont une odeur fétide, qu'ils sont paresseux et donc parfaits pour l'esclavage. Le puissant Empire de Songhay a fini par être renversé en partie par la pression des Arabes du Nord et des Berbères qui voulaient s'approprier davantage d'esclaves. Vers le 19ème siècle, la terrible marche à travers le Sahara, la dépopulation quasi-totale de la région forestière du Congo de Tippu Tib et d'autres horreurs ont atteint leur paroxysme, mais elles ont continué pendant plus de mille ans. Ce n'est qu'en 1962 que la péninsule arabique a fait de l'esclavage une pratique illégale, mais les observateurs déclaraient qu'il y restait encore un quart de million d'esclaves. Aujourd'hui, l'esclavage continue dans des pays comme le Soudan, la Mauritanie et ailleurs.

Ceux qui pratiquaient l'esclavage cherchaient tout naturellement à justifier leur pratique. En se basant sur une vieille tradition juive qui n'est pas mentionnée dans la Bible, les marchands d'esclaves arabes ont soutenu que tous les descendants de Ham (et pas seulement Canaan, comme dans Genèse 9:25), et par conséquent tous les Africains en général, étaient destinés à l'esclavage. Au 19ème siècle, l'esclavage était déjà implanté dans la culture arabe. Le sultan du Maroc résista aux forces extérieures qui voulaient abolir l'esclavage, disant que cela faisait partie de leur religion et de leur culture. En 1855, lorsque, sous la pression britannique, les Turcs ont essayé de proscrire le commerce des esclaves dans leur empire, Shaykh Jamal a lancé une *fatwa* de la Mecque, affirmant que dès lors les Turcs étaient des apostats du véritable Islam. Il déclara donc qu'il était acceptable de les tuer et d'asservir leurs enfants.

Les trafiquants d'esclaves occidentaux, à commencer par les Espagnols, les Portugais et ensuite les Anglais et les Américains, ont invoqué la « malédiction de Ham » et divers stéréotypes racistes des marchands d'esclaves arabes. Bien que les Arabes fussent engagés dans cette pratique pendant plusieurs siècles, les Européens ont pratiqué l'esclavage dans les plantations de façon plus brutale, en entassant dans des cales à marchandises des masses d'Africains capturés de leurs villages pour un voyage de trois mois à travers l'Atlantique. Les premiers propriétaires d'esclaves aux États-Unis ont refusé de permettre à leurs esclaves d'entendre parler du christianisme, protestant que les esclaves pourraient y puiser l'idée selon laquelle ils sont les égaux de leurs maîtres. (Leurs craintes étaient justifiées car la plupart des révoltes d'esclaves aux États-Unis étaient imprégnées de l'enseignement chrétien.) Mais ils ont pu éventuellement trouver des prédicateurs qui venaient leur enseigner la Bible de façon sélective, évitant les thèmes de la délivrance, de la justice ou d'autres questions susceptibles de poser des problèmes. À cette époque, le sud était la partie la moins évangélisée des 13 colonies, avec 7 % de participation à l'église, dans un pays qui était sur le point d'expérimenter le Deuxième Grand Réveil Spirituel.

Mais si les propriétaires d'esclaves avaient trouvé un moyen de lire les textes bibliques de façon sélective, le mouvement abolitionniste croissant, lui, était à la recherche de principes bibliques plus généraux. Dévoués à la cause de la justice, les évangéliques britanniques des années 1790 (surtout la branche méthodiste croissante de Wesley, dérivée de l'anglicanisme) soutenaient deux causes principales : les missions et l'opposition au commerce d'esclaves. Le réveil wesleyen a secoué la Grande-Bretagne de plusieurs façons dont l'une était de créer un nouvel intérêt pour l'évangélisation, la justice et l'obéissance à Dieu. William Wilberforce et la secte de Clapham se sont engagés en faveur de l'abolition de l'esclavage dans l'empire britannique jusqu'à ce qu'enfin, alors que Wilberforce était sur son lit de mort, ils réussissent à rallier suffisamment de monde autour de leurs points de vue chrétiens.

Le réveil méthodiste a, lui aussi, eu un impact sur les Américains. La conférence générale méthodiste de 1784 a déclaré que l'esclavage était contraire à la loi de Dieu. La conférence de 1812 a interdit aux propriétaires d'esclaves de devenir anciens dans l'église. En 1826, la conférence de Maryland a dénoncé à l'unanimité la détention des esclaves. En 1825, l'évêque de Géorgie, au cœur du territoire esclavagiste, a considéré l'éventualité d'obliger tous les méthodistes à affranchir leurs esclaves. Les églises AME, ainsi que d'autres dénominations noires américaines, s'opposaient aussi à l'esclavage. En 1789, les baptistes de Virginie ont résolu que l'esclavage devait être aboli. Les Quakers, comme John Woolman, se sont toujours opposés à l'esclavage. Dès 1710, l'évêque anglican William Fleetwood avait condamné l'esclavage. Vers le milieu des années 1800, le débat américain était devenu plus acharné ; certaines églises se sont retirées du débat mais plusieurs ont continué à se battre.

Les leaders abolitionnistes chrétiens, comme Charles Finney, Lewis Tappan et Théodore Weld, ont consolidé leur position contre l'esclavage à partir des principes bibliques. Le manuel anti-esclavage de LaRoy Sunderland a tiré ses principes de justice de la Bible pour combattre l'esclavage. Par exemple, il faisait remarquer que la sentence contre le kidnapping était la mort (Exode 21:16 ; Deutéronome 24:7 ; cf. 1 Timothée 1:10). L'auteur avait bien compris que le terme « kidnapper », dans le contexte de la Méditerranée ancienne, renvoyait au commerce d'esclaves (par exemple, Genèse 40:15). Il déclarait donc que tous les marchands d'esclaves devaient être mis à mort et que les propriétaires d'esclaves, qui soutenaient délibérément le commerce d'esclaves, devaient, eux aussi, être exécutés.

Entre-temps, les esclaves interprétaient la Bible comme ils l'entendaient. Ceux qui prêchaient aux esclaves ne leur permettaient d'entendre qu'une petite partie des textes bibliques, mais ils ne pouvaient pas ne pas mentionner les textes qui disaient que tous les êtres humains descendent d'Adam et que tous les hommes ont un accès égal à la grâce de Dieu par la foi en Christ. Les esclaves chantaient des chants qui parlaient de Dieu délivrant le peuple d'Israël de l'esclavage en Égypte. Les propriétaires d'esclaves, qui étaient trop dépravés sur le plan moral pour voir le rapport, n'avaient pas compris que les esclaves priaient pour leur propre délivrance. Un esclave, qui avait appris à lire, raconte plus tard qu'il lisait la Bible et qu'il y avait trouvé la confirmation de ce que la plupart croyait déjà : Dieu était contre l'esclavage. Il y avait trouvé le principe selon lequel Dieu a créé toute l'humanité à partir d'une seule personne ; tous les hommes avaient donc une valeur égale aux yeux de Dieu.

Nous ne pouvons pas attribuer à la Bible des choses qui n'y sont pas mentionnées. Parce que les esclaves ont eu accès à l'enseignement biblique alors qu'ils étaient dans le besoin, ils ont pu percevoir des thèmes qui y étaient déjà, une chose à laquelle les propriétaires d'esclaves ne s'attendaient pas. Notre attachement aux traditions peut nous empêcher de prêter une oreille attentive à tout ce qu'il y a de nouveau. Tout ce qui est nouveau n'est pas forcément juste, mais tout n'est pas faux non plus. Pour appliquer la Bible de façon plus complète, nous devons être prêts à poser de nouvelles questions du moment où nous étudions la Bible dans ses propres termes (dans son contexte et son arrière-plan d'origine) pour obtenir des réponses.

3) - D'autres questions soulevées lors de la mise en application de l'Écriture

Dans l'idéal, lorsque l'on applique un texte biblique, il convient de trouver des analogies qui, dans notre situation, se rapprochent le plus possible de la situation originale. Plus l'analogie est proche et mieux nous arriverons à expliquer la façon dont les auteurs bibliques pourraient aborder notre situation aujourd'hui. Nous devons nous assurer que nous avons la bonne analogie. Par exemple, lorsque nous lisons la façon dont Jésus critique les pharisiens, il s'agit en fait d'une critique contre les gens religieux qui sont dans l'erreur et non contre les Juifs modernes (Jésus était juif, lui aussi). Nous devons considérer les plaies de l'Exode comme étant dirigées contre un empire idolâtre qui asservissait le peuple de Dieu et non contre les Égyptiens des temps modernes. Dieu voulait que les Égyptiens le connaissent (Exode 7:5, 17 ; 8:10, 22 ; 9:29 ; 14:4, 18), et Dieu veut le bien de l'Égypte (Ésaïe 19:24-25). En d'autres termes, nous devons humblement tenir compte de ce que l'Écriture a à nous dire au lieu de l'utiliser comme une excuse pour condamner d'autres groupes auxquels nous n'appartenons pas. Nous devons chercher à appliquer ces enseignements à notre vie d'abord, lorsqu'ils sont applicables (Jacques 3:1 ; Esdras 7:10). Bien entendu, toute l'Écriture n'est pas applicable au niveau individuel seulement ; les prophéties de jugement contre les nations sont des jugements adressés à des groupes de personnes et non des jugements individuels.

Nous devons suffisamment connaître l'Écriture pour savoir quel texte est applicable à quel problème. À la longue, il vaut mieux connaître sa Bible que d'utiliser une concordance. Si l'on veut expliquer pourquoi il est immoral d'avoir des rapports sexuels avant le mariage, on peut trouver, en utilisant une concordance, plusieurs condamnations de la « fornication » ou de « l'immoralité » sexuelle dans la Bible (par exemple, Deutéronome 22:13-22 ; Proverbe 7 ; 1 Corinthiens 6:12-20 ; 1 Thessaloniciens 4:1-8). Mais d'autres passages comme Matthieu 1:25, dans lequel Marie et Joseph ont pratiqué l'abstinence sexuelle (bien qu'étant mariés) jusqu'à la naissance de Jésus, nous donnent des leçons qui abordent la question des tentations sexuelles. Le contraste entre la pureté sexuelle de Joseph et le péché de Juda dans Genèse 38-39 (traité plus haut) fournit de même une leçon plus graphique qu'une simple énumération des références dans une concordance. Une concordance est utile pour situer un *mot* ; votre propre étude personnelle vous aidera à apprendre un *concept* et à vous en souvenir.

Les hommes de science peuvent s'engager soit dans la « recherche appliquée » soit dans la « recherche fondamentale ». Dans la « recherche appliquée », un homme de science peut chercher une solution particulière, par exemple un remède contre le cancer. Il a plus de chances de trouver un remède spécifique contre le cancer que celui qui s'adonne à une « recherche fondamentale ». Mais la « recherche fondamentale » consiste à tirer profit de toute connaissance disponible susceptible d'aboutir à un plus grand nombre de remèdes et à fournir des informations qui pourront s'avérer nécessaires pour les cancérologues. En fin de compte, la « recherche fondamentale » a donc un plus grand impact. De même, étudier la Bible régulièrement pour apprendre tout ce que l'on peut y apprendre aura un plus grand impact que le fait d'étudier la Bible de temps en temps dans le but d'en savoir plus sur un sujet précis. Il y a une limite à ce que l'on peut tirer d'un thème ; après un certain temps, les supports viennent à manquer. Mais si l'on connaît bien la Bible, alors on sait où se tourner pour trouver un support approprié au thème en question. On peut aussi faire une recherche plus approfondie sur un texte donné si on a une base plus large de connaissance biblique provenant d'une étude régulière de la Bible.

Pour pouvoir s'engager dans une étude orientée vers la mise en application, on peut commencer (seul ou en groupe) par étudier des passages pour déterminer leur signification d'origine et se poser ensuite la question suivante : « Si l'auteur d'origine était ici aujourd'hui, comment aurait-il appliqué ce texte ? » (Voir, par exemple, le cas de Marc 2 que nous avons traité lorsque nous avons abordé la façon de tirer des leçons des récits.) Puisque la majorité des textes originaux étaient destinés à être appliqués, bien qu'il s'agisse d'une situation différente, la meilleure façon de les analyser est de réfléchir à la façon de les appliquer. Bien sûr, comme nous l'avons remarqué ci-dessus, certains textes ne peuvent être compris et appliqués que par la façon dont ils s'imbriquent dans le cadre du livre tout entier.

En fin de compte, nous devons suffisamment bien comprendre la Bible pour comprendre les points et les principes que les auteurs communiquaient au sein de leurs contextes respectifs. Ainsi, nous pouvons mieux les communiquer à nouveau dans notre propre contexte. La Bible est un livre très pratique mais si nous voulons accéder à tous les trésors que renferme son message nous devons fournir un travail sérieux. L'Écriture nous demande de rechercher la sagesse et l'intelligence (Proverbes 2.2 ; 4:7), de travailler dur (Proverbes 4.23 ; 10.4) et de commencer notre recherche en craignant Dieu (Proverbes 17). Lorsque nous craignons Dieu, nous avons moins tendance à associer nos propres désirs à la volonté de Dieu consignée dans la Bible et nous sommes plus désireux d'y entendre le message que Dieu désire nous communiquer.

BIBLIOGRAPHIE DE CRAIG KEENER

1. Ouvrages universitaires – Études bibliques - Tout public
- *IVP Bible Background Commentary: New Testament.* (Downers Grove : Intervarsity Press, décembre 1993). Imprimé à environ 250 000 exemplaires et disponible en plusieurs langues : arabe, arménien, coréen, polonais, portugais, russe et espagnol. En cours de traduction en d'autres langues, dont le chinois et le français.
- *Revelation*, pour la série *NIV Application Commentary* (Zondervan, 1999)
- *1-2 Corinthians* (Cambridge University Press, 2005)
- *Matthew*, pour la série *IVP New Testament* (Intervarsity Press, décembre 1997)
- *Paul, Women & Wives: Marriage & Women's Ministry in the Letters of Paul.* Peabody, MA : Hendrickson Publishers, 1992

2. Ouvrages à forte tendance universitaire (surtout pour les érudits)
- *The Gospel of John: A Commentary.* Deux volumes. Peabody, MA : Hendrickson Publishers, novembre 2003. Plus de 1 600 pages.
- *A Commentary on the Gospel of Matthew.* Grand Rapids, MI : Eerdmans, 1999. Plus de 1 000 pages.
- *The Spirit in the Gospel and Acts: Rebirth and Prophetic Empowerment.* Peabody, MA: Hendrickson Publishers, 1997

3. Ouvrages universitaires orientés vers l'Église
- *Defending Black faith*, rédigé en collaboration avec Glenn J. Usry. Downers Grove : Intervarsity Press, 1997
- *Black Man's religion: Can Christianity be Afrocentric?* Rédigé en collaboration avec Glenn Usry. Downers Grove : Intervarsity Press, 1996
- *...And Marries Another: Divorce & Remarriage in the Teaching of the New Testament*. Peabody, MA : Hendrickson Publishers, 1991

4. Ouvrages d'érudition orientés vers l'Église
- *Gift and Giver: The Holy Spirit's Work Today*. (Baker, 2001 ; révision d'un ouvrage précédent intitulé *3 Crucial Questions about the Holy Spirit*).
- *Understanding and Applying the Scriptures*. Rédigé en collaboration avec Danny McCain. Bukuru Plateau State, Nigeria : Africa Christians Textbooks, 2003. (Livre à partir duquel j'ai rassemblé la plupart des données utilisées dans ce manuel sur l'interprétation.)

« **Impact Académia** » est une marque déposée de « **Publications Chrétiennes inc.** », une maison d'édition québécoise fondée en 1958. Sa mission est d'éditer ou de diffuser la Bible ainsi que des livres et des brochures qui en exposent l'enseignement, qui en démontrent l'actualité et la pertinence et qui encouragent la croissance spirituelle en Jésus-Christ.

Pour notre catalogue complet :
www.publicationschretiennes.com

Publications Chrétiennes inc.
230, rue Lupien, Trois-Rivières (Québec) G8T 6W4
Tél. (sans frais) : 1 866 378-4023, Téléc. : 819 378-4061
commandes@pubchret.org

www.ingramcontent.com/pod-product-compliance
Lightning Source LLC
Chambersburg PA
CBHW071653090426
42738CB00009B/1511